人性的弱点

RENXINGDERUODIAN

卡耐基 (Carnegie,D.) ◎著
陈　留◎编译

北方联合出版传媒（集团）股份有限公司
万卷出版公司

图书在版编目（CIP）数据

人性的弱点/ (美) 卡耐基 (Carnegie,D.) 著；陈留编译.— 沈阳：万卷出版公司, 2013.10（2022.1重印）

（典藏 / 吴昊主编）

ISBN 978-7-5470-2514-7

Ⅰ. ①人… Ⅱ. ①卡… ②陈… Ⅲ. ①心理交往－通俗读物 Ⅳ. ①C912.1-49

中国版本图书馆CIP数据核字(2013)第141018号

出版发行：北方联合出版传媒（集团）股份有限公司
万卷出版公司
（地址：沈阳市和平区十一纬路25号 邮编：110003）
印 刷 者：北京一鑫印务有限责任公司
经 销 者：全国新华书店
幅面尺寸：178mm×254mm
字　　数：340千字
印　　张：19
出版时间：2013年10月第1版
印刷时间：2022年1月第2次印刷
责任编辑：张洋洋
封面设计：范　娇
版式设计：鄂姿羽
责任校对：高　辉
ISBN 978-7-5470-2514-7
定　　价：68.00元

联系电话：024-23284090
邮购热线：024-23284050
传　　真：024-23284448

经典之藏，心灵之旅

读书是一件辛苦的事,读书又是一件愉悦的事。读书是求知的理性选择,同时,读书又是人们内在自发的精神需求。不同的读书者总会有不同的读书体验，但对经典之藏，对精品之选的渴求却永远存在。

传统上，读书是求学的手段，千百年来，人类知识的传承，最重要的总是通过书籍的记载与传述。因为有了书，人类才可以文脉延续，薪火相传。西哲说：书籍是人类进步的阶梯，因而，先贤们都把读书当作高尚而庄重的事情，赋予读书神圣、光荣的使命感。故此，韦编三绝、悬梁刺股，以及凿壁、囊萤、映雪等等，就成了刻苦求学的典型,千百年来成为人们效法的楷模。于是,寒门学子挑灯夜读,富家子弟潜心求学，或诚心拜师，或自学成才，诸如此类的事例，就成了激励学子上进求学的传说故事而广泛流传。

书籍除了自身寓含的教化功能外，还能让人感到身心的愉悦和快乐。在文化生活极度匮乏的年代，人们极力去寻找各种承载文明的载体，来填塞文化需求的饥渴。一本残破小书，可以在上百人的手中传递和阅读，看完后仍意犹未尽，不忍释卷。彼时，人们读书如饥似渴，却并无黄金屋、颜如玉一类的功利目的，有的只是内心的精神需求，读书的愉悦与快乐正在于此。仲春季节，读书间隙，推窗而立，鸟语花香扑面而来，内心深处则有禾苗拔节的哔剥之声回响；炎炎夏日，一卷在手，品茗读书，摇扇驱蚊，自然能感受到心灵的清凉和愉悦；秋风瑟瑟，听窗外传来淅淅沥沥的雨声，嘬一口酽茶，想起“风声雨声读书声”的名联，便会发出会心的微笑；数九严冬，寒意砭骨，围炉夜读或雪夜捧卷，书香入腹，情暖人心，又能体验到视通万里、思接千载的悠悠遐思。

无论是求学求知还是寻求精神上的愉悦，读书都是我们的一种心灵之旅，是接受自我内心的召唤和灵魂的导引上路，让自己再次起飞得到新生的力量。变换的风景，奇异的遭遇，萍逢的客人……这一切旅途中可能发生的事件，都会在我们读过的书籍中出现，它们强烈地超出了我们已知的范畴，以一种陌生和挑战的姿态，敦促我们警醒，唤起我们好奇。在我们被琐碎磨损的生命里，张扬起绿色的旗帜；在我们刻板疲惫的生活中，注入新鲜的活力。

正因为读书之益，读书之趣，我们才对书籍本身挑剔起来。试想，灵魂之伴侣如何可以等闲视之呢？一本书的好坏，总会有无数人来品评，既有芸芸众者即兴点评，又有专家学者细心解析，然而，书籍最终的裁定者是历史而不是某一种潮流。随着时光的淘汰，留下来的经典之作渐渐走进更多人的视野，留在人们的案头，成为经典之藏。

“典藏”之作正如伴随我们的益友，多闻、博大、精彩而有趣，这样的益友，需要人们用心地品读，细心地筛选，最终把最好的“朋友”留在自己的身边。我们的“典藏”正是帮助读者挑“益友”的一种尝试，希望能把经典的、有价值的或者有趣的书籍放在读者的案头，让它们像朋友一样陪伴每一位读者走上自己的心灵之旅。

当我们打开书本，走进属于自己的心灵世界，自然能够体验那种君临一切的奇特感觉。此时心如止水，宁静安然，恰如室外无言的星月，美文佳句不期而至时，或击案称绝，或吟哦出声，甘之如饴。愿这“典藏”之作能给我们的心灵留下一块绿荫，助大家在自己的漫漫行旅中搭起一座可供休憩的风雨亭，对抗庞大、芜杂、纷繁的外界侵扰。

人性的弱点

戴尔·卡耐基，被誉为美国的“成人教育之父”“20世纪最伟大的心灵导师和成功学大师”。20世纪初期，美国经济大萧条，战争和贫困导致人们对美好生活丧失信心。卡耐基在此时开创了一套融为人处世、演讲、推销、智能开发于一体的教育方式，可谓独辟蹊径。接受卡耐基教育的有社会各界人士，其中不乏军政要员。卡内基的精神和思想，就成了人们走出迷茫和困顿的最有力的支撑，千千万万人从卡耐基的教育中获益匪浅。

《人性的弱点》讲述了许多普通人通过奋斗获得成功的真实故事，激励了无数陷入迷茫和困境的人，帮助他们重新找到自己的美好人生。即使在现代社会，卡耐基对人性的洞见，仍然可以指导千百万人改变思想，完善行为，走上成功之路。

目　录

人性的弱点 第一篇

人际交往的技巧

爱因斯坦说："有了朋友，生命才显示出它全部的价值、智慧、友爱，这是照亮我们黑夜的唯一的光亮。"达尔文说："谈到名声、荣誉、快乐、财富这些东西，如果同友情相比，它们都是尘土。"一个拥有许多好朋友和良好人际关系的人，才真正算得上是一个富有的人。台湾著名潜能大师陈安之说："一个人的人脉等于钱脉，人之所以能赚钱是因为他有人脉，成功不是靠自己，成功是靠别人的。"

人际关系是在人们的物质交往与精神交往中发生、发展和建立起来的人与人间的直接的心理关系。人际交往是职业生涯中一个非常重要的课题，特别是对于职业人士来说，良好的人际关系是舒心工作安心生活的必要条件。可以说，人除了睡觉以外的时间几乎都在和别人打交道，而人际关系却是公认最难处理的事情，一辈子与人打交道，一辈子受到人际关系的困扰。

我们不难发现，社会上有些人在人生和事业上难以获得成功，并不是因为他专业能力不强，也不是因为他学历不高和智力不足，而是因为他社交能力差，不会很好地与人相处，因而缺乏社会支持，到处碰壁，举步维艰。不仅是事业的成功离不开人际交往和朋友，在我们的生活中同样离不开人际交往和朋友。我们难过时需要他人的安慰，我们遇到困难时需要他人的帮助，我们郁闷时需要向他人倾诉，我们快乐时需要与他人分享，我们孤独时需要与他人共欢。

如果在我们的人生中，结交了一群肝胆相照、智慧而真诚的朋友，那么将会形成一个良好的社会支持系统，他们的智慧将会成为我们的精神养分，他们的能力将会成为我们生命的能量。一个人的能力终究是有限的，这就需要我们通过人际交往和交友，在人际互动和合作中，把个人知识、专长和经验与众多的他人融合在一起，通过分工协作，形成合力，达到共同发展。人情冷暖，世事无常，多个朋友多条路，多个敌人多堵墙。我们人类有着爱和归属的强烈需求，我们正是在相互交往中寻求着归属、安慰、友情、价值和保护，正是由于这种星罗棋布的人际关系，才使得我们每个人不至于独自面对风云多变的自然界和错纵复杂的人世间。

可以说，人正是依靠彼此的互助才得以生存的，无论是生活还是事业，我们都需要他人的理解和支持。马克思有恩格斯的理解和支持，列宁有斯大林等的理解和支持，毛泽东有周恩来、朱德等的理解和支持，他们是战友、同志，更是肝胆相照的朋友。即便是流落到荒岛上的鲁滨逊，也有一个叫“星期五”的亲密伙伴，更何况是身处竞争日益激烈，社会关系纷繁复杂的现代社会中的我们这些凡人！为了我们的生活更加快乐、美好，为了我们的事业更加成功、出色，为了我们的社会更加和谐、富有生机，我应当学会并善于人际交往和处友。

如今市面上的人际交往类书籍比比皆是，来到书店，远远望去满满的架子上太多诸如人际交往、厚黑学、社交大全等书可真正被我们吸收运用的又有多少？笔者也是茫茫人海中最渺小的一员，每天周旋于各色社会身份中，忙得不可开交，也总有朋友向我吐苦水：今天在哪里受了哪些鸟人的气，大家互相嬉笑怒骂一番，不免又要回到交际圈中。因此，交往技能已经成为当今社会最重要的生存能力，具备基本的人际交往技能，是一个人懂得生活的标志。若真能掌握一些基本技巧，也自然会省心省力许多。

用心喜爱身边人

每个人都奢望友谊，希望被喜爱。然而在此之前，我们必须先认清“施比受更有福”，然后把这种认知用实际行动表现出来。我们不能只是把金子藏在内心，黄金必须使用才能显示其价值，像《圣经》所说的：“凭着他们的果子，就可认出他们来。”

我常听到许多人跟我抱怨，“我性情过于羞怯，很难引起别人注意”，“没有人真心想听我说话”，或是“别人并不想认识我”等。

不错，别人为什么要喜欢你呢？在这世界上别人并没有义务非要喜欢你或我，或任何一个人。有什么理由让别人会特别关注你？除非我们具有他们所要的特质。玛丽安·安德逊曾经很生动地描述她早期的生活——她那时事业失败，很不得志，几乎就要放弃歌唱生涯。后来，凭借祷告和心灵的追求，她才逐渐恢复勇气和信心，下决心继续为自己的事业奋斗下去。有一天她兴致勃勃地对母亲说道：“我要再唱下去！我要每个人都喜欢我！我要继续追求完美！”

她的母亲回答道：“很好啊！这是很好的志向——但是，要知道，我们的主耶稣以完美的形象到这世界上来，却还是有人不喜欢他。人在成就伟业之前，必须先学会谦卑。”玛丽安听了深受感动，因此决心在音乐造诣上“力求”完美，而不是“想要”完美。“谦卑先于伟大”，这是母亲给她的最好赠言。

名作家荷马·克洛维是我的好朋友，他十分懂得交友之道。凡是碰到他的人，无论是清道夫、百万富翁抑或是妇孺老幼都会在与他相处一刻钟之内便对他产生好感。为什么呢？他既不年轻，又不英俊，更不是百万富翁，他有什么魅力可以吸引人呢？很简单，因为他一点也不矫揉造作，并且能让别人感觉到他真心地喜欢、关心他们。小孩会爬到他的膝上，朋友家的仆人会特别用心为他准备餐点。如若有人宣布：“今晚荷马・克洛维会到这里来！”则当天的宴会一定没有人缺席。除朋友间深厚的感情之外，荷马・克洛维的家人也都十分敬爱他。他的妻子、女儿，还有好几个孙儿女，全都对他称赞不已。

究竟这位作家是如何赢得这种幸福的呢？说来也很简单，就是待人诚恳、真心喜爱身边的人，仅此而已。对他来说，对方是什么人，或做什么事，他都不会在意。只要是身为一个人，对他便意义重大，值得付出关爱。每次他遇见陌生人，都能很快的与他们像老朋友一样交谈起来，当然并不是只谈自己的事，而是尽量谈对方的事。他借由问问题，可以知道对方是从哪里来，做什么事，有没有什么家人等等。他也绝不会唠叨个不停，只是向对方表示自己的兴趣和关心，借以建立起友谊。

这种方法，连最爱嘲笑人生的阴郁之人，都会像阳光下的花朵一样吐露芬芳。正像约瑟夫・格鲁大使所说的：“外交的秘诀仅在五个字：我要喜欢你。”

得到友谊的最佳方法，是必须注重给予，而不是靠一时的吸引或哄骗。所谓赢取友谊的能力，并不是指勾肩搭背、与人攀谈、动作滑稽或讲些逗趣的笑话等。那应该指的是一种心境、一种处世的态度或是一种愿意把自己的爱、兴趣、注意力及服务精神奉献给他人的心愿。

一个有经验的推销员必须懂得自己能否成功推销产品的担心会给心理造成障碍，那么就必定会影响他恰当地推销他自己的产品。通用制造公司的董事长哈瑞・布利斯在大学期间靠推销缝纫机为生，他总结说，要想在推销员这个岗位上取得成功，就要忽略自己渴望销售出去的数量，而应该集中心思向客户介绍自己能提供什么样的服务。如果一个人将精力用在为他人好好服务上，就会充满让他人难以抗拒的力量。试问谁会拒绝一个真心想帮你解决问题的人呢？

“我对推销员们说，布利斯先生说，如果他们一天到晚想的都是‘我今天要尽力多帮助一些人’，而不是‘我今天要尽力多卖出一些产品’的话，就会发现接近买主不是那么困难了，然后销售业绩就会出奇地好。能够帮助别人获得快乐、轻松生活的人，才是最高级的推销员。”

打高尔夫球时，常会有人叮嘱我们不要让眼睛离开球；向成年人传授说话技巧时，我们告诫他们要集中注意在他想要传达的信息上。由于担心结果而紧张害怕，这是万万不可取的。

我自己就曾经吃过这方面的苦头。我年轻时是一个害羞的人，天生不擅长在公共场合讲话，要我面对一群听众就好比要一个普通人面对国会调查委员会一样费力。几年前的一次，我准备发表演讲，当时的听众据说相当难缠。我事前与一位好朋友共餐，便不免流露出紧张的情绪。“假如听众不同意我所讲的话，我该怎么办哪？”我神经兮兮地问那位朋友，“假如他们不喜欢我，我要怎么处理呢？”

“没错，”朋友回答道，“他们为什么要喜欢你呢？你能为他们做什么？你认为自己要讲的话很重要吗？”我承认那些东西对我来说，的确意义十分重大。“很好，”她继续说道，“我倒并不觉得听众喜不喜欢你有什么关系。真正重要的是你有没有把你想传达的信息准确无误地传达出去。至于他们喜欢或讨厌你，根本没有什么关系？至少，你已经完成了任务。”

朋友的这番话，彻底改变了我对演讲的看法。现在，每当我准备发表演讲的时候，都会在事前先静心祷告：“神啊，求你帮助我传达出对这些听众有益的信息，让他们有所得，能够心欢喜悦地回家。”这样的祷告对我十分有用，而我也确实希望能对听众有帮助。这样的祷告使我谦卑地体会到自己只不过是个传达信息的演讲员，而不是要显示自己的博学或风采。我的目的是要带给听众一些鼓舞性的思想，以期能够对他们的生活有助益。

好莱坞的 J. 艾伦 • 布恩是著名的喜剧片《狗明星“强心”》的主演，他在观察“强心”表演的过程中学到了不少东西，为此他潜心写了一本名为“给‘强心’的信”的畅销书。据布恩先生介绍，这是一只很了不起的狗，总是欣然地执行他的命令，在电影中表演为剧情所需的各种动作。难得的是它这么做，从来不是为了得到报酬，而是出于享受把事情做好而带来的快乐。有好几次，“强心”都是单纯为了自身的乐趣而表演。这正是它能成为电影明星的原因。

布恩先生还谈到他曾面试过的一位跳舞的年轻女孩。她第一次试跳的时候，紧张得像是新娘出嫁，非常害怕自己会失败！于是布恩先生安慰她道：“你不要在乎结果，权当是纯粹为了享受跳舞的乐趣而跳，请为了上帝而舞吧。”很快地，她的心态便发生了彻底的转变。

同理，获得友谊的全部秘诀也在于不要担心结果，不要在意别人最后是否会喜欢我们。现在就着手去做所有能够激发爱和友情的事。在这方面，威廉 • 奥斯勒爵士的话很值得我们思索，他说：“我们应该做的不是张望缥缈的未来，而是脚踏实地做好眼前的事。”

现实的情形是：当我们还处在做梦年龄的时候，常常梦想着有朝一日能写出最伟大的小说来。想象着别人是如何欣赏那本书，如何为自己鼓掌喝彩，如何得到那份永恒的荣耀，想象着自己要穿着什么样的衣服，所到之处，别人是如何赞美、追求、不断引用自己讲过的话。我们想了许许多多，就是从来不曾想过可能遭遇到的困苦，不曾想过那些沉闷辛苦的工作，那些在创作过程中所要付出的血汗。我们期盼的都是关于功成名就后的荣耀，而不是如何努力去赢得这份荣耀。

像这种幼年时期的稚气行为，其实是典型的“想要得到友谊的寂寞心灵”这种情感在作祟。这没有错，只是，我们把次序弄混了——我们常希望别人主动来喜欢我们，却不曾想到要如何才能让人喜欢。

如果我们想要获得友谊的话，我们还必须懂得承认自己的一切。承认是一种积极的做法，如果是积极的做法，承认，就是找出对方的长处和优点，而不仅仅是只停留在接受忍耐对方的缺点和短处上。事实上，所有人都喜欢沐浴在承认的温馨氛围当中。从这里也可发挥它的特性。下面有一个小故事，有一次，一位父亲带着自认为是无可救药的孩子去拜访一位心理学家。那个孩子已经被他人严重灌输了自己没有用的观念，在他的潜意识里，也觉得自己是一个一无是处的，生活对于他来说，也没有任何的意义。在刚开始的时候，他一句话也不说，无论这位心理学家如何询问以及启发，他始终绝口不提。心理学家一时之间也真是无从着手。后来心理学家从他父亲所介绍的情况和他所说的话里找到了医治这个孩子的线索。他的父亲坚持着说：“这个孩子真是一点长处也没有啊，我看他是没指望，无可救药了，我真的很担心，他将来可怎么办啊，要一直这样一无是处下去吗？我真的是这么担心啊！”心理学家开始应用承认的方法来医治这个孩子，这个心理学家试着找出他的长处和优点，要知道，一个孩子是不可能没有任何长处和优点的。经过了解，他知道了这个孩子十分喜欢雕刻东西，甚至可以说在这方面具有聪颖的天赋，还颇有高手的意味，是难得一见的人才。他家里的家具也被他刻伤，到处都是他弄的刀痕，因为这件事，他经常受到父母的惩罚。于是，这个心理学家买了一套雕刻工具送给他，还送他一块上等的木料，然后教给他正确的雕刻的方法，不断地鼓励他说：“孩子，你是我所认识的人当中，最会雕刻的一位，你是非常有天赋的，我相信，在不久的将来，你一定会了解到这些，你的父母和其他人也会知道你的价值，你一定要坚持雕刻，一定不要放弃自己，你是最棒的。”从这以后，心理学家和这个孩子接触得日渐频繁起来。在接触的过程中，心理学家慢慢地找出其他事情来承认他。有一次，这个孩子竟然不用别人吩咐，就自动打扫起屋子来。这个事情，让所有的人大吃一惊，都吓了一跳。于是，这个心理学家问他为什么这样做？孩子回答他说："我想让老师您高兴啊，我觉得我这样做，你就会高兴，于是，我就这样做了。"事实上，人们都渴望着他人的承认。要满足这项欲望其实真的不是一件困难的事情。我们完全可以试着这样去承认别人，我们可以对擅于做股票生意的人，我们就夸他眼光好，说他善于看穿行情，当然，他可能不以为然，觉得你不过是在拍他的马屁而已。这是因为他并非只以一个成功的股票买卖者自居。但是，如果换一个角度呢，如果你夸他是一个烤牛排的专家，也许他会乐昏了头。其实，就是这样的，称赞人的规则其实很简单，那就是："夸奖别人还没有显现出来的长处，才能让人真正地感觉到快乐。每一个人一定都拥有不大为人所知的优点。为什么我们不去发掘这些尚不为人知的方面呢？"

如果我们要想获得别人的友谊，一定要学会容纳和包容他人，当然，这里面包括包容他人的缺点和短处。一位心理学家曾经说过这样的话："如果，我们想要改变一个任性或者是残暴的人的话，我们只能对他表示自己的好意，让他自己改变自己，除了这一点，再也没有其他更好的方法了来改变一个人了。"

在日常生活中，有很多优秀的人，这些优秀的人往往都能够影响本质善良的人，接受他们，让他们变得更好。但是，对于任性、残暴的人，他们往往是束手无策的，不知道该采取什么样的对策。这究竟是什么原因呢？其实，这是因为优秀的那群人根本不能接受粗暴的人，甚至有时候会像遇到自己讨厌的东西那样，离得远远的不希望和这样的人有任何的交集。我曾经和一位有名的神经科医生共进晚餐，在这次晚餐中，我们的话题谈到人际关系中的容纳问题，他这样说："如果大家都有容纳的雅量，那我们就会失业了，我的存在也就没有任何的意义，精神病治疗的真谛，就在于医生们找出病人的优点，并且要试着接受他们，这样做了之后，也让病人们自己接受他们自己。每个人刚生下来，都很轻松自在，同时暴露出恐惧以及羞耻心。医生们静静地听患者的心声，他们不会以惊讶、反感的道德式的说教来批判他们。所以患者敢把自己的一切都全部讲出来，包括他们自己能够感到羞耻的事和自己的缺点。当他觉得有人能容纳、接受他的时候，这样，他就会开始试着接受自己、才会有勇气迈向美好的人生大道。"鲁斯·哈比博士指出，如果每对夫妻都能牢记结婚仪式上的誓言："我不计较这个男人或者是女人的一切，我接受他的一切的行为，无论他是什么样的，我都会一直和他在一起，不会离开他。"如果宣誓变成了这样的话，就会挽回很多家庭的不和睦。很多大企业家也和我说过这样的话："我们要想提升某某人的时候，会先调查他的妻子。"当然，这里说的调查并非调查他们的太太长得是否很漂亮，或者很会做菜。而是她是否能让他的先生充满自信。

某些企业的老板曾经说过："做妻子要接受丈夫的一切。要使自己的丈夫生活愉快，拥有充足的满足感。当丈夫回到家里的时候，做妻子的一定要替自己的丈夫装上自信的弹丸，让自己的丈夫变身成为自己的王者。如果妻子这样做了，她的丈夫就会有这样的想法：'我的妻子是这样的喜欢我，可见我在她心中有 一定的位置，并非一文不值的，我要好好爱她，我是她的支撑，她不能没有我。'做妻子的如果能够去爱自己的丈夫，去信任他，他就会拥有'我一定能做好一切'的自信。所以当他第二天出门的时候，他不怕任何困难的考验，他始终会充满 自信地接受任何的挑战。"相反，如果丈夫回到家里之后，他的妻子只会唠叨、抱怨不停，那么，他的斗志就会逐渐地消失，直至完全看不见为止。一个能容纳自己丈夫的人，她一定会得到丈夫的更加的怜爱。人性就是这样的，人们总是愿意和喜欢自己的人和睦地相处。如果是由于妻子的缘故，让丈夫对自己失去信心从而开始讨厌自己，讨厌自己的工作，进而讨厌生活中的一切东西，那么，丈夫会随着自己自信心、自尊心的低落而对妻子不耐烦，彼此会因为吹毛求疵而感情低落，这样的结局未免就太煞风景了。

其实，我们还必须学会重视，这是每个人内心都渴求的东西，我们都希望能够得到他人的重视。所谓的重视，就是提高价值。我们都要求别人能够重视自己的价值。比恩•布鲁斯博士曾经说过："我的保险公司成功的原因在于我们重视我们的代理店。我们也用这个来作为我们的座右铭。"我问他："为什么这么简单的座右铭会产生如此之大的奇迹呢？"他是这样和我说的："重视的反面就是轻视。""我对我们公司的代理店全部都给予很高的评价，并且让他们知道这个事实，我很重视他们。我们知道，不管什么公司，他能成功的原因在于代理店能力的大小。在我的观念中，能力大的小的都是非常重要的。我用我的代理店是同行业间最优秀的态度来接受他们。由于我重视人的关系，让他们自己觉得对别人对社会有益和重要，所以就带来好的结果。"就是这样，如果你想要获得别人的友谊，取得自己想要的成功，你就必须学会重视他人。

因此，请用真心去喜爱身边每一位朋友。不要计较先后，不要计较多少。只要用心，用心来经营你们的友谊。

聆听比倾诉更贴心

有一次，我在一个朋友的桥牌晚会上，与一位女士聊起天来。当这位女士知道我刚从欧洲回来，便对我说："哦，卡耐基先生，你去欧洲演讲，一定到过许多有趣的地方，欧洲有很多风景优美的地方，你讲给我听听好吗？要知道，我小时候就一直梦想着能去欧洲旅行，可是到现在我都未能如愿。"

我一听到这位女士的开场白，便知她定是位健谈的人。而我也知道，要让一位健谈的人长时间地听别人的长篇大论，心里一定憋着一口气，难受得要死要活，因此她会很快就对你的讲话失去兴趣。刚进晚会时我就听朋友介绍过她，知道她刚从南美的阿根廷回来。阿根廷的大草原景色秀丽，到那个国家去旅游的人都要去看看的，她肯定会有自己的一番感受。

于是我对那位女士说："是的，欧洲有趣的地方可多了，风景优美的地方更不用说。但是我更喜欢打猎，欧洲打猎的地方就只有一些山，很危险。要是能在大草原上边骑马打猎，边欣赏秀丽的景色，那才惬意呢！"

"大草原？"那位女士马上打断我的话，兴奋地叫道，"我刚从南美阿根廷的大草原旅游回来，那真是一个有趣的地方，太好玩了！"

"真的吗？那你一定过得很愉快吧。能不能给我讲一讲大草原上的风景和动物呢？我和你一样，也一直梦想着能到大草原去的。"

"当然可以啦，阿根廷的大草原……"那位女士看到有了这么好的一位倾听者，当然不会放过机会，滔滔不绝地讲起了她在大草原的旅行经历。然后在我的引导下，她又讲了布宜诺斯艾利斯的风光和她沿途到过的国家的各种风光，甚至到了最后，变成了她对自己这一生去过的美好地方的追忆。

我在一旁一直耐心地听着，不时微笑着点头鼓励她继续讲下去。那位女士一直讲了足足有一个多小时，直到晚会结束，她才意犹未尽地对我说："卡耐基先生，下次见面让我继续说给你听吧，还有很多很多呢！谢谢你让我度过了这样美好的一个夜晚。"

我在这一个小时中其实只说了几句话，然而，那位女士却向晚会的主人说："卡耐基先生真会讲话，他是一个很有意思的人，我非常愿意和他一起。"

我知道，其实像她这样的人，并不想从别人那里听到讲些什么，她所需要的仅仅是一双认真聆听的耳朵。她想做的事只有一样：倾诉。只要有人肯倾听，她愿意把自己心里所有想说的倾吐出来。

还有一次，我在一位植物学家身上运用了同样的方法。我专注地坐在椅子边倾听着他谈论大麻、印度以及室内花园。他甚至还告诉我有关马铃薯的一些惊人事实。必须一提的是，我们当时正在参加一场晚宴，一同在场的还有十多个人。但是我违反了所有的礼仪，忽略了其他所有的人，只顾听那位植物学家谈话，听了好几个小时，午夜来临了，我向每一个人道了别，离开了。那位植物学家接着转向了宴会的主人，说了几句赞美我的话。称我是"最有意思"的人。他最后说，我是一个"最有意思的谈话家"。

说我口才好，这着实让我很惊讶。我记得当时我几乎没说几个字。即使想说，因为对植物学完全没有概念，又没有转变话题，所以也找不到谈话的材料，因而代替讲话的方法就只有倾听了，而且是很专心地倾听。于是我就彻底转换角色，成为一名听众，而对方也觉得很高兴。那种专注的倾听，就是我们所能给予别人的最高赞词了。

一次成功的商业会谈的秘诀是什么？注重实际的学者依利亚说："关于成功的商业交往，没有什么秘密——把注意力集中到讲话的人身上。没有别的东西会比这更让人开心。"其中的道理很明显，是不是？你无须在哈佛读上 4 年书才发觉这一点。你我都知道，有的商人租用奢华的店面，陈设豪华的橱窗，为广告不惜一掷千金，然后却雇用一些不会倾听他人讲话的店员，打断顾客的谈话，反驳他们，激怒他们，几乎要将客人逐出店门。

乌顿的经验可谓是极好的一例。他在我的班中讲述过这么一个故事：在近海的新泽西，他在一家百货商店买了一套衣服。这套衣服令人大失所望，上衣褪色很严重，把他的衬衫领子全部都弄黑了。后来，他将这套衣服带回该店，找到卖给他衣服的店员，告诉他事情的情形。他想诉说此事的经过，但被店员粗鲁地打断了。“我们已经卖出了数千套这种衣服，”这位售货员反驳说，“你还是第一个来挑剔的人。”正在激烈争论的时候，另外一个售货员加入了。“所有黑色衣服起初都会褪一点颜色，”他说，“那也是没有办法的，这种价钱的衣服就是如此，那是颜料的关系。”

“这时我简直气得冒火，”乌顿先生讲述他的经过说，“第一个售货员怀疑我的诚实，第二个暗示我买了一件便宜货。我恼怒起来，正要骂他们，突然间经理走了过来，他真正懂得他的职责，正是他使我的态度完全改变了。他将一个恼怒的人，变成了一位满意的顾客。他是如何做的呢，其实他只采取了三个步骤：

“第一，他静静聆听我从头至尾讲述我的经过，没有插嘴过一个字。

“第二，当我说完的时候，售货员们又想要要插话发表他们的意见，他便站在我的立场与他们辩论。他不但指出我的领子是明显地被衣服所污染，并且坚持说，不能使顾客满意的东西，就不应放在店里出售。

“第三，他承认他不知道问题的所在，并坦率地对我说：‘你想我如何处理这套衣服呢？你说什么我都可以照办。’

“就在几分钟以前，我还准备要告诉他们收回那套可恶的衣服。但我后来只是淡淡地说：‘我只想你为我提供解决的方法，我要知道这种情形只是暂时的，是否有什么办法可以彻底摆脱问题。’

“他建议我再试穿这套衣服一个星期‘如果到那时仍不满意，’他说，‘请您拿来，我们免费为您换一套满意的。为您带来的不便，我们真心地感到非常抱歉。’

“我满意地走出了这家商店。一星期后这套衣服并没有毛病。更重要的是，我对于那家商店的信任也完全恢复了。”

喜欢挑剔的人，甚至最激烈的批评者，常会在一个忍耐、同情的静听者面前软化，被其降服，这位静听者即使在气愤的寻衅者像一条大毒蛇张开嘴巴吐出毒物的时候也要静静倾听。

纽约电话公司数年前曾应付过一个咒骂接线生的最险恶的顾客。他疯狂地不断咒骂，他恐吓要拆毁电话，拒绝支付一切他认为不合理的费用，他写信给报社，还向公众服务委员会屡屡提出申诉，并使电话公司陷入数起诉讼。

最后，公司一位最有技巧的“调解员”被派去拜访这位暴戾的顾客。这位“调解员”耐心倾听，使这位好争论的老先生尽情发泄他的大篇牢骚，不断地表示他十分同情他的“遭遇”。

“他继续狂吠，我倾听了差不多三个小时，” 这位 “调解员” 在我的班里叙述他的经验时说，“之后我再到他那里，倾听他的满腹牢骚，我拜访过他四次，在第四次拜访结束前，我成为他正在创办的一个组织的会员，他称之为 ‘电话用户权益保障委员会’。我现在仍是这一组织的会员，但据我所知，除了该先生以外，我是唯一的会员了。”

“在这几次拜访中，我倾听，并且同情他所列举的每个观点。他从未与电话公司的人有过那样的谈话，他几乎变得友善了。我要见他的意图，第一次访问时，没有提到，第二、第三次也没有提到，但在第四次，我结束了这个案件！他付清了所有欠账，在他与电话公司交涉的过程中，他第一次撤销了他对公众服务委员会的投诉。”

无疑，这位先生自认为是在为公理而战，保护公众的权利，使他们不受电话公司的无情剥削，但实际上他只是想要自重感。他通过不停的挑剔和抱怨来获得这种自重感，但当他从公司代表身上得到自重感时，他的不切实际的怒气立即消失了。 多年前的一个早晨，一位愤怒的顾客，闯入德弟茂毛呢公司创办人德弟茂的办公室，这家公司后来成为世界最大的毛呢公司。

“这个人欠我们 15 元钱。” 德弟茂先生对我解释说。

“这位顾客不承认，但我们清楚地知道是他错了，所以我们公司信用部坚持要他付账。在接到我们信用部职员的几封信以后，他衣冠楚楚来到芝加哥，匆匆忙忙地奔进我的办公室，告诉我说，他不但拒绝支付那笔欠账，并且永远不再购买德弟茂公司一分钱的货物。

“我耐心地倾听所有他要说的话，中间几次我忍不住想要打断他，但我知道那不是上策，所以我选择让他尽情发泄。最后当他终于冷静下来的时候，我平静地说：‘我要谢谢你亲自到芝加哥来告诉我这件事。你已经帮了我一个大忙，因为如果我们信用部得罪了你，他们也可能惹怒其他顾客，那就更糟了。你可以相信我，我想要听到这些真相的心情比你想要述说更加急切！’

“他怎么也没有想到我会说这种话。我想他肯定有一点失望，因为他到芝加哥是为了和我吵架。却不料想我在这里感谢他，没有与他发生任何争论。我明确地告诉他，我们要在欠账中取消那笔 15 元钱的账款并把这件事忘掉。因为他是一个很细心的人，只需打理一份账目，而我们的业务员却要管理几千份，所以他比我们不容易弄错。

“我告诉他我十分了解他的感觉，如果我处在他的境地，毋庸置疑，我一定会比他更气愤。由于他不想再买我们的货物了，所以我为他推荐了几家别的毛呢公司。

“那天我请他吃午餐，他勉强地同意了，但当我们回到办公室的时候，他订了比过去都要多的货物。他以平和的态度回去了，为了对待我们同我们待他的那么好，他检查了他的账单，找出一张他以前放错了地方的账单，于是，他寄给我们一张 15 元的支票和他的道歉。”

再后来，只要他有时间来芝加哥时，我们就常常共进午餐。甚至在他妻子为他生下了一个男孩后，他为他的儿子取名“德弟茂”，他成为这家公司的一位永久朋友和顾客，直到很多年后他去世的时候。

多年前，有一个从荷兰移居来美国的贫苦儿童，在学校下课后，为一家面包店擦窗，每星期赚半美元。他家非常贫寒，他平常每天到街上用篮子捡拾煤车送煤时落在沟渠里的碎煤块。那个孩子叫宝克，一生仅受过 6 年的学校教育，但最后竟成为了美国新闻界最成功的一名杂志编辑。他是怎么成功的？说来话长，但他如何开始，我们可以简单地叙述。因为他采用的正是本章所提出的原则。

他 13 岁离开学校，在西联做童工，每星期工资 6.25 美元。但他从未放弃过接受教育的想法。他不坐车、不吃午饭，把省下的钱积攒起来，直到足够买一部《美国名人传全书》。他读了名人的传记，一一写信给他们，请他们寄来有关他们童年时代的补充材料。他是一个善于倾听的人，他鼓励名人讲述自己的故事。他写信给那时正在竞选总统的加菲大将，问他是否真的在一条运河上做过拉船童工，加菲也认真给他写了回信。他写信给格莱德将军，询问某一战役，格莱德给了这位 14 岁的孩子一张地图并邀请他吃晚饭，和他畅谈了一整夜。

他写信给爱默生并希望爱默生能够为他讲述自己的故事。这位为西联送信的小孩不久便和全美最著名的人通过信：爱默生、勃罗克、夏姆士、浪番洛、林肯夫人、爱尔各德、秀门将军及戴维斯。

当然，他不只与这些名人通信，并且在他们假期的时候去拜访过他们中的好多位，成为他们家里受欢迎的一个客人。这些经历，使他产生了一种无与伦比的信心。这些名人激发了他的理想与志向，改变了他的人生。而所有这一切，只是因实行了我们所讨论的“认真倾听”这一原则而已。

马可先生大概算得上世上最优秀的名人访问者，他说许多人不能让他人对自己产生好印象，其实是因为他们不懂得如何倾听。“他们只关心自己下面要说的是什么，他们根本没有在使用耳朵。一些大人物曾告诉过我，他们更喜欢善于倾听者而非善于谈话者，但能够倾听的能力，好像比其他任何性格都少见。”

不只大人物要求他人善于倾听，平常人亦是如此。《读者文摘》中曾写道："许多人之所以请医生，是因为他们所要的不过是一个倾听者。"

在美国内战最紧张的时候，林肯写信给在伊利诺伊的一位老朋友，请他到华盛顿来商讨一些问题。这位老朋友到白宫拜访时，林肯跟他谈了数个小时关于解放黑奴宣言是否适当的问题。谈论数小时以后，林肯与他的老朋友握手道声晚安，送他回伊利诺伊，竟然没有征求他的意见。整个谈话过程中近乎所有的话都是林肯说的，那好像是为了舒畅他的心境。"谈话之后他似乎稍感安适"，这位老朋友说。林肯没有要求得到建议，他只要一位友善的、同情的倾听者，使他可以发泄苦闷。那是我们在困难中都需要的，是愤怒的顾客所需要的，是职场失意的雇员，感情受伤的朋友所需要的。

如果你想让周围的人躲避你，在背后笑话你，甚至轻视你，这里有一个最好的办法就是决不倾听别人说话，不断地只谈论你自己。

那些讨厌的人就是被自私心及自重感所麻醉的人。那些只谈论自己的人，只为自己设想。而只为自己设想的人，哥伦比亚大学校长巴德勒博士说："是无可救药的缺乏教育者。""他确实没有教养，"巴德勒博士说，"无论他如何受人尊重。"

所以如果你希望成为一个善于交际的贴心人儿，那就先做一个善于聆听的人。要使人对你感兴趣，那就先对人感兴趣。询问别人喜欢回答的问题，鼓励他谈论自己及其所取得的成就。不要忘记正在与你谈话的人，对他自己、他的需要、他的问题，比对你及你的问题要感兴趣 100 倍。他的牙痛、肚子痛是件天大的事，胜过任何其他的世界大事。

让他感受到你的重视

我们在人际交往时，常常莫名地得不到应有的对待，也因此常常感到纳闷不解。不明白自己为什么不受欢迎。其实，现实生活中有些人之所以会出现交际的障碍，就是因为他们不懂得或者忘记了一个重要原则——让他人感受到自己的重要性。有些人喜欢自我表现，夸大吹嘘自己。一旦事情成功，他们首先表现出的就是自己有多大的功劳，做出了多大贡献。这样其实就相当于向他人表明：你们确实不太重要。无形之中就伤害了别人。

有一天，我在纽约第 32 街和第 8 道交口处的邮局里排队等候寄一封挂号信。那位柜台后面的营业员显然对工作感到不耐烦——称重、拿邮票、找零钱、写收据，年复一年都是在重复同样单调的工作。所以我对自己说：“我要让那位办事员喜欢我。而要让他喜欢，我显然必须说些好话——不是关于我自己，而是有关他的。”我又自问：“他又有什么值得让我称赞一番的呢？”有时，这实在是个难题，尤其是对方是一个陌生人时。但是，称赞眼前的这位职员似乎并不让我感到困难，我马上就找出可以称赞的地方了。

当他为我的信件称重时，我热切地对他说：“我真希望能有你这样的头发。”他抬起头，半惊讶地看着我，脸上泛出淡淡的微笑：“唉，它已经不像以前那么好啦！”他谦虚地回答道。我告诉他，虽然它可能已没有原来的美观，但仍然状况极佳。他十分高兴，便和我多谈了一会儿，最后说道：“许多人都称赞我的头发。”

我敢打赌这位先生出去吃午饭的时候，一定步履生风，晚上回家的时候，一定会将此事告诉太太，也一定会照着镜子对自己说：“这头发是多么漂亮！”

有次我演讲的时候提起这件事，事后有人问我："你想从那人身上得到什么？"

我想从那人身上得到什么？我想从那人身上得到什么！

如果我们真是这样自私，如果没有从他人身上得到好处，就不愿对他人给予哪怕只是一点点的赞赏或感谢，这只会让我们的灵魂比野生的酸苹果大不了多少，而我们的心灵又会变得多么的贫乏！

不错，我是希望从那位先生身上得到一点东西。但那东西是无价的，而且我已经得到了。我得到了助人的快乐，这种感觉即使在时过境迁之后，永远存在于我的记忆之中。

人类行为有个极其重要的法则，如果我们遵从这个法则，就不会惹来什么麻烦；事实上，如果我们遵守这个法则，便可以轻易得到许多友谊和真心的快乐。相反的，若我们违背了这个法则，就难免后患无穷。这个法则就是：时时让他人受到你的重视。我们前面提过约翰·杜威所说的："人类本质里最深远的驱策力就是希望具有重要性。"还有威廉·詹姆士说过的："人类本质中最殷切的需求是，渴望被肯定。"我也曾指出，就是这种需求，使人类有别于其他动物；也就是这种需求，使人类产生了文化。

几千年来，许多哲学家都曾就这个问题深刻思考过。而他们得出的结论只有一个，就是这一法则。它并不新颖，可以说和历史一样陈旧了。2500 年前，琐罗亚斯德在波斯用这个原则教导门徒；2400 年前，中国的孔子也这么谆谆劝导过；2500 年前，道教的始祖老子，在函谷关也曾如是说过；基督降生的前 500 年，佛陀已在神圣的恒河边教诲众生，甚至印度教的经典也这么记载着；1900 多年前，耶稣基督在犹太山上，以此训诲门徒，并且用一句话做总结，这大概是世上最重要的法则："你要别人怎么待你，就得先怎么待别人。"

你需要朋友的认同，需要别人知道你的价值；你希望在自己的小世界里，有被重视的感觉。你不喜欢廉价、言不由衷的恭维，而渴望出自真诚的赞美。你希望身边的友人能像查理·夏布所说的"真诚、慷慨地赞美"。我们都喜欢那样。 所以，让我们衷心服膺这永恒的金律：我们希望别人怎么待我们，我们就怎么待别人。

怎么做？什么时候？什么地方？答案是：随时，随地。

住在威斯康星州的大卫·史密斯，也告诉我们他如何处理一个尴尬场面。故事发生在一个慈善音乐会的糕点摊上。"音乐会那天晚上，我到达公园的时候，发现有两名上了年纪的女士，站在糕点摊子旁边，都显得不怎么高兴的样子。

很显然，她们两人都认为自己才是那个摊子的负责人。我站在那里，正思索着该如何是好，有位赞助委员会的成员走过来，交给我一个募款箱，并感谢我的帮忙。她也向我介绍了那两位年长的女士萝丝和珍，然后便匆匆离开了。

“紧接而来的，是段令人尴尬的沉默。我知道那个募款箱可算是一种‘权威的标记’，便把它交给萝丝，向她说明自己恐怕不能管理好，希望她能帮忙照看。我又建议珍负责照顾另外两名年少的助手，并教他们如何操纵汽水贩卖机。

“于是，整个晚上，萝丝都很高兴地清点募款，珍也很尽责地照料两名助手。我则很轻松地坐在椅子上，欣赏整场音乐晚会。”

你无须等到当上了驻法大使，或是宿舍里的“聚餐委员会”主席以后，才来运用这个法则，你其实每天都可以使用这奇妙无比的魔法。

举例来说，如果你在餐馆里点了一份炸薯条，而女侍者却端给你马铃薯，这时候，我们便可以说：“对不起，麻烦你了，但我比较喜欢炸薯条。”女侍者可能会答道：“不，一点也不麻烦。”而且她还会高高兴兴地把马铃薯换走。因为我们已经对她示以了敬意。

另外，我们还可以养成习惯使用一些日常用语来避免日常生活中的冷漠和单调，如“对不起，麻烦你……”、“可否请你……”、“请问你愿不愿意……”、“你介不介意……”、“谢谢”等。

下面让我们再看一个例子。

罗纳尔德•罗兰是我们在加州开课时的讲师，也教美工课。他曾提起初级手工艺班里的学生克里斯的故事。

“克里斯是个安静、害羞、缺乏自信心的男孩，平常在课堂上很少引人注意。一天，我见他正在伏案用功，便走过去与他搭话。他的内心深处似乎有一股看不到的情绪，当我问他喜不喜欢所上的课时，这个年仅十四岁的害羞男孩脸上的表情起了极大变化。不难看出他的情绪波动很大，想极力忍住泪水。”

“‘您是说，我表现得不够好吗，罗兰先生？’

“‘哦，不！克里斯，你表现得很好。’

“那天，上完课走出教室的时候，克里斯用那对明亮的蓝眼睛看着我，并且肯定而有力地说：‘谢谢您，罗兰先生！’

“克里斯教会了我永远难忘的一课：我们内心深处的自尊。为了使自己不致忘记，我在教室前方挂了一个标语：‘你是最重要的。’这样不但每个学生可以看到，也可以随时提醒我自己，每一个我所面对的学生，都同等重要。”

这是一个未加任何渲染的事实：差不多你所遇见的每一个人都自以为在某些地方比你优秀。所以，要打动他们内心的最好方法，就是巧妙地表现出你真心地认为他们很重要。

唐纳德•麦克马亨是纽约一家园艺设计与保养公司的管理人。他向我讲述了这样一件事情：

“有一次，我替一位著名的鉴赏家做庭园设计，这位屋主走出来做了一些交代，告诉我他想在哪里种一片石南和杜鹃花。

“我说道：‘先生，我知道你有个癖好，养了许多漂亮的好狗。听说每年在麦迪逊广场花园的展览里，你都能拿到好几个蓝带奖。’

“这一小小的称赞所引起的效果却不小。

“鉴赏家回答我：‘是的，我从养狗中得到了很多乐趣。你想不想看看它们？’

“他花了差不多一个钟头的时间，带我参观各类的狗和所得的奖品，甚至向我说明血统如何影响狗的外貌和智慧。

“后来，他转身问我：‘你有没有小孩？’

“‘有的。’我回答：‘我有个儿子。’

“‘啊，他想不想要只小狗呢？’他问道。

“‘当然啊，他一定会很高兴的。’

“‘那么，我要送一只给他。’鉴赏家自豪地许诺。

“他告诉我怎么养小狗，讲了一半却又停下来。‘你大概不容易记下来，我写一份说明给你。’于是他走进屋里，打了一份血统谱系和饲养方法给我。他不但送我一只价值好几百元的小狗，还在百忙中拨给我一小时又十五分钟的时间。这完全是因为我衷心赞美他的嗜好和成就的缘故。”

柯达公司的乔治•伊斯曼，因发明了透明胶片而大发其财，成为举世闻名的富豪。像他这么有成就的人，渴望被肯定的心理却和你我没有两样。事情的经过是这样的：伊斯曼还在兴建“伊斯曼音乐学校”和“基尔本厅”的时候，纽约一家专做椅子的公司经理詹姆斯•亚当森，很想包下剧院座椅的生意，便打电话给建筑设计师，希望能通过他安排时间，到罗契斯特去会见伊斯曼先生。到了见面那天，建筑设计师对亚当森说道：“我知道你很想做成这笔生意。但我先告诉你，伊斯曼是个纪律严格的人，十分忙碌，所以你最好长话短说，把来意在五分钟内解说完毕。”

事实上，亚当森也正准备那么做。

进了办公室，亚当森见到伊斯曼先生正埋头在一堆文件之中。伊斯曼先生抬起头，取下眼镜，然后走过来向亚当森和建筑设计师招呼道：“早安，两位先生，请问有何指教？”

建筑设计师为两人介绍过后，亚当森便说道：“这是间很好的办公室。虽然我从事的是室内木工艺品的生意，却从没见过这么漂亮的办公室。”乔治·伊斯曼回答道：“你使我回想起一些往事。是的，这是间很漂亮的办公室。刚建好的时候，我真喜欢极了。可是后来事情一忙起来之后，却再找不到那份感觉了，有时甚至好几个星期也不曾来一趟。”

亚当森移动脚步，用手指抚过窗格的镶板：“这是英国橡木，对吧？这跟意大利橡木稍有不同。”

“不错。”伊斯曼答道，“这是从英国进口的橡木，是我一位木料专家的朋友特别为我选来的。”

伊斯曼便开始逐一介绍室内的一些建材，不时的对结构的比例、材料的色泽和制作的手工等提出批评，并说明当初他如何参与计划和施行。

后来他们停在一扇窗户前面，伊斯曼以他特有的缓和声调，指出他未来的好几项计划：罗切斯特大学、综合医院、友谊之家、儿童医院等。亚当森对他的人道精神又大大赞赏一番。接着，伊斯曼打开一个玻璃箱，取出一个照相机来——那是他的第一部照相机，从一个英国人手中买来的。

亚当森又询问他从事生意以来的种种奋斗情形。伊斯曼提到自己童年的贫困和寡母的辛劳，由于对贫穷的恐惧，他特别努力地工作。亚当森凝神细听，并不时提出一些问题，如干性感光盘的实验等等，伊斯曼也都很详细地回答。

亚当森被引进办公室的时候，是十点十五分。建筑设计师曾警告他，面谈最好不要超过五分钟。但现在一个小时过去了。接着两个小时，他们还是谈个不停。最后，伊斯曼对亚当森说道：“上次我在日本买回几张椅子，放在阳台上，结果油漆都被阳光晒的剥落了。前几天，我到市区买来一些颜料，自己动手油漆一遍。你想过来看我漆得如何吗？要不你等一下可以到我家来用午餐，我可以让你看看那些椅子。”

用完午餐之后，伊斯曼带亚当森去看那张椅子。那不过是普通的日本座椅，只因经由大富豪亲手油漆过，便备受珍惜。剧院座椅的订单高达九万元，你猜谁会做成这笔生意呢？

我们一定不要忘记这一点，那就是，人是这个世界上最为尊贵、最为重要的，没有任何东西能够超越人的位置。为了表示我们对他人的重视，我们还必须注意下面这四种方法：

第一，我们千万不要怠慢他人。

第二，对于不能立刻会面的拜访者，我们应该尽早地约他会面。

第三，我们要时时感谢别人，常怀一颗感恩的心。

第四，对人“特别”招待，要让他们感觉到自己是被特殊照顾的。

让他人感觉到自己的重要性，是非常聪明的做法。因此，我们要时刻让他们感觉到是被重视的。

拓宽交际 拓展机会

善于交际的人，总是在不停地扩大自己的交际范围，认识一个新的朋友，等于进入他的社交圈，从而又认识一批新人，不断地产生倍数效应。因此我经常鼓励我的学员这样做，并给了他们相应的一些建议：

1. 广泛参加各种团体活动。多多参加联谊会、集训、研讨会或志趣相同者的夏令营、冬令营等活动，都是许多人在一起的集体活动，即便你兴趣不浓也还是多积极参加为好。因为，此类活动所创造的交际机会是非常多的。比如，有些不喝酒的人，稍微喝了一点，就把心里话全都倒了出来，从此与这些人结成了好朋友。如果你总是说“乱哄哄的有什么意思”之类的推托之词，那么以后就再不会有人肯邀请你了。要记住，各类社团组织、学术团体常常聚集着各种人才，大家志趣、爱好相投，有共同语言，可以相互切磋技艺，研究学问。这些组织定期举办的各种活动可为其成员提供充分的交往机会。所以，永远不要脱离集体，不要放弃你感兴趣的任何团体。

2. 好好利用与人合作的机遇。与人合作的过程也是交友的过程，合作可以为扩大交际范围提供良好的机遇，拥有共同的事业是寻觅知心朋友的前提条件。因此，千万不可错过与人合作的项目，而且还要积极寻找共同完成的事业，这样，才能扩大自己的交际圈，才能广交朋友。

3. 培养自己的好奇心。爱好、兴趣广泛的人，更容易同各种人交朋友。一个人如果会打桥牌、跳舞、游泳、滑冰、打球、下棋等，爱好一多，与大家“凑趣”的机会就多，结交朋友的机会也就多了。即使自己并不擅长某一方面，但若表现出浓厚的兴趣，博得对方的欢心，肯定了他的特点，也能引发共鸣。时刻怀抱好奇心，参加集体活动时，不要忘记一点。自己感兴趣的要去，不感兴趣的也要去，不管男性和女性都要兴致勃勃地活动。只有这样，才能让人感受到你的魅力，享受快乐的气氛。此外，要经常关心各种问题。常关心大家所关心的事，特别是关心你结交的人们所感兴趣的事情。

4. 不要让性格差异成为障碍。常言道，物以类聚，人以群分。志趣相投的人容易接近，反之，则容易疏远。但要记住，社交与选择朋友不完全是一回事。社交圈中，更多的不是朋友，而是普普通通的朋友。因此，在社交过程中，不要用选择朋友甚至是知己的条件来作标准，万万不可把志趣不符、性格不合的人一概拒之门外。在社交圈中结交的新朋友应是与你有较大差别的人才好。大家在知识结构、兴趣爱好、生活经历、气质性格等方面存在差别，有助于双方广泛地了解形形色色的社会生活层面。新朋友的见解即使与你大相径庭、迥然不同，也不要急于辩驳，多往好的一面想，至少可以多补充、丰富你的思想。

5. 积极参加集体活动。有些人不喜欢参加集体活动，还总埋怨自己没有朋友，其实只是缺少热情。无论大家做什么，需要多少时间，就只想着做自己喜欢的事情，绝不与大家合作。什么都是自己决定，自己能领会的才想做，像这样的个性很强的人是很难交到朋友的。

而关于个人交际，我想说的是：“不要以为漫无目的地出外寻找，就可以找到对自己有裨益的朋友。交际更多的是发生在存有某种目的的时候。当你向自己的目标一心前进时，所走的路自然会与旁人的交错，也就会产生交际，方便交到有实际助益的朋友，于是成功的机会才会显现。”我们需时时鞭策自己，设法找到机会展现自己的能力，多让人了解自己，进而建立互相尊敬、信赖的关系。这是交朋友的理想步骤。

交际对于任何人来说都十分重要。伊丽莎白十分了解这个道理。她是特拉华州唯一的女性眼科医生，在该州是相当有名望的人物。

这位女医生是如何建立自己的声望的呢？一名知性的上班族若想建立声望，除了积极参与社会活动之外，也别无他法了。伊丽莎白就是如此获得既有活力又有爱心的评价的，而这种评价使她成为极受信赖的眼科医生。

她知道由于工作之故，无法借报纸、广播做自我推销，于是，她便选择了为公众服务的方式来提高自己的声望。果然，这种方法使她深得人心，也将她的事业推向成功。

伊丽莎白 23 岁时在特拉华州的乔治城开了自己的诊所。开业后，她的第一件工作就是整理出所有曾经交往过的朋友名单，同时积极参加该城的妇女团体。不久，她便当上妇女会会长，并且连任两届。稍后，她又当上职业妇女组织州联合会会长。

她曾一度在主妇学校及业余剧团中十分活跃。她还经常参加宗教、妇女及其他各类聚会。她抽空把到国外旅游时的所见所闻制作成幻灯片展示给大家看，这一举动使她与大家的心更加接近。

即使她的社会生活多彩而忙碌，但她仍然能抽出时间扩大自己的交际范围。她曾出任视力鉴定协会的会长，还被州长两次任命为特拉华州的视力鉴定考试委员。目前，她已是特拉华州残疾人协会干事，同时也是州长直属高速公路委员会中的三名女性之一。

那么，她对于参与社交活动的看法又如何呢？她说：“更多的参与社会性的工作，被人们信赖的机会就更高，随时有可能把自己更好地推销出去。”

就是这样，伊丽莎白在极短的时间内得到了大众的尊敬与信赖，不但生活更加多姿多彩，也为工作带来了极大的便利。她的声望毫不客气地说其实就是不断扩大交际范围的成果。另外，在企业界，愈成功的人愈受重视。人们想加入“成功者俱乐部”很难，但一旦加入，以后便是更加坦荡的康庄大道。活跃于志同道合的成功者之间，能轻易获得同类的成功意识，同时，对方的知识与经验，都会使自己的脚步更稳健、更扎实。

有雄心、有抱负的年轻人一定要牢记：多与前辈、有成就者接触是非常重要的。他们丰富的生活经验是年轻人创业最好的启动基金。对于他们来说，看到对未来充满雄心和梦想的年轻人就好像看到当年的自己，他们通常会特别有好感。所以，也更乐意为年轻人提供自己的见解与经验。

一个人从别人那里所吸收的能量愈大、质量愈好、种类愈多，则其个人的力量也会愈大。假使他在社交、精神、道德上与他的同辈有多方面的接触，那么他一定是个有力量的人。反之，假如他如与世隔绝般与人断绝交往，那么他一定是个不折不扣的弱者。人类需要各种精神食粮，而这各种精神食粮，只能在同各种各样的人们相处相交中得来。这就像枝头上葡萄累累、其汁液的甜蜜，其色香的醇美，都是从葡萄藤的主藤上来的一样。树枝本身不能生存，把树枝从树干上砍掉，树枝定会萎黄枯死。个人的力量也是从"人类主树干"中得来的。

在同一个人格坚强伟大的人相面对接触的时候，我们也常常能觉得自己的力量会突然增加几倍，自己的智慧会突然提高几成，自己的各部分机能会突然锐利了几分，仿佛自己以前所梦想不到的隐藏在生命中的力量，都被他解放了出来，过去自己一个人想不到，做不到的事似乎都能在他的激发下很好地完成。

演说家的演讲词可以唤起听众的同情，从而引发出伟大的力量。但是假使他在"没有人"或者和个别人的情况下讲话，则绝不能产生这般强大的力量出来；正像化学家不能使分贮在各只瓶中的药品发生化学作用一样。新的力量、新的影响、新的创造，只有在"接触"和"联系"中才能获得。

经常同他人相处相交的人，仿佛永远能在他的"发现航程"中发现自己生命中的新的"力量岛屿"，但若是一个人经常不同别人接触，这种"力量岛屿"很可能永远被埋没。

只要他愿意探取，凡他结交的每一个人，都能告诉他若干的秘密，若干闻所未闻却足以辅助他的前程、加强他的生命的东西。没有人能独自启发自己，别人才是他的发现者！

我们大部分的成就总是承蒙他人之赐。别人总在无形之中把希望、鼓励、辅助带入我们的生命中，在精神上振奋我们，使我们的各种能力趋于锐利。我们生命的生长，都依靠我们的心灵从四处吸收营养，而这种营养，我们的感觉是不能觉察、测量的。从表面上看，我们是从耳目中吸收进"力量"的，但在事实上，这种力量的吸收绝不是取道于官能的视觉、听觉神经的。

一幅名画中最伟大的东西，不在于画布上的色彩、影子或布局，而是这一切背后所蕴含的画家的人格，那紧随在他的生命中，为他所传袭、所经历的一切的总和所构成的一种伟大力量！

大学教育的大部分价值，都是从师生同学间感情的交流、人格的陶冶中所得来的。他们的心相互摩擦交流，刺激起各自的志向，提高各自的理想，启示新的希望、新的光明，并将各人的各种机能琢磨成器。书本上的知识是有价的，然而从心灵的沟通中所得来的知识是无价的。

假使你不能与别人的生活发生密切的关系，不能培养起自己丰富的同情心，不能在别人的事上产生兴趣，不能辅助别人，不能分担别人的痛苦、共享别人的快乐，那么不管你学问怎样好、成就怎样大，你的生命依旧是冷酷的、孤独的、不受欢迎的一事无成的。

试着同比你优秀的人交往。当然这并不是说，你应当和比你更有钱的人交往，而是说你应当同人格、品行、学问、道德任一方面都胜过你的人交往，因为这样，你就能尽量吸收到种种对你的生命有益的东西，就可以提高你自己的境界，可以鼓励你趋向高尚的事情，可以对你的事业激起更大的希望。

思想与思想的交流，心灵与心灵的碰撞，都是由于冥冥中存在的一种伟大的“感应”力量。这种“感应”力量，虽无法测量，然而它的刺激力、它的破坏性和建设力是十分巨大的。假使你常同比你低下的人混在一起，则他们一定会把你拖陷下去，一定会降低你的志愿和理想。正如那句老话：近朱者赤，近墨者黑。

错过与一个优于自己的人相交往的机会，实在是不幸中的不幸，因为我们放弃了从这个人身上获取益处的机会。只有在“交往”中，生命中粗糙的部分才可以磨去，我们才能琢磨成器。抓住与一个能够启发我们生命中的最美善的部分的人相交的机会，其价值远过于发财获利的机会，它能使我们的力量增加百倍。

多与人交往，吸收对自己有益的东西。

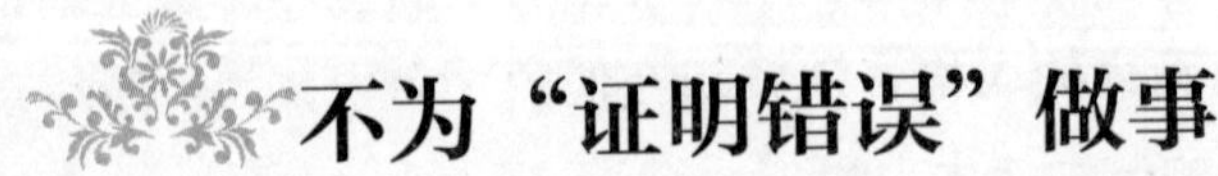

不为“证明错误”做事

我们在做任何事的时候，都要清楚，我们是为了自己，而非像别人证明什么。

带着揭露别人错误的目的，往往只会一事无成。

歌剧男高音真·皮尔士的婚姻已经差不多有五十年之久了。一次他说："我太太和我在很久以前就订下了协议，不论我们对彼此是如何的愤怒不满，我们都一直遵守着这项协议。这项协议便是：当一个人大吼的时候，另一个人就应该静听——因为当两个人都大吼的时候，就再没有沟通可言了，有的只是噪音和震动和愤怒。"承认自己也许会弄错，就能避免争论，而且，可以使对方和你一样宽宏大度，承认他也可能有错。

当提奥多·罗斯福入主白宫的时候，他承认说，如果他的决策能有75%的正确率，就达到他预期的最高标准了。像罗斯福这么一位杰出人物，最高正确率也只有如此，何况你我呢？

如果你有55%的胜算把握，大可以到华尔街证券市场一天赚一百万美元；如果没有，你又凭什么说别人错了？

你可以用一个眼神，一种说话的声调，一个手势，就像以话语那么明显地告诉别人他错了。然而如果你直接告诉他：他错了，你以为他会同意你吗？绝不会！因为你直接打击了他的智慧、判断力、荣耀和自尊心。这会使他想反击，但决不会使他改变心意。即使你搬出所有柏拉图或康德的逻辑，也改变不了他自己的想法，因为你伤了他的感情。

永远不要这样开场："好，让我证明给你看。"这句话大错特错，等于是说："我比你更聪明。我要告诉你一些事，使你改变看法。"

那是一种挑衅，会挑起争端。在你尚未开始之前，对方已经准备迎战了。即使在最温和的情况下，要改变别人的主意都不容易。又何必要使它变得更不容易呢？ 为什么要使你自己的困难更加一层呢？如果你想证明什么，不要让任何人看出来。技巧要到家，到让对方察觉不出来。

"必须用若无其事的方式教导别人。提醒他不知道的其实是他忘记的。"三百多年以前意大利天文学家伽利略说。

"你不可能教会一个人任何事情，你只能帮助他自己学会这件事情。"正如英国19世纪政治家查士德·斐尔爵士对他的儿子所说的："如果可能的话，要比别人聪明，却不要告诉人家你比他聪明。"苏格拉底在雅典一再告诫门徒："我只知道一件事，就是我一无所知。"应该不会随便有人奢望比苏格拉底更高明，因此我们完全没有必要告诉别人他们错了。慢慢你就会发现，这么做真的收益颇丰。

如果有人说了一句你认为错误的话，是的，即使你知道是错的 也不妨这样告诉他："哦，是这样的！我倒另有一种想法，但也许不对。我常常会弄错，如果我弄错了，我很愿意被纠正过来。我们来看看问题的所在吧。"

用这种句式"我也许不对，我常常会弄错，我们来看看问题的所在。"确实会得到神奇的效果。

无论什么场合，没有人会反驳你说："我也许不对。让我们来看看问题的所在。"

有个学员就曾用这种方式处理顾客纠纷，他是"道奇汽车"在蒙大拿州的代理商哈洛•雷恩克。雷恩克曾在报告中指出，由于汽车市场的竞争压力，在处理顾客投诉案件时，常常会显得冷漠不带感情。这很容易引起客户的愤怒，导致做不成生意，造成许多不快。他告诉班上的其他学员："后来我便想清楚这样于事无补，尽力改变方法。我转而向顾客这么说，我们公司犯下了不少错误，我实在深以为憾。请把你碰到的情形告诉我。"

"这种方法显然消除了顾客的敌意。情绪一放松，顾客在处理事情的过程中就容易讲道理了。许多顾客对我的谅解态度表示感谢，其中有两个人甚至后来还带了朋友来买车。在竞争激烈的市场上，我们很需要这样的顾客。而我相信尊重顾客意见，对顾客周到有礼，都是赢得一场竞争的本钱。"你永远不会因为认错而导致麻烦。只有如此才能平息争论，促使对方也能同你一样公正宽大，进而也承认他或许错了。

如果你确实知道某人犯错，而且又率直地告诉他，结果会怎么样呢？让我举个例子告诉你。

谢先生是纽约的一位年轻律师，曾为案件到最高法院参加辩护。这个案件牵涉到大笔的金钱和重要的法律问题。在辩论过程当中，有位法官告诉他："法律规定，海事法的上诉期限是六年，是吗？"谢先生停下来看看法官，然后很直接地说道："法官先生，法律并没有对海事法的上诉期限有所规定。"

谢先生向训练班的学员说道："整个法庭顿时安静下来。室内的温度似乎降到冰点。我是对的，法官是错的——而我也向法官这么说了。但是，那位法官因此对我比较友善了吗？当然不可能。我相信法律是站在我这边，我也讲得比以前要好得多。但我并没有把大家说服，因为我犯了一个大错，指责一位博学、有声望的人，公开声称他错了。"

没有几个人具有逻辑性的思考，我们很多人都犯有武断、偏见的毛病，我们多数人都具有固执、嫉妒、猜忌、恐惧和傲慢的缺点；因此，如果你很想指出别人犯的错误时，请在每天早餐前坐下来读一读下面这段文字。这是摘自詹

姆士 • 哈维 • 罗宾森教授那本很有启示性的书中的一段话：

“我们有时会在无法抗拒的热情中改变自己的想法，但是如果有人说我们错了，反而会使我们迁怒对方，更固执己见，我们的想法有时其实毫无根据；但如果有人不同意，反而会让我们全心全意维护。显然不是那些想法对我们珍贵，而是我们的自尊心受到了威胁。‘我的’这个简单的词，是做人处世的关系中最重要的，妥善运用这两个字才是智慧之源。不论是说‘我的’晚餐，‘我的’狗，‘我的’房子，‘我的’父亲，‘我的’国家或‘我的’上帝，都具备相同的力量。我们不但不喜欢说‘我的’表不准，或‘我的’车太破旧，也讨厌别人纠正我们对火车的知识、水杨酸的药效或亚述王沙冈一世生卒年月的错误……我们愿意继续相信以往惯于相信的事，而如果我们所相信的事遭到了怀疑，我们就会找尽借口为自己的信念辩护。结果呢，多数我们所谓的推理，变成找借口来继续相信我仍早已相信的事物。”

杰出的心理学家卡尔 • 罗吉斯在他的《如何做人》一书中写着：

“当我尝试去了解别人的时候，我发现这真是太有价值了。我这样说，你或许会觉得很奇怪。我们真的有必要这样做吗？答案是肯定的。在我们听别人说话的时候，大部分的反应是评价或判断，而不是试着了解这些话。在别人述说某种感觉、态度或信念的时候，我们几乎立刻倾向于判定‘说得不错’，或‘真是好笑’，‘这不正常嘛’，‘这不合道理’，‘这不正确’，‘这不太好’。我们很少让自己确实地去了解这些话对其他人具有什么样的意义。

“有一次，我请一位室内设计师为我家安装窗帘。当账单送来时，我大吃一惊。过了几天，一位朋友来看我，看到了那些窗帘。她问起价钱，而后得意地说：‘什么？太过分了，我看他占了你的便宜。’

“真的吗？不错，她说的是实话。可是没有人愿意听别人羞辱自己判断力的实话。因此，身为一个凡人，我开始为自己辩护。我说贵的东西终究有贵的价值，你不可能以便宜的价钱买到高品质又有艺术品味的东西，等等。

“第二天另一位朋友也来拜访，开始赞扬那些窗帘，表现得很热心，说她希望家里负担得起那些精美的窗帘。我的反应完全不一样了。‘说句老实话，’我说，‘我自己也负担不起。我付的价钱太高了，我十分后悔订了它们。’”

当我们错的时候，也许只会对自己承认。而如果对方处理得很巧妙而且和善可亲，我们也会对别人承认，甚至以自己的坦白率直而自豪。但如果有人想把难以下咽的事实硬塞进我们的食道，后果不言而喻。

赫雷斯 • 葛雷利是美国内战期间最有名的评论记者。他极力反对林肯的某些政策，他相信，只要通过一连串的争论、嘲讽或辱骂，一定可以迫使林肯同意他的观点。月复一月，年复一年，葛雷利连续不断地对林肯发动攻击。事实上，就在林肯被刺的当天晚上，他还写了一封极其粗鲁的讽刺信件给林肯。

但是，林肯会因种种难堪而同意葛雷利的意见吗？绝不！嘲笑和谩骂永远不可能有这种效果。

假如你想在处理人事和自我改进这方面得到一些好的意见，不妨阅读本杰明 • 富兰克林的自传。这本书可说是有史以来最精彩的生活故事。本杰明 • 富兰克林清楚的告诉我们，他是如何改掉喜欢争辩的坏习惯，从而变成美国历史上最有能力、最亲切有礼，并最具外交手腕的政治人物之一。

当本杰明还是涉世未深的青年时，有个老贵格派教友用话刺激他："本，你真是无可救药。对意见与你相左的人，你总是粗鲁地加以侮辱，使他们也不得不起来奋力反击。你的朋友认为，若是你不在身旁，他们会更快乐自在。你懂得太多，所以他们觉得已经没有什么话可对你说。的确，没有人想尝试与你相处，因为任何努力可能只是白费力气。所以，从今以后，你不可能再多懂什么东西了。虽然，你现在也只是懂得一点皮毛而已。"

就我所知，本杰明 • 富兰克林有个长处，就是能接受言之有理的指责。他够大度，也够聪明，能够理解对方所言不差。他也意识到失败和某种社会悲剧正等着他，于是幡然觉悟，马上改掉自大、独断的习性。

"我立下规则，"富兰克林说，"我不再直接去反对伤害别人，也不过于直接说出自己的意见。我甚至不使用太没有弹性的字眼，比如'当然'、'毫无疑问'等。相反的，我尽量用'我认为'、'我理解'或'我猜某事大概是如此如此'、'截至目前为止，它看起来是如此'等。假如有人提出某些主张，而我认为错了，我也不再粗鲁地与他们争辩。相反的，我先找出某些特定案例或状况，证明对方的意见也可能是对的，只是在目前的状况，这些意见'似乎'或'看起来'有一点不同等等。经过这样的改变之后，我发现真的获益颇多。和别人交谈的时候，气氛也显得愉快多了。由于采取比较谦和的态度，别人也比较能够接受我的意见，不会发生争论；就算有时犯了错，也比较不会招致受辱的情境；而在'我对，别人错'的状况下，就更容易说服对方认错，转而同意我的看法。"

言辞是把锋利的刀

大卫的父母离婚后，协议规定他和母亲一起生活。由于手头拮据，母子二人只好搬到另一个城市去。大卫也要到一所新的学校去上课，结交新的朋友。这种种变化叫他伤透了心。他开始对那些父母没有离婚的孩子感到反感，而且经常因为很小的事情，甚至无缘无故地跟人打架。在这种痛苦的生活中，他养成了对人过分苛求的习惯。他几乎对谁都没有一句好话。

一天，有个对大卫的情况十分了解的同学走到他身边。“我父母也离婚啦。”他轻声地说，“我知道你心里难受。不过，你得远离你的怒气和痛苦。你跟别人过不去，只能伤害你自己。要是你真的没法说点儿好话，那就最好什么也别说。”由于痛苦，大卫最初的确很难接受这位同学的建议，但随后情况似乎变得越来越糟，他渐渐开始对自己的谈吐变得比较谨慎了。他经常把马上就要冲口而出的话咽回去；若是在以前，他的这些伤害人、挖苦人的话简直是没遮没拦的。他开始意识到过去对身边同学的关心是多么的少。随着理解的加深，他开始明白，像他一样遭受家庭变故的不只他一个人，许多其他孩子也曾经历过令人难堪的家庭解体。大卫开始想办法去鼓励他们，帮助他们处理好自己的痛苦与茫然。到学期结束时，大卫的态度产生了一百八十度的大转变，也成功得到了那些当初由于他管不住自己的脾气而与他疏远了的同学的好感。

我们无论是谁，在生活中，都可能经历过精神受到压抑的情况。当事情进展不顺利时，我们就往往忍不住责怪别人，我们认为，找别人的错，能使我们对自己所处的状况觉得好受点儿，或者我不好过，你也别想好过。在我们经历

"沮丧"时，如果我们不能对人说些有益的好话，那么最好的方法就是什么也别说。破坏性的语言只会产生破坏性的结果。除了给周围的人造成痛苦之外，从我们口中说出的那些消极性的话语往往只会使问题变得复杂起来。在生活中遇到了难于应付的挑战，我们就会想，说些粗野和伤人的话是有道理的。上文提到的那个父母离了婚的孩子，受着许许多多他无法理解、无法解决的感情和情绪的折磨。但他终于还是发现，贬低和伤害他人并不是解决问题的办法。通过客气和富于理解的言词，或干脆怀着同情听别人说话，他终于学会了帮助他人；反过来，他又受到了周遭人们的帮助，在自己身上找回了生活的勇气。当我们遇到灾难或烦心的事儿，如果我们还记着与面前的事物保持一定距离，直至能够看清与之相联系的背景为止；如果我们学会了"管住自己的舌头"，那么，我们就能避免说出许多具有破坏性的话。在生活的各个方面，如果人们背着沉重的思想包袱，这对他们自己和其他人，都会产生致命的影响，因为这些思想问题所强调的是否定的而非积极的方面。因此，重要的是我们要懂得，创造性的思想产生于不断寻找答案的过程之中。有句久经时间考验的名言："你如果没有好话可说，那就什么也别说。"如果你出于某种原因而感到非常沮丧，如果有必要，也可以找朋友或者是师长谈一谈。每个人都有不顺心的时候，当你感到情绪有些不对头时，千万别发作，以免伤害别人，因为别人也同样需要听到些表示理解和支持的话。对自己要说出的话，要时刻保持警惕。要记住，不愉快的时刻迟早会过去，如果我们的舌头没有闯祸，就不会留下需要医治的创伤。

下面有个小故事，来证明注重言辞的重要性。当一群青蛙在树林里穿行，就在这个时候，其中的两只青蛙掉进了一个很深的坑里面。于是，所有的青蛙都聚集到了这个坑边。当这群青蛙看见坑很深的时候，青蛙们就告诉那两只拼命往坑外蹦的青蛙，不要再白费力气了，它们根本就跳不出来的。但是，两只青蛙完全不顾他们的劝阻，使出自己浑身的气力往坑外蹦，希望自己能够蹦出来。其他的青蛙不断地告诉它们不要再枉费力气了，它们肯定是死定了。最后，一只青蛙相信了其他青蛙的说法，于是它放弃了挣扎，就倒地死去了。然而，另外一只青蛙却仍然继续努力地跳着，跳着。其他的青蛙继续不停地告诉它不要再费力气，另外劝它乖乖等死吧。但是，这只青蛙却更加努力地跳着。最后，它终于跳出坑外。事实上，原来这只青蛙是个聋子，它一直以为其他青蛙在鼓励它跳出来而没想到那群青蛙是在让它放弃，让它等死。其实，有时候很难理解话语的力量竟会有如此之大。任何一个人说过的话都会对处于困境中的人产生很多的影响。一个在困境中的人得到鼓励，就会获得起死回生的力量，挺过这个难关。如果一个在困境中的人听到的是悲观、恶意的话语，对他就会是毁灭性的打击。所以，请注意你的言辞，对你遇到的人多说一些鼓励的话，不要用消极的心态来影响他人。

要记得，言辞是把锋利的刀，小心割伤说者的喉。

交往中的适度原则

以前参加过我课程训练班的学员詹姆斯感到自己学到的东西还不够用，就又一次报名参加了我的课程训练班，要求再进行学习。我对他表示欢迎之后，问他："你认为自己目前最大的问题究竟是什么呢？"

詹姆斯老老实实地答道："说实在的，我自己也不知道。从你那儿我确实学会了热忱、自信、勇气以及如何赞扬别人，这一切都使我获益匪浅。"

我也奇怪了，就继续问他："那你一定已经赢得了许多朋友吧。""是的，确实如此，但朋友们往往不欢迎我第二次上他们家做客。"

"这是为什么呢？"

"我不知道。"詹姆斯接着往下说，从朋友的性格一直说到阿拉斯加的天气、风土人情，口若悬河地讲了将近三个小时。我早已满脸倦意，不过这下我可知道詹姆斯的朋友不欢迎他的原因了。詹姆斯太健谈了，毫无休止，根本不懂告别的艺术，于是我打断詹姆斯的话说：

"詹姆斯先生，我已经明白你的朋友不欢迎你的原因了。""噢，那太好了，你赶快告诉我吧。"詹姆斯兴奋地叫道。

我不忍心当场说出他的缺点，使他没面子，就婉转地说："明天你来上培训课吧，看看其他学员怎么做，你就会明白的。”

詹姆斯急切地问道：“你不能今天就告诉我吗？我实在是太想知道了。”我微笑着劝道：“不要着急，明天知道对你有好处，反正也不在乎一天半天的了。”詹姆斯见我把话说到这个份上，只好恋恋不舍地戴好帽子，遗憾地说：

“哎，要等到明天才能知道。”

第二天，詹姆斯来到班里听课。我给学员们布置了任务，让他们训练说话的艺术，互相赞美对方。

詹姆斯见我一直没有说他的事，就有点坐不住了。但我微笑着示意他不要动。他只好耐着性子在那儿看其他学员们练习。

下课的时间到了，有些学员站起来向我告别，有些学员仍留在教室里：其中有一位女学员走过来问一个问题。

我仔细地倾听着，并给那位学员做出解答，我已经把她当成屋子里最重要的人了。

女学员离去后，又有几位学员过来把我围住向我请教问题。我一一做了简明扼要的回答，给他们留下很深的印象。

詹姆斯最后实在熬不住了，就走过来对我说：

“您可以告诉我我的问题了吧？”

“你的谈话很有魅力，充满了艺术性，是个很容易赢得他人喜欢的人。”詹姆斯听了这话，非常高兴。我继续赞扬的说：“你充分运用了热忱和勇气的原理，并且极其富有绅士风度，令所有人都对你着迷。”詹姆斯被我说糊涂了，忙不迭地问道：“那我的问题究竟出在哪儿？”我慢悠悠地说：“难道你刚才没有注意到那些学员是如何向我告别的吗？”“没有。”“这正是你的缺点所在，你从不观察别人是如何告别，何时结束对话。你不懂得交往的适度原则啊。”“难道问题在这里？”詹姆斯若有所思地说。

我这才向他谈道，聪明的人晓得把握时机提出告别，他们的告别往往会给对方留下深刻的印象，同时又达到交际的目的，并详详细细地讲述了告别的艺术。詹姆斯虚心地听着，心里越来越认识到自己的问题所在。詹姆斯后来成为一名受人欢迎的社交家。

由此可见，掌握告别的技巧把握交往的适度原则，在你的交际中意义重大。

首先和友人谈话，要注意把握时间。拜访一般朋友，时间不宜超过半个小时，如果有重要的事，那就应该约个时间做一次长谈。拜访老相识，如果对方有空，不妨多坐会儿，但也要切忌不能把一件事反反复复地说了一遍又一遍，那样只会让人心生厌倦。即使是关系较好的朋友，也要控制好交谈的时间，要为对方考虑，把握好适度原则，以免影响他人的生活、工作，日久必会令人厌烦，而不愿继续交往。

要赢得别人的欢迎，条件之一是要懂得把握适度原则，适时告别。

人性的弱点 第二篇

提升魅力 让自己备受宠爱

人格魅力其实就是无形中对周边人群的吸引和影响。而这种吸引和影响，可以分为很多方面。例如，某一专业能力的突出。比如一个设计水平很高的人在设计师的圈子很有吸引力和影响力，当然，在其他行业的人的眼里，也会因为你在设计领域的成绩、成就而欣赏你、尊重你。

积极乐观的人生态度和生活激情也可以吸引感染他人。很多人都是缺乏激情的，很多人对生活不够积极，看不到凡事阳光积极的一面，因此他们本能地向往光明，向往有热情，有生命力的人。会让他们觉着自己还活着，并且活得还挺有滋味。如果你有自己的理想并积极地去追逐，去奋斗，充满了激情地去前进，这种激情，很感染人的！我的一个朋友跟我说的，人生的成功只要具备两个条件：理想和激情。意思是：有理想就会有激情，有激情就会成就理想！

言谈举止，仪表形象。你有没有发现，同样的知识，在不同人的表达中显露出的影响力不同。举止是一个人的表达能力和修养气质在起作用。同时仪表形象也是不可忽视的。虽说人不可貌相，但是人对人的第一印象往往从形象上得到。你可以有自己的个性，你可以没有钱买名贵衣饰，但是一定要干净整齐。人们会瞧不起穿着名贵但邋遢的人，不会瞧不起衣着普通但干净整齐的人。

其实，用最简单的方法建立人格魅力，每天努力进步一点点，就会形成自己的人格魅力。人格魅力无处不在。本章便致力于告诉你如何真正由内而外地提升自己的魅力。在人的一生中人格对人生的成败起着重要的作用，因此，我们要提升自己的人格魅力。人格魅力是一种精神，这种精神会成为一个群体、一个民族，乃至全社会公认的规范，形成一种无形的力量，并随着时间的推移，大大超越其人其事本身的意义。

左右逢源的关键

每年夏天，我都会去梅恩钓鱼。我喜欢吃杨梅和奶油，然而基于某些特殊原因，我发现水里的鱼爱吃水虫。

所以在钓鱼的时候，我就不做其他想法，而是专心致志地想着鱼儿所需要的。

我当然也可以用杨梅或奶油做钓饵，和一条小虫或一只蚱蜢同时放入水里，然后征询鱼儿的意见——“嘿，你要吃哪一种呢？”

为什么我们不用同样的方法来“钓”一个人呢？

有人问到路易特•乔琪，为什么那些战时的领袖，退休后大都不问政事，唯独他还身居要职呢？

他告诉人们说：“如果一定要说我手掌大权有要诀的话，那得归功于我的心里明白，当我钓鱼的时候，必须放对鱼饵。”

我们怎么会扯到这上面来呢？那是因为世上唯一能够影响别人的方法，就是谈论人们所要的，同时告诉他，该如何才能获得。

明天你希望别人为你做些什么，你就得把这件事记住，我们可以这样比喻：如果你不让你的孩子吸烟，你无须训斥他，只要告诉孩子，吸烟不能参加棒球队，或者不能在百码竞赛中夺标。不管你要应付的是小孩，一头小牛、或是一只猿猴，这都是你应该注意的一件事。

有一次，爱默生和他儿子想使一头小牛进入牛棚，他们就犯了一般人常有的错误，只想到自己所需要的，却没有顾虑到那头小牛的立场。爱默生推，他儿子拉。而那头小牛也跟他们一样，只坚持自己的想法，于是就挺起它的腿，强硬地拒绝离开那块草地。

这时，旁边的爱尔兰女用人看到了这种情形，她虽然不会写文章，可是她颇知道牛马牲畜的感受和习性，她马上能想到这头小牛真正需要的是什么。女用人把她的拇指放进小牛的嘴里，让小牛吸吮着她的拇指，然后再温和地引它进入牛棚。

从我们来到这个世界上的第一天开始，我们的每一个举动，每一个出发点，都是为了自己，都是为我们的需要而做。哈雷・欧佛斯托教授，在他一部颇具影响力的书中谈道："行动是由人类的基本欲望中产生的。对于想要说服别人的人，最好的建议是无论在商业上、家庭里、学校中、政治上，在别人心念中，激起某种迫切的需要，如果能成功做到这点，那么整个世界就会属于他，再也不会碰钉子，走上穷途末路了。"

明天当你要劝说某人，让他去做某件事时，未开口前你不妨先问一下自己："我怎样能使他想做这件事？"

这样可以阻止我们不在匆忙之下去面对别人，避免最终导致多说无益，徒劳无功。

在纽约银行工作的芭芭拉・安德森，为了儿子身体的缘故，想要迁居到亚利桑那州的凤凰城去。于是，她写信给凤凰城的12家银行。她的信是这么写的：

敬启者：

我在银行界的十多年经验，也许会使你们这所快速增长中的银行对我感兴趣。本人曾在纽约的"金融业者信托公司"，担任过许多不同的业务处理工作，现在则是一家分行的经理。我对银行的许多工作，诸如：与存款客户的关系、借贷问题或行政管理等，皆能轻松胜任。今年5月，我将迁居至凤凰城，故十分乐意能为你们的银行贡献一己之长。我将在4月3日的那个礼拜到凤凰城去，如能有机会做进一步深谈，看看能否对你们银行的目标有所助益，则不胜感谢。

芭芭拉・安德森谨上

你认为安德森太太会得到任何回音吗？11家银行表示愿意面谈。所以，她甚至可以从中选择待遇较好的一家！为什么会这样呢？安德森太太并没有陈述自己需要什么，只是说明她可以对银行有什么帮助。她把焦点集中在银行的需要，而非自己。

但是仍然有许多销售人员，终其一生不懂得要从顾客的角度去看事情。曾有过这样一个故事：几年前，我住在纽约一处名叫"森林山庄"的小社区内。

一天，我匆匆忙忙跑到车站，碰巧遇见一位房地产经纪人。他经营附近一带的房地产生意已有许多年，对“森林山庄”也十分熟悉。我问他知不知道我那栋灰泥墙的房子是钢筋还是空心砖的，他答说不知道，然后给了张名片要我打电话给他。第二天，我接到这位房地产经纪人的来信。他在信中回答我的问题了吗？虽然问题只要一分钟便可以在电话里解决，可是他却没有。他仍然在信中要我打电话给他，并且说明他愿意帮我处理房屋保险事项。他并不想帮我的忙，他心里想的是帮他自己的忙。

亚拉巴马州伯明翰市的霍华德·卢卡斯告诉我，有两位同在一家公司工作的推销员，如何处理同样一件事务：

“好几年前，我和几个朋友共同经营了一家小公司。就在我们公司附近，有家大保险公司的服务站。这家保险公司的经纪人都分配好辖区，负责我们这一区的有两个人，姑且称他们作卡尔和约翰吧！

“有天早上，卡尔路经我的公司，提到他们一项专为公司主管人员新设立的人寿保险。他想我或许会感兴趣，所以先告诉我一声，等他收集更多资料后再同我详细说明。

“同一天，在休息时间用完咖啡后，约翰看见我们走在人行道上，便叫道：‘嗨，陆克，有个重要的消息要告诉你们。’他跑过来，很兴奋地谈到公司新创了一项专为主管人员设立的人寿保险（正是卡尔提到的那种），他给了一些重要资料，并且说：‘这项保险是最新的，我要请总公司明天派人来详细说明。请你们先在申请单上签名，我送上去后好让他们赶紧办理。’他的热心引起我们的兴趣，虽然对这个新办法的详细情形还不甚明了，却都不自觉上了钩，而且因为木已成舟，更相信约翰必定对这项保险有最基本的了解。约翰不仅把保险卖给了我们，而且卖的项目还多了两倍。

“这生意本是卡尔的，但他的表现还不足以引起我们的关注，以至被约翰捷足先登了。”

这是个充满掠夺、自私自利的世界，所以，少数表现得不自私、愿意帮助别人的人，便能得到极大益处，因为很少人会在这方面跟他竞争。欧文·杨是位著名律师，也是美国有名的商业领袖。他曾说过：“能设身处地为他人着想，知晓别人心里在想些什么的人，永远不必担心未来。”

许多推销人员，每天踏破铁鞋，疲累沮丧，所获却并不多。这为什么呢？因为他们心里想的都是自己的需求。他们不知道别人并不想买什么东西，如果想的话，也一定会自己出门。顾客总喜欢主动采买胜过被动购买。

“注意别人的观点，引起别人的渴望”，这并不能解释为“操纵别人，使他去做对你有益，而对他却有害”的事。而应该是说“双方都能因为此事而获利”。在安德森太太发给凤凰城 12 家银行的信里，在约翰向卢卡斯推销人寿保险的交易行为当中，双方都因处理事务的方式得当而获得双赢。

我曾为一些大学毕业生开讲过《有效谈话》的课程。这些毕业生刚进入“开利公司”工作，其中一名学生想利用休息时间打打篮球，于是他便这样去说服其他人：“我想要你们出来打篮球。我喜欢打篮球。但是，前几回我到体育馆的时候，人数总是不够。我们当中的两三人，一直把球传来传去——我还被球打得鼻青眼肿。希望你们明天晚上都过来打，我喜欢打篮球。”

这名学生谈到别人的需要了吗？没有！我想，假如别人都不愿去体育馆的话，你也不一定会去的。你不会在意那名学生想要什么，你也不想被打得鼻青眼肿。这名学生有没有办法让你觉得，假如你到体育馆去，可以得到许多东西，像更有活力、会更有胃口、脑筋更清醒、得到许多乐趣等等。

我们再重复一遍欧佛斯托教授充满智慧的忠言：“要首先引起别人的渴望，凡是能这么做的人，世人必与他一起。这种人永不寂寞。”

训练班有名学生，一直为自己的小儿子操心不已。他的小男孩体重过轻，而且不肯好好吃东西。这对父母用的是大家最常用的方法，即责备和唠叨。“妈妈要你吃这个和那个。”“爸爸要你以后长得高大强壮。”这个小男孩听得进多少这类的要求？这就好像把一撮沙子丢到海滨沙地一样，毫无影响。

但凡你对动物还有一点认识，你就不会要求一名三岁小孩，对他三十多岁父亲的看法会有什么反应，更不要说完全依照父亲所期待的去做，那是荒谬没有道理的。

这名学员后来也发现了他的错误，便问自己：“我的儿子想要什么？我如何能把自己的需要和他的需要联结起来？”只要这位父亲一开始想，问题就变得容易多了。小男孩有一部三轮车，他最喜欢在自家门口附近骑着到处跑。但是街的另一头住了一个喜欢欺负弱小的大男孩，常常把小男孩从车上拉下来，然后把车子骑走。自然，小男孩就会哭叫着跑回家去，然后妈妈便会跑出来，先把大男孩从三轮车上赶开，再让小男孩骑着车子回家。这事几乎每天发生。所以小男孩想要什么，这并不需要侦探福尔摩斯来回答。小男孩的自尊、愤怒和渴望具有重要性，所有他性格中最强烈的情绪都促使他要采取报复行动，最好能一拳把那大男孩的鼻子打扁。这时，这位父亲就趁机向小男孩说明，假如他能把妈妈所给的食物吃下去，终有一天能足够强壮到把大男孩痛揍一顿。此法果然奏效，小男孩从此不再有饮食方面的问题。他肯吃菠菜、泡菜、腌鲭鱼——凡是能够让他快快长大的食物都吃，因为他实在太渴望早点把那个大男孩狠狠胖揍一顿，好一解长久以来所受的怨气。

解决了这个问题之后，这对父母又面对了一个难题：原来小男孩一直有尿床的坏习惯。小男孩与祖母同睡，每天早上祖母醒过来都会发现被单是湿的，于是便说道："强尼，看，你昨晚又尿床了！"小男孩却回答："不是我，是你自己尿床。"

责备、处罚、取笑，一再警告，所有能用的方法都用遍了，就是无法让他改掉这个坏习惯。那么，究竟怎么做才能让孩子不尿床呢？

老方法，一天妈妈投其所好，问男孩儿生日想要什么当作礼物。小男孩调皮地回答，他想要一套像爸爸一样的睡衣，而不是现在所穿的睡袍，那看起来像祖母穿的。老祖母早已受够小男孩尿床的坏习惯，所以很乐意买一套那样的睡衣送给他。他还想要一张自己的床。祖母也不反对。于是，小男孩的母亲带他到家具店去。她先对店里的女店员眨眼示意，然后说道："这位小男士想要买些东西。"

"那么，年轻人，我可以帮什么忙吗？你想要买什么东西呀？"这话使小男孩深深感觉到了自己的重要性。他尽量使自己站的比自己看起来高些，然后自豪的回答："我要给自己买张床。"

女店员便带小男孩看了好几张床。等男孩的母亲示意哪一张比较合适，女店员便说服小男孩把它买下来。

第二天，床送来了。当天晚上，父亲回家的时候，小男孩就赶紧拉着爸爸到楼上看他的床。

父亲看了那张新床，然后真诚而慷慨地发出赞美之言："真是漂亮的床，你果然很有眼光。这下，你不会把这张床尿湿了吧，对吧？"

"哦，不会的，不会的，我不会再把床尿湿了。"小男孩果然遵守诺言，因为这里面有他的尊严，而且这是他自己买的床。他现在穿着和父亲一样的睡衣，完全像个小大人了，所以他也要举止行为像个小大人一样。

另一位电话工程师，他无法让三岁大的女儿吃早餐，无论怎么责备、哄骗或要求，都无济于事。但这个小女孩喜欢模仿母亲，喜欢觉得自己已经长大成人。

所以，有天早上这对父母就把小女孩放在椅子上，让她自己准备早餐。果然小女孩弄得十分起劲儿，一看见父亲进到厨房便叫道："爸爸，快看，今天早上我自己调的麦片！"她吃了两份麦片，完全不用哄骗，因为这不但使她兴趣盎然，更使她觉得"深具重要性"。她完全在调制麦片的过程当中，找到了自我表现的途径。

自我表现是人类天性中最主要的需求。我们也可以把这项心理需求适用在商业交易上。当我们想出一个好主意的时候，别让其他人觉得那是我们的专利。不妨让他们自己去调制那些观念，他们会认为那是自己的主意，也会因特别喜爱而多摄取好些的分量，进而在观念行动上达成高度的一致。

切记：要首先引起别人的渴望。凡能这么做的人，世人必与他在一起。这种人永不寂寞。

欲抑先扬 真诚赞美

很多时候，一旦发现他人出现错误，我们往往首先想到的是如何批评，使之改正。而事实上，与批评相比，鼓励似乎更容易使人改正错误，并且更容易让对方去做你所期望的事情。所以，当他人出现错误时，你首先要考虑的是，是否一定要批评不可，又应该怎样批评？如果可能的话，尽量采取鼓励的方式，欲抑先扬，这样一方面可以达到让对方知错改错的目的，更重要的是不会影响你们之间相互的关系。

如果你直接对你的孩子、伴侣、雇员刚刚说他们做某件事显得很蠢笨，很没有天分，那么你就大错特错了，这等于毁了他们所有追求进步的心。但如果你肯用相反的方法，欲抑先扬，宽宏地鼓励他，使事情看起来很容易做到，让他知道，你对他做这件事的能力有信心，他的才能还没有完全发挥，这样，他宁愿练习到黎明来追求自我超越。

罗维尔 • 汤麦斯就是一位处理人际关系的高手，他常会给人带来勇气与信心，使人充满自信。举个例子来说：一次，我与汤麦斯夫妇一起过周末，罗维尔 • 汤麦斯请我参加他们的桥牌友谊赛，桥牌对我来说是个完全陌生的游戏，我一点都不了解它的规则。

罗维尔说："戴尔，为什么不试试呢？其实除了需要一些记忆与判断的能力外，它没有任何技巧可言。你曾经对人类记忆的组织有过深入的研究，所以打桥牌一定难不倒你。

当我还没有意识到什么时，已经被拉到桥牌桌边，这是有生以来第一次参加桥牌比赛，而且完全是因为罗维尔给了我信心，使我觉得打桥牌并不是一件难事。

我有一个光棍朋友，四十多岁，最近刚刚订婚。他的未婚妻一直怂恿他去学跳舞。这位朋友说道："天知道我确实应该去学跳舞。20 年前，我第一次跳舞。当时的技术和现在根本没什么两样。我的第一位老师讲的或许不假，我的舞步全错了，必须从头学起。但这话太伤我的心了，以至于我学舞的兴致消失殆尽，我的学舞生涯也至此宣告结束。

"然而现在的这位老师不知是不是在哄我，可她讲的话我听了是真心的喜欢。第一位老师一直强调我错的地方，以致让我失去学习的兴趣；第二位老师则是正好相反，她一直称赞我的长处，对我的短处则尽量不提。她曾对我说：'你具有天生的节拍感，可说是天生的舞蹈家呢！'虽然直到现在，我仍然没有感觉到自己的一丁点舞蹈细胞，技术也一直没什么进步。但在内心深处，我还是暗暗希望这位新老师所说的话'或许'没错，所以便继续心甘情愿地付钱让她讲这些好话。'

"我知道，假如她没有告诉我天生有韵律感，我今天还跳不到这么好。她鼓励我，给我希望，让我想要更进步。"

我训练班的另一个学员讲述了他的儿子是如何在他的鼓励下改变的事实："1970 年，我的儿子大卫刚刚十五岁，搬到辛辛那提来跟我住。他的命运坎坷。1958 年，在一次车祸中脑部受伤需要开刀。更不幸的是，这次手术在他前额留下了一道难看的疤。直到十五岁，他都是在达拉斯的特别班里，因为他的学习速度很慢。也许是因为疤的关系，学校当局判定他的脑部受伤，无法正常运作。他比同年的小孩慢了二年，所以他现在才七年级，而且他还不会乘法表，他都用手指算数，也不太会念书。

“但是，他喜欢研究收音机和电视。他想做个电视机技师。我鼓励他这件事，并告诉他需要学好数学才能参加训练。我决心要在这方面上帮他做到熟练。我们买了四组彩色卡片：加法、减法、乘法、除法。我们一边看卡片，大卫一边把正确的答案放在空白栏内，假如他漏掉了，我就告诉他正确的答案，再让他把它放上去，直到全部放完为止。我费了很大劲儿才让他把每一个卡片都弄对，尤其是先前错过一次的。每天晚上我们都放一次卡片，放完为止。每天晚上，都用一只不走的手表计时，我向他保证，假如他能在八分钟内做对全部的卡片而且没有错误，那他以后就不用每天晚上做了。这对大卫来说似乎不太可能。第一次，他用了五十二分，第二次，四十八分，然后是四十五，四十，四十一，最后已经轻易少于四十分钟了。每次的进步，我们都加以庆祝，到月底时，他已经能在八分钟之内正确地放完所有的卡片了。每当他有点进步时，他会主动要求再做一遍。终于他神奇地发现，学习是轻松而有趣的。

“这时，他的代数成绩飞速地进步了。他自己也觉惊奇，他拿回家的成绩单，数学是 B，这在以前从来没有发生过。其他方面的变化也快得令人难以置信。他的阅读能力也迅速提高，他开始会使用他的天赋来画图。在学期末，他的科学老师指定他筹办一个展览，他选择了去发明一种高难度的模型来证明杠杆的影响。那不但需要画图和制造模型的技巧，而且要应用到数学。也正是这个展览，他拿了学校科学展的第一名，并因此而参加了市展的比赛，也拿到了辛辛那提市的第三名。”

他曾是一个留级两年的孩子，被学校认定脑部受损，被他的同学们叫作“摩臀原始人”，讽刺他的大脑在脑部的缺口漏了出去。突然，他发觉他能够学习并且去完成一些工作，结果呢？从八年级的最后一学期起一直到高中，他都排在荣誉榜上；在高中时，他被选拔到全国荣誉协会。一旦他发现学习是轻松的，他整个生命都变了。

在柯立芝总统执政期间，他的一位朋友接受邀请，到白宫去度个周末。他偶然走进总统的私人办公室，听见柯立芝对他的一位秘书说：“你今天早上穿的这件衣服很漂亮，你真是一位迷人的年轻小姐。”

这可能是沉默寡言的柯立芝一生当中对一位秘书的最佳赞赏了。这来得太不寻常，太出乎意料之外了，因此那位女孩子满脸通红，不知所措。接着，柯立芝又说：“现在，不要太高兴了。我这么说，只是为了让你觉得舒服一点。从现在起，我希望你对标点符号的使用上能更加注意小心一些。”他的方法可能有点太过明显，但心理策略却实在高明。

很多时候，在我们听到别人对我们某些优点的赞扬之后，再去听听一些稍稍令人不痛快的事，还是会好受许多。麦金尼远在 1896 年竞选总统时，就曾采用了这种方法。当时，共和党的一位重要人士写了一篇竞选演说，自以为写得比任何人都高明。于是，这位仁兄把他那篇不朽演说大声念给麦金尼听。那篇演说中的确有一些很不错的观点，但很可能会惹起一阵批评狂潮。麦金尼不愿抹杀这人的无比热忱，然而他却又必须说“不”。下面请注意，他把这件事处理得多巧妙。

“我的朋友，这是一篇很精彩而且有力的演说，”麦金尼说，“没有人能写得比你更好了。在许多场合中，这些话说得毫无瑕疵，完全正确，可是在当前这种特殊场合里，是否那么合适呢？从你的观点来看，诚然这篇演说十分有力并切题，但我必须从党的观点来考虑它所带来的影响。现在你回家去吧，根据我的提示写一篇演说稿，并且送我一份副本。”他真的照办了，而麦金尼认真替他改稿，并帮他重写了第二篇演说稿。后来他终于成为竞选活动中最有力的一名演说者。

这门欲抑先扬的哲学在日常的生意来往上，也能奏效。就让我们以费城华克公司的高先生为例。高先生在某次上课之前的演讲会上，讲述了下面这一则故事。华克公司承包了一项建筑工程，预定于一个特定日期之前，在费城建起一幢庞大的办公大厦。一切都照原订计划进行得很顺利，就在大厦接近完成阶段，突然负责供应大厦内部装饰用的铜器的承包商宣称，他无法如期交货。什么！这样整幢大厦的工期都因此耽搁了！巨额罚金！重大损失！全都只是因为这一个人！

长途电话、争执、不愉快的会谈，全都没效果。于是高先生奉命前往纽约，到狮穴去擒他的铜狮子。

“你知道吗？在布鲁克林区，拥有你这个姓氏的，只有你一个人。”这是高先生走进那家公司董事长的办公室之后的开场白。

董事长很吃惊：“不，我并不知道。”

“哦，”高先生说：“今天早上，我下了火车之后，就查阅电话簿找你的地址，在布鲁克林的电话簿上，有你这个姓的，只有你一人。”

“我一直不知道，”董事长说。他兴致盎然地查阅电话簿。“嗯，这是一个很不平常的姓，”他骄傲地说，“我这个家族从荷兰移居纽约，几乎有两百年了。”接下来好一阵，他都在讲述他的家族及祖先。当他说完之后，高先生就立马恭维他拥有一家很大的工厂，高先生说他以前也拜访过许多同行的工厂，但跟他这家工厂比起来就差得太多了。“我从未见过这么干净整洁的铜器工厂。”高先生如此说。

“这是我花了一生的心血建立起的事业，”董事长说：“我对它感到十分骄傲。你愿不愿意到工厂各处去参观一下呢？”

在这段参观时间里，高先生先后恭维了他的组织制度健全，并告诉他为什么他的工厂看起来比其他的竞争者高级，以及好处在什么地方。当高先生对一些不寻常的机器表示赞赏时，这位董事长就自豪的宣称是他发明的。他花了不少时间，向高先生说明那些机器如何操作，以及他们的工作效率多么良好。他坚持请高先生吃中饭。到这时为止，你一定注意到，高先生一句话都没有提到此次访问的真正目的。

吃完中饭后，董事长说：“现在，让我们谈谈正事吧。我知道你这次来的目的。只是我没有想到我们的相会竟会如此愉快。你可以带着我的保证回到费城去，我保证你们所有的材料都将如期运到，即使其他的生意都会因此延误也无所谓。”高先生甚至未开口，就已经得到了他想要的全部。那些器材最终及时运到，大厦也在契约期限届满的那一天及时完工了。

如果高先生使用大多数人在这种情况下会使用的那种大吵大闹的方法，这种美满的结果还会发生吗？答案自然是否定的。

以赞扬的方式开始，就好像牙医用麻醉剂一样，病人虽仍然要受钻牙之苦，但麻醉却能消除苦痛。

要想批评一个人而不伤感情，不引起憎恨的话，应记住：从称赞和诚心感激着手，欲抑先扬。

学会放低身价

几年以前，我的侄女约瑟芬·卡耐基，离开她在堪萨斯市的老家，到纽约来担任我的秘书。她那时只有十九岁，高中毕业三年，工作经验几乎等于零。今天，她已是西半球最完美的秘书之一。但是，在刚刚开始的时候，她，只能勉强说是尚可改进。有一天，我正想开始批评她，但转念又想："等一等，戴尔·卡耐基，等一等。你的年纪比约瑟芬大了近一倍。而你的生活经验也几乎有她的一万倍多。你怎么可能奢望她有你的观点、你的判断力、你的冲劲儿！你十九岁时又在干什么呢，可还记得你那些愚蠢的错误和举动？可还记得！"经过诚实而客观地把这些事情仔细想过一遍之后，我得出结论，约瑟芬十九岁的行为比我好太多了，而且，我又发现自己并没有经常称赞约瑟芬。从那次以后，每当我想指出约瑟芬的错误时，总是说："约瑟芬，你犯了一个错误。但上帝知道，我所犯的许多错误比你的更糟糕。你当然不能天生就万事精通。那是只有从经验中才能获得的；而且你比我在你这年纪时强多了，我自己曾做过那么多的愚蠢事，所以我根本不想批评你或任何人。但难道你不认为，如果你这样做的话，不是比较聪明一点吗？"加拿大明尼托拔布兰敦的一位工程师狄里史东，他的秘书有点问题：每当口述的信打好了，送给他签名时总会有二三个词拼错。那么狄里史东先生怎么处理这个问题呢？当下封信送来时，上面仍有些错误，狄里史东先生就跟他的秘书一起坐下，对她说："不知怎么了，这个词看起来总是不对劲儿，这个词我也常常不会写。所以我才写了这本拼词本。对啦，这就是了。现在我对拼词比较留心，因为别人常常会以拼错词来评断我们够不够职业水准。"自从那次谈话后，她拼错词的次数明显少了许多。一个人即使尚未改正他的错误，但只要肯承认自己的错误，就能帮助另一个人改变他的行为。这句话是马里兰州提蒙尼姆的克劳伦斯·周哈辛最近才说的。因为他看到了他十五岁的儿子正在试着抽烟。“当然，我不希望大卫抽烟，可是他妈妈和我都抽烟，我们一直都给他做了个坏榜样。我解释给大卫听，我跟他一样大时就开始抽烟，而尼古丁战胜了我，使我现在几乎不可能不抽了。我也提醒他，我现在咳嗽得多么厉害。“我并没有劝他戒烟，或是恐吓警告他抽烟的害处。我只是告诉他，我如何迷上抽烟和它对我的影响。“他想了一会儿，然后决定在高中毕业以前不再抽烟。直到现在都再没想过抽烟。“通过那次谈话，我也决定戒烟。由于家人的支持，我成功了。”而圆滑的布洛亲王早在 1909 年，就已经明白这样做事的迫切需要。当时的布洛亲王是德国皇家参议，当时的皇帝是威廉二世，傲慢的不可一世的威廉，最后一位德国皇帝。他缔造了海军、陆军，他自夸能随心所欲地改变一切。于是，一件令人震惊的事情发生了。威廉皇帝讲了一些话，一些令人难以置信的话，一些震惊了欧洲的话。接着又发生了爆炸性传闻，令世界震惊和愤怒。事情变得坏到一发不可收拾。这位德国皇帝在英国做客的时候大放厥词，并允许在《每日电报》上发表出来。他宣称他是唯一对英国人友善的德国人；他正在建造海军以应对日本的危害；正是他的讨伐计划，使英国的劳勃兹爵士战胜了荷兰人等等。一百多年的时间里，在这段和平时期，从任一欧洲国王口中，都没有说出像他这样惊人的话。整个欧洲如野马蜂一样骚动起来。英国被激怒了，德国政治家惊骇起来。在这些震惊之中，德皇感到惶恐，他向皇家参议布洛提议，请他负责。

是的，他要布洛宣布一切都是他的责任，是他建议他的君主说这些不负责任的话。“但是，陛下，”布洛反对说，“在我看来，不论在德国或英国，绝对不会有任何人相信我会建议陛下说这些话的。”

此话一出，布洛即感觉到他犯了一个严重的错误，果然德皇发作起来。

“你认为我是一只笨驴，”他咆哮道：“会犯你永远不会犯的错误！”

布洛知道在他责备以前他应当首先称赞他，但现在为时太晚，他马上采取了补救措施。他在批评以后称赞，结果极为微妙。

他的赞赏是这样的：

“我绝对不是那个意思，”他恭敬地回答说：“陛下自然在许多方面超过我；不只在海、陆军知识上，而且在尤为重要的自然科学上。当陛下解释风雨表，无线电报，或是透视光线时，我常常感到惊叹和佩服。我几乎对所有的自然科学一无所知，为此我感到深深的羞愧。我不懂化学或物理，完全不能解释最简单的自然现象。”布洛接着说：“但我有一点历史知识，还有一些政治常识，特别是在外交上有些知识，虽然这些知识只能作为您的补充。”德皇渐渐露出笑容来，布洛称赞了他，布洛抬高了他，贬低了他自己。从那以后，德皇可以原谅布洛的任何事情了。“我不是一直告诉你，”他热情地叫道，“我们不是以互补著称吗？我们应当团结一致，而且，我们愿意这样！”他与布洛握手，不是一次，而是很多次。那天下午，他越发来了兴致，他握起双拳，喊道：“如果任何人对我说布洛不好，我将对准他的鼻子，饱以老拳！”布洛及时挽救了他自己，尽管他是灵敏的外交家，但他仍然做错了一件事：如果几句贬低自己、称赞对方的话能使一位傲慢、被侮辱了的德皇变成一个坚定的朋友，是不是太容易了些呢？

谦逊与赞美如果在人际关系上能用得适当，便真能发生奇迹。放低身价，在批评他人之前，先谈谈自己的不足吧。

学会化敌为友

“没有敌人的人生太寂寞。”这位先哲真是好大的口气，试想谁愿意以敌人的存在来充实自己的人生经历？但，细细品味，你的敌人是谁呢？是不是从出生开始就有敌人存在，还是存在的仅仅是你的假想敌人呢？其实，敌人本来并不存在，只是由于某种原因才出现。即使是原来的朋友反目成现在的敌人，也许将来还会变成朋友。不打不相识，你们为什么不能彼此成为朋友呢？把你的敌人当作朋友，如果你这样做了，说明你每天都在一点点地提升自己，开阔自己。当然，礼让并不是无原则的一味退让，也不是对所有的事都保持沉默。不要以为只有这样你才有深度、有内涵，就是一个襟怀博大、有容人之量的人。事实上恰恰相反，若你这么做了，别人只会把你看作懦弱无能、愚笨无知的代名词，绝对不会正视你的存在。在某些时候，你必须去争取、去辩论，去实现自己存在的价值，去批评、去反击自己认为是忍无可忍的事情，放心吧，别人绝对不会说你肤浅狭隘，有些事情，如果你不去做，别人又怎么会知道?

一个人的口才十分厉害，人人都对他退避三舍，唯恐被他当众取笑一番。碰上这种人，不管你是反唇相讥抑或沉默不语，别人都只会含笑欣赏这一幕闹剧。最难缠的人，莫过于那些生性浅薄而缺乏自知之明的人，他们以攻击人家的弱点为乐事，得理不饶人，叫你丢尽面子才肯罢休。如果在你的周围刚好出现这样一个人，他说话的声音特别嘹亮，每句话像飞刀一样直插听者的心中，令人又惊又怒，这时，你应该怎么做，才能既不失风度，又让对方知道你并不好欺负? 喜欢逞一时之快，以嘲笑别人来伤害对方自尊的人，都有一个通病——欺善怕恶。由于缺乏涵养，认为让别人无言以对，把对方踩在脚下，自己便会升高一级，增加自我的价值，结果慢慢地便形成一种暴戾习气，对人对事一味挑剔，还自认为具有非凡的洞察力、见识过人。别人越是显出畏惧，他们越是得意扬扬，尖酸刻薄的话，一吐为快，丝毫不知道收敛。

面对这种自以为口才很好，却是令人生厌的人，你既不要随便示弱，也无须自我降格，跟他针锋相对。你应该这样做：1. 在对方说得起劲，更难听的话也将冲口而出时之前，你实在不必再忍受这样肤浅的人，你可以站起来礼貌地说："对不起，请继续你的演说。我先走了。"如果对方还有一点自尊的话，他应该感到羞耻。2. 当他正在心情兴奋地把你的弱点一一拿出来取笑时，你只须平静地定睛看着他，像一个旁观者，兴味盎然地欣赏眼前这个小丑每一个表情，对方便会再难以唱独角戏了。3. 当他实在太惹人讨厌，总是找你的麻烦，每句话都是针对着你时，你要尽量抑制怒气，装听不见，切勿中了对方的诡计，跟他唇枪舌剑。如果你根本不理会他，他便无法再独白下去，他的弱点也会因此而暴露无遗，有目共睹，同时也显出了你的涵养非比寻常。

有些人是天生的"疯子"，你对他的所作所为非常厌恶，但又无可奈何，你只能用"不可理喻"四字来形容他。如果他特别针对你，像一只疯狗似的到处乱吠穷追不舍，你的烦恼自然会大大增加，你既没有足够的精力与时间跟他周旋到底，以牙还牙，又不屑与这种人纠缠下去，以免降低人格。面对这种矛盾的情形，什么才是最明智的处理方法呢? 其实这种人之所以可恶可恨，完全是因为他们心术不正，满脑子是害人的歪念，以致面目也变得奸险狰狞，看见受害者摊上麻烦、心绪不宁，他们便乐不可支。对付这种卑鄙小人，你不能动真气、或者妄想晓之以情、动之以理打动他们的心。对方是在故意跟你过不去，除了自叹遇上恶人，你所能做的，只有对着镜子做一下深呼吸，长吁一口气，承认你误交损友。尽管内心隐隐作痛，还是要努力控制情绪，表面上不动声色，从此对这个人不要再存半点希望，不让他再有机会影响自己的生活，任由他到处乱吠好了。既然他已失去了常性，你又何必跟一个疯子苦苦理论呢?

当你对某些不可理喻的人已经束手无策，无奈之余只得说一声“我没生气”的时候，你有没有想过要掌握一些技巧来伸张正义呢?

在公共场合时，我们时常会遇到一些不受欢迎的人物。例如，在电影院里，年轻人忘情地大叫大笑，高谈阔论；在音乐会中，邻座的观众不停地讲话，令你十分苦恼，你想出声请他们安静下来，却碍于礼貌，不愿当众指责对方，只能强自忍受。这样，你会变得越来越内向怕事，不敢据理力争，凡事得过且过。

你不能随便欺负别人，但也不可以随便让别人踩到你的头上，这才是正确的人生观。一味迁就自私自利的人，容忍对方对自己造成的间接伤害，没有人会因你的仁慈而心存感谢；相反，懦弱无能或许是人家对你的形容。其实，一个真正有涵养的人，当对方的行为实在太过分，令人忍无可忍之际，他不会害怕挺身而出，认真告诉对方他带给别人的不良影响，由于其态度是诚恳而义正词严的，对方定会感到惭愧。

但如果你出言不逊，大声怒斥道：“你这个自私的人，知不知道你说话的声音太大，惹人讨厌。”对方的反应必然是怒目而视，反唇相讥，不但不会合作，反而故意跟你作对，引起更加激烈的争执。相反，如果你和善而不失风度地说：“先生，请你说话小声一点好吗?”或者“请你保持安静，谢谢。”与其直斥其非，不如清楚地告诉对方你要他怎样做，更能使他明白自己带给人家的不良影响，而乐意与你合作。培养说话技巧，在不伤害他人自尊心的情况下，达到你心目中的效果，何乐而不为?一个人在愤怒的时候，他的言行通常会出错，无论何时何地，你必须切记这一点。把你的敌人化为朋友，才是最高明的做法。

人人都爱高帽子

假如一个好工人变成粗制滥造的工人，你会怎么做？你可以解雇他，但这并不能解决任何问题。你也可以责骂他，但这通常也只能引起怨怒。

亨利·韩克，他是印第安纳州洛威一家卡车经销商的服务经理，他的公司有一个工人，工作业绩每况愈下。但亨利·韩克没有对他吼叫或威胁他，而是把他叫到办公室里来，和他坦诚地谈了谈。

他说："比尔，你是个很棒的技工。你在这条线上工作也有好几年了，你修的车子也都很令顾客满意。其实，有很多人都赞美你的手艺好。可是最近，你完成一件工作所需的时间却加长了，而且你的质量也远不如你以前的水准。你以前真是个杰出的技工，我想你一定知道，我对这种情况不太满意。也许我们可以一起来想个办法来解决这个问题。"

比尔回答说他并不知道他没有尽好他的职责，并且向他的上司保证，他所接的工作并未超出他的专长之外，他以后一定会改进它。

他做了没有？当然。他曾经是一个快速优秀的技工。有了韩克先生给他的那个美誉，他怎么会做些不济的事。

包汀火车厂的董事长撒慕尔·华克莱说："一般人是容易诱导的，尤其是当你显示你尊重他是因为他有某种能力时。"

总而言之，你若要在某方面去改变一个人，就把他看成他已经有了这种杰出的特质。莎翁曾说："假如你没有一种德行，就假装你有吧！"如果你公开地假设或宣称他已有了你希望他有的那种德行，给他一个好的名声来作为努力的方向，他往往就会痛改前非、努力向上，而不会让你看到希望破灭。

比尔•派克是佛罗里达州得透纳海滩一家食品公司的业务员，他对公司新系列的产品感到非常兴奋；但不幸的是，一家大食品市场的经理取消了产品陈列的机会，这令比尔很不高兴。他为这件事想了一整天，决定下午回家前再去试试。他说："杰克，我今天早上走时，还没有让你真正了解我们最新系列的产品，假如你能给我些时间，我很想为你介绍我漏掉的几点。我非常敬重你有听人谈话的宽大雅量，当事实需要你改变时你会改变你的决定。"

杰克能拒绝再听他谈话吗？在这个必须维持的美誉下，他自然是没办法这样做的。

有一天早晨，苏格兰都柏林的一位牙医马丁•贵兹与，当他的病人指出她用的漱口杯、托盘不干净时，他真的震惊极了。不错，她用的是纸杯，而不是托盘，但生锈的设备，显然表示他的职业水准是不够的。

当这位病人走了之后，贵兹与医生关了私人诊所，并写了一封信给诊所的女佣布利基特，她一个礼拜来打扫两次。他是这样写的：

亲爱的布利基特：

最近很少看到你。我想我该抽点时间，为你做的清洁工作致意。顺便一提的是，一周两小时，时间并不算少。假如你愿意，请随时来工作半个小时，做些你认为应该经常做的事，像清理漱口杯、托盘等。当然，我也会为这额外的服务付钱的。

贵兹与医生

第二天他走进办公室时，他的桌椅擦得几乎跟镜子一样亮，似乎能从上面滑下去。当他进了诊疗室后，看到从未见过的干净，光亮的铜制杯托放在储存器里。他给了她的女佣一个美誉促使她必须去努力，而且就只为这一个小小的赞美，她使出了最卖力的一面，而且并没有用到额外的时间。

纽约布鲁克林的一位四年级老师鲁丝•霍普斯金太太，在学期的第一天，看过班上的学生名册后，她对新学期的兴奋和快乐却染上忧虑的色彩：今年，在她班上有一个全校最顽皮的"坏孩子"汤姆。他三年级的老师，只要有任何人愿意听，就不断地向同事或是校长抱怨。他不只是做恶作剧，还跟男生打架、逗弄女生、对老师无礼、在班上扰乱秩序，而且好像是愈来愈糟。他唯一能稍事补偿的优点是：能学会学校的功课，并且非常熟练。霍普斯金太太决定立刻面对和解决汤姆的问题。当她见到她的新学生时，她讲了些话："罗丝，你穿的衣服很漂亮。爱丽西亚，我听说你画画很不错。”当她念到汤姆时，她直视着汤姆，对他说：“汤姆，我知道你是个天生的领导人才，今年我要靠你帮我把这班变成四年级最好的一班。”在头几天她一直强调这点，夸奖汤姆所做的一切，并评论他的行为的确证明了他是一位很好的学生。有了值得为之奋斗的美名，即便只是一个九岁大的男孩也不会令她失望，而他真的做到了这些。

成为话题的启发者

每一个与西奥多·罗斯福交谈过的人，都为他渊博的学识所折服。哥马利尔·布雷佛这样写道：“无论是一名牛仔或骑兵，纽约政客或外交官，罗斯福都知道该对他说什么话。”究竟他是如何办到的呢？原来，只要有人来访的前一天晚上，罗斯福就会开着夜车，翻阅这位客人特别感兴趣的题目。因为罗斯福知道，打动人心的最佳方式是：启发对方谈论他最感兴趣的事物。耶鲁大学的前任文学教授威廉·菲利浦在他那篇论人性的文章中写道：

“当我八岁的时候，有一次到姨妈家去度周末，正好一个中年人来访。跟我姨妈寒暄一阵之后，他把注意力放在了我身上。那段时间我刚好对帆船非常热衷，而这位来访者就以一种令我非常感兴趣的方式讨论帆船，使我对他侃侃而谈。他走了之后，我对他大为称赞。多么棒的人！他对帆船多么了解！我们的对话多么愉快！可我姨妈对我说，他是纽约的一名律师，对帆船一点也不感兴趣。”那他为什么一直都在谈帆船呢？

“‘因为他觉得你对帆船感兴趣，就启发你谈一些自己感兴趣、能够使你高兴的事。他知道怎样让自己变得更受人欢迎。’”

当我正在写这一章的时候，我收到一封爱德华·加利夫的信，他本人对童子军的活动十分热心。加利夫写道："有一天我发现我需要别人助我一臂之力，因为欧洲即将举办一次童子军大会，我需要请求美国某大公司的董事长为我资助一名童子军的旅费。"

"幸运的是，在我正准备动身去见他之前，我听说他曾开过一张一百万美元的支票，支票兑现从银行寄回来之后，他就把那张支票装进框里保存起来。

"于是，当我走进他的办公室，我所做的第一件事，就是请求看看那张支票，一张一百万美元的支票！我对他说，我从来没见过任何人开过这么大数额的支票！我又说，我要告诉那些童子军，我真真正正地见到了一张一百万元的支票。他很高兴地带我参观那张支票，我赞不绝口，我请求他告诉我那张支票在什么情况下开出的。"

加利夫先生并没有以童子军，或欧洲的童子军大会作为开场白。他所谈的是对方感兴趣的事情。结果呢？加利夫继续讲道："于是我所会见的那个人说：'哈哈！对了，你来找我有何贵干啊？'我说明来意后，令我非常惊奇的是，他不但立即答应了我的请求，而且还更加慷慨。我原本只想请他资助一名童子军到欧洲去，但最后他却主动资助了五名童子军和我的费用，给了我一张一千美元的支票，要求我们在欧洲待上七个星期。他还为我写了几封介绍信，给他各地分公司的董事们，让他们招待我们。他本人也曾亲自到巴黎来看我们，并带我们参观了一番。此后，他还雇用了一些家境贫寒的童子军。直到现在，他依然对我们童子军的活动十分热情。"

加利夫先生总结道："如果我事前不知道他的兴趣所在引导他谈论他所感兴趣和自豪的事，从而先使他高兴起来的话，他可能就没有这么热心了。"

在商业上我们同样可以使用这一技巧。拿纽约一家高级面包公司杜维诺父子公司的杜维诺先生来说吧。杜维诺先生一直尝试着想要把面包卖给纽约的某家饭店。然而，尽管他每天都打电话给该饭店的经理，也积极去参加该经理的社交聚会，甚至还在该饭店订了个房间，住在那里，以便能够成交这笔生意，但是他还是一无所获。

在研究过为人处世的学问之后，杜维诺先生决心改变策略。他首先找出那个人最感兴趣的是什么，接着采取了以下措施："我发现他是一个叫作'美国旅馆招待者'的旅馆人士组织的一员。同时，他不单单只是该组织的一员，还被选为了主席和'国际招待者'的主席。不论会议在什么地方举行，路途有多么的遥远，他都一定会出席。

“因此，这次我再见到他的时候，我便主动说起他参加的那个组织。而我得到的反应真的令人吃惊。他跟我恳谈了半个小时，全部都是有关他的组织的，语调充满热忱。可以轻易地看出来，那个组织是他的兴趣所在，他的生命火焰。

“虽然当时我一点也没提到面包的事，但是几天之后，他饭店的大厨师打电话给我，要我把面包样品和价目表送过去。

“‘我真不知道你对那个老先生做了什么手脚，’那位大厨师见到我的时候吃惊地说，‘但你确实把他说服了！’

“想想看吧！如果我没有用心去寻找他的兴趣所在，了解到他喜欢的是什么，感兴趣的东西在哪里，那么我可能直到今天也无法成功。”

纽约电话公司对电话中的谈话做了详细的研究，想找出究竟哪一个字眼在电话中最常被提到。你大概也猜到了，这个字就是第一人称的“我”。在 500 次电话谈话中，这个字被使用了 3950 次。“我”、“我”、“我”……

当你拿起一张包括你在内的集体合照，你最先看到的会是谁呢？当然是你自己。我想说的是：除非你先对他们感兴趣，别人才会对你感兴趣。如果我们只是通过在别人面前表现自己的优秀，来使别人对我们感兴趣的话，我们将永远不会得到真诚的朋友。

一个人若能真心实意地对别人感兴趣，即使只有两个月就能比一个要别人对他感兴趣的人在两年之中所交的朋友还要多。

但许多人却没有意识到这种方法。他们想方设法地不断推销自己，企图使别人对他们感兴趣从而赢得朋友。这种方式永远都不会奏效，别人不会对你感兴趣。他们只对自己感兴趣。阿德勒曾说过：“对别人不感兴趣的人，不仅一生中困难重重，对别人的伤害也最大。人类所有的失败，都出自于这种人。”

我曾在纽约大学选修过一门关于短篇小说写作的课程。有一次，《柯里尔杂志》的主编来给我们上课。他说，每天他只要读上几段送到他桌子上的小说，就能感觉出作者是否喜欢别人。如果作者不喜欢别人，别人也就不会喜欢他的小说。这位充满激情的主编在讲授小说创作的过程中，曾两次停下来为他不得不说的这些大道理而致歉。同时他还说：“我现在所说的，和老师会告诫你们的是同样的道理。但是请记住，如果你想成为一名成功的小说家，就必须对别人感兴趣。”

写作尚且如此，待人处世更应该这样。

詹斯顿被公认为魔术师中的魔术师。在 40 年里，他在世界各地不断以极其高明的魔术技能令世人惊奇万分。共有 6000 万人观看过他的表演，而他也几乎赚了 2000 万美元。当詹斯顿最后一次在百老汇演出的时候，我花了一个晚上待在他的化装室里，请求他能为我讲述一下成功的秘诀。

他的成功是因为学校教育吗？不，他几乎没怎么进过校门。很小的时候就离家出走，成了一名流浪者，以搭货车、睡谷堆、乞讨为生，仅仅靠坐在车上看看铁道沿线的各种标志才识了字。

他的魔术是否特别高明？其实也不然。詹斯顿认为，关于魔术技巧的书已经有好几百种，至少有几十人跟他懂得一样多，但他却具备其他人所没有的两个特点，这也是他能功成名就的最关键因素。首先，他能在舞台上把他的个性解放出来。他是个表演大师，熟谙人类天性。他的每一个动作、手势、语气，甚至连眉毛的变化，都早已排练预演过很多次，配合得几乎分豪不差。还有很重要的一点就是，詹斯顿真正了解关注的兴趣所在，能够以观众的快乐为表演的出发点。他告诉我，许多魔术师常常会一边看着观众，一边在心里默念："坐在那儿的人是一群傻瓜、笨蛋，我把他们骗得团团转根本不是问题。"但詹斯顿的表演方式却完全不同，每次走上台之前，他都会对自己说："我很感激这些观众，因为他们愿意来看我的表演，使我增加了收入，过着富足的生活。我有责任有义务把我最出色的技巧表演给他们看。"

他坦然道，没有 次在走台上时不对自己重复说："我爱我的观众，我爱我的观众。"真诚地关心他人正是这位有史以来最著名的魔术师成功的秘诀之一。

有史以来最卓越的演唱家之一舒曼•海里杰夫人也曾十分坦率地与我们分享她成功的秘诀之一，就是对别人无限地感兴趣。

"不瞒你说，我记得所有朋友的生日。许多年来，我一直致力于都在打听朋友们的生日。虽然我对星相学一点也不相信，但是我会先询问对方是否相信一个人的生辰同这个人的个性和性格有关系，然后就可以自然地让朋友把他的生日告诉我，事后再记在专门的生日本上。每一年的年初，我都把这些生日在月历上标明。这些记录能够及时引起我的注意。这样，当某人生日到来的时候，就会收到我的祝福信件或电报。

我就是用这种关心他人的方法赢得了朋友们的友谊。

这种处事哲学在商业界同样有效。下面是另一个例子：

克纳弗在近十年的时间里一直试图把煤推销给一家连锁公司，但该公司从来都不予理会，仍然坚持从另一个镇上买煤，即使他们常常经过克纳弗的办公室也不愿意进去。克纳弗先生有天在我的讲习班上发表了一些言论，把连锁公司骂得体无完肤，说它是美国的一个毒瘤。学员们在班上分组辩论，题目就是“连锁公司分布各处对国家害大于益”。

在我的建议下，克纳弗站在了反方，必须替连锁公司辩护。于是他不得不跑到那家他痛恨的连锁公司去见一位高级职员说：“我不是来推销煤的，只是来请你帮我一个忙。”接着，他就把辩论的事情讲给那位职员听，告诉职员说只有他才能提供辩论所需要的资料。最后克纳弗说道：“我非常想赢得这场辩论。您的任何帮忙，我都会非常感激。”

后来发生的事情竟出乎克纳弗意外，克纳弗这样为我们描述了故事的结果：我请他给我一分钟的时间，就是因为这个条件，他才答应见我的。当说明来意之后，他请我坐下来，跟我谈了一小时又四十七分钟。他还请来另一位曾经写过一本关于连锁商店书的高级职员进来，并写信给全国连锁组织公会，为我提供了一份有关这方面的辩论文件。他觉得连锁商店对人类的贡献是一种真正的服务。他发自内心的为自己能够给数百个地区的人民所提供服务而感到骄傲。他说话的时候，眼里闪烁着热情的光芒。我必须承认，这次谈话使我在他身上看到了一些我以前做梦都不会想到的事情，从而改变了我的整个想法。

“道别的时候，他送我到门口，轻拍着我的肩膀，预祝我辩论得胜，并邀请我结束之后一定再去看他，把辩论结果告诉他。他对我所说的最后几句话是：‘请在春末的时候再来找我，我想下一份订单，购买你的煤。’”

这真是一个奇迹，克纳弗在这段时间里买煤的话一句都没有提，可他最后居然主动要买煤。这都只是因为克纳弗表现出了对他的公司和他谈的问题的极度感兴趣，克纳弗在两小时中所得到的进展竟然比十年中所得到的进展大得多。实际上，这并不是什么新的真理，因为早在好久以前，在耶稣诞生一百年前，一位著名的罗马诗人贺拉斯曾经说过：“我们对别人感兴趣，是在别人对我们感兴趣的时候。”

所以，做话题的启发者，而非夸夸其谈的人。打动人心的最佳方式是跟他谈论他最感兴趣的事物。因为，每个人都是他兴趣领域的专家，听他讲，你不仅会获得新知，还能赢得友谊。

做优雅谈吐的万人迷

有这样一位聪明的女士，她尽管平时话不多，但却享有盛名，被公认为一个优秀的交谈者。她在交谈时的态度非常热忱且善解人意，因此，在她面前即使是最羞怯最胆小的人，也会因为她的鼓励而展露出自己身上最美的闪光点，并能够轻松自如地和她对话。她解除和驱逐了别人的担忧和疑虑，使得他们能够畅所欲言，向她诉说无法向其他人诉说的东西。人们认为她是一个有趣的、成功的谈话者，因为她总能够挖掘别人身上最优秀的品质。

如果你想使自己成为一个令人愉悦的人，你就必须想方设法地了解与你对话者的生活，并且用他们最感兴趣的内容来吸引感染他们。不管你对一个话题是多么了解，如果它不能令你的谈话对象产生兴趣，那么你说再多也都是徒劳的，是无法引起共鸣的。 高明的谈话者总是机敏得体。他们懂得如何在逗趣的同时不去冒犯和得罪他人。如果你想令他人感到诙谐有趣，你就不能随便去戳伤他们的痛处，也不要对他们的家庭琐事喋喋不休。一些人总有那种特殊的美好品质，他们能够准确地发掘出我们身上最美的闪光点。 林肯就是这样一位非凡的艺术大师，他在任何人面前都能够做到诙谐风趣。他用生动有趣的故事和玩笑使人们彻底地放松紧张的心情，所以，很多人在林肯面前都感到非常轻松自如，甚至愿意毫无保留地向林肯倾诉心底的秘密。因为这样，即使是陌生人也总是愿意与他交谈，他是如此热诚和风趣，和他谈话时让人感到如沐春风，并且受益良多。

像林肯所具备的这种幽默感当然是增强谈话感染力的重要因素。但是，并不是每个人都能做到如此幽默风趣；如果你缺少幽默的天赋，而又企图牵强地制造幽默时，结果往往是适得其反，只会令你自己显得滑稽可笑。

一个高明的谈话者知道，千万不能过于严肃和不苟言笑。他不能过多地列举一些枯燥的事实，不管这些事实是多么重要。因为枯燥的事实和单调乏味的统计数据只能令人感到沉闷和厌烦。生动活泼是高明的谈话所不可缺少的。沉重的谈话惹人厌烦，但过于轻浮的谈话也同样令人反感。

因此，要想成为一个优秀的谈话者，你必须是自然而不造作，活泼而不轻浮，富于同情心而不惺惺作态，你必须从你的心底流露出一种善良的意愿。你必须真正让人感受到那种你渴望帮助他们的热诚，并且全身心地投入到那些令他人感兴趣的事物之中去。你必须学会吸引人们的注意力，并且通过打动他们的内心来牢牢地抓住他们的注意力，而这只有借助于一种令人感到温暖的同情和共鸣，一种真正友善的同情和共鸣才能做到。如果你是冷漠的、缺乏同情心的、拒人于千里之外的，那么你根本不能抓住他们的注意力。

你必须胸怀开阔，宽容他人。一个胸襟狭小、吝啬小气的人永远都不能成为高明的谈话者。如果有个人总是对你的个人爱好、判断力和鉴赏力大肆批评，横加干涉，那么你永远都不会对他感兴趣。如果你紧紧地封锁了每一条可以靠近你的心灵的途径，把所有沟通和交流的渠道都对别人关闭了，那么，你的魅力和热诚就由此被切断了，你们之间的谈话只能是漫不经心的、马马虎虎的和机械单调的，不会带有任何活力和感情的逢场作戏。

你必须能够使你的听众靠近你，必须开放你的心灵，以一种最自然的状态去拥抱对方。你必须先做出响应，然后他人才会毫无保留地向你展示自己，使得你自由地进入他的内心最深处。如果一个人在任何地方都是成功者，那么其中的奥秘只能在于他的个性，在于他拥有一种能够以富有感染力的强有力的语言有效地表达自己思想的能力。他没有必要通过罗列财富清单的形式向人展示自己有多成功，事实上，只要他一开口说话，财富就会源源而来，他的表达能力就是他最大的财富。

当然一个人讲话时的声音是否优美动人，跟他受欢迎的程度及社交上的成功也是密不可分的。事实上，没有任何一样东西可以像甜美而有韵律的声音一样，如此真实地反映出一个人良好的教养和高雅的品性。

“如果把我跟一大群人关在一间黑暗的房间里，”托马斯·希金森说，“我可以根据人们的声音分辨出其中的温文尔雅者。”

据说在早期的古埃及，只有那些写在书面上的辩护词才允许在法庭出示，之所以如此，目的就是要防止坐在长椅上的法官因为听到滔滔不绝、蛊惑人心的声音而受到影响或蒙蔽，从而失去其应有的公正。在宣告判决时，主持审判的大法官作为真理女神的化身，只能以少言寡语来宣布判决。

人类的声音能产生的巨大而神奇的力量。因此，现实生活中我们的孩子们并没有受到任何良好的有关声音的训练，这难道不是一种耻辱甚至是一种犯罪吗？当我们看到一个个聪慧可爱的、朝气蓬勃的孩子一边接受着最优秀的教育，一边却发出毫无变化、平板呆滞、喑哑嘈杂的声音时，我们难道不感到痛心和遗憾吗？毫无疑问，那些扭曲的、从嗓子里挤出来的干涩嗓音将极大地影响他们未来的事业和职业前途。想一想看，如果是一个女孩子，这是一种多大的障碍啊！她们原本应该是有着如露水般未沾一点尘泥、如春风般飘扬无羁、如清泉般清澈优美的声音！

我们在美国，随处可以发现那些从大学毕业的男女青年，他们在这样一些重要的教育机构里学习着呆板的死气沉沉的语言，学习着数学、自然科学、艺术和文学，却唯独没有学过如何发出优美动听的声音，他们的声音常常是那样的呆板、刺耳和嘈杂。

相反，当人类的声音经过适当的训练，并得到适当的调控之后，又是多么富于感染力，多么动听迷人！当我们听到一个声音清晰地从喉咙中发出，每一个字都是如此清澈、简洁、富于韵律，就像从一把圣洁的乐器上弹奏出来的最动听的音符一样，难道不是一种真正的愉悦与享受吗？

我认识一位女士，她的声音非常清脆圆润、谐和雅丽。所以，不管她到任何地方，只要她一开口说话，所有的人便都洗耳恭听，因为他们无法抗拒如此富于魅力的声音。那种清澈、爽朗、充满生命活力的声音就像从干裂的地面喷出的一股清泉，就像从静寂的山谷涌出的一注急流，在每个人的心头涓涓而流，恰似生命中最美的乐曲。事实上，这位女士的相貌相当普通，甚至可以说是有些丑陋，然而她的声音却是那样的圣洁甜美；它所带来的魅力是不可阻挡的，并且也从某个层面上体现了她高雅的素养和迷人的个性。

我在社交场合中不止一次地听到那种尖声尖气或是粗声大气的女人声音，有时我甚至感到自己的神经受到了很大的压迫，情绪也会变得无端的烦躁，因此我不得不一次又一次地从她们的身边逃离。

纯洁、和谐、生气勃勃的声音象征着内在的修养和雅致，每一个音节、每一个字符、每一个句子都得到了如此清晰圆润的表达，它们抑扬顿挫、高低有致，就像一串在春风中叮咚作响的银铃，是那样的神奇而美妙！而且，对绝大多数人来说，只要你愿意，你就可以拥有这份上帝馈赠给人类的神奇礼物。

我们的身体是最重要的自我表现方式。身体的外表被认为是内在的反映。如果一个人的外表丑陋可憎，我们完全有理由认为他的思想也是这样的。就像中国的一句古语：面由心生。通常情况下，这种结论也是成立的。高尚的理想、活泼健康的生活和工作与个人卫生都是息息相关的。一个连自己的身体都不愿意清洁的年轻人自然也不会有多么重视他的心灵，他很快会全面堕落。一个不注意仪表的年轻女人根本无法取悦于人，她会一步步堕落成一个不思上进的邋遢女子。

难怪《塔木德经》把清洁置于仅次于神性的位置上。而我会把清洁的位置摆放得更高些，因为我相信绝对的清洁就是神性。灵与肉的清洁或纯洁能把人升华到最高境界。一个不洁净的人与动物又有什么分别？

要保持良好的仪表，最重要的一点就是要经常洗澡。每天洗澡能保证皮肤的清洁与健康。对头发、手和牙齿的护理也相当重要，而且一定要细致周到，不能马虎草率。

修剪指甲的用具很便宜，人人都买得到，如果你买不起一整套用具，你至少可以只买一把指甲刀，把指甲修剪得光滑干净。

护理牙齿是件简单的事。然而，人们在牙齿卫生上犯的错误可能要比在其他方面犯的错误更多。我认识一些年轻人，他们衣着考究，对自己的仪表非常得意，但他们却忽视了自己的牙齿。他们没有意识到，人的仪表中没有比脏牙、蛀牙，或是缺少一两颗门牙更糟糕的缺陷了。呼吸当中的恶臭会令人无法忍受，如果知道有这种后果，就没有人会忽视他的牙齿了。没有哪个老板会想要招聘一个缺了一两颗门牙的职员或速记员；许多应聘者就是因为牙齿不好而被拒绝的。

对于那些在职场打拼奋斗的人来说，对于衣着的最佳建议可以概括为一句话："衣着必须得体，但无须昂贵。"衣着朴素就是最大的魅力，现在市面上有大量物美价廉的衣物可供选择，大部分人都能够买到适合的得体的衣服穿。但是如果条件所限，不能买到更好的衣物，也完全不需要为一套寒酸的衣服害羞。穿一件旧外套比穿一件不花钱的新外套更能赢得别人的尊敬。

不可避免的节俭其实并不会让人产生反感，但是邋遢却使人一见之下顿生厌恶。只要你合理地打扮自己，不管多穷，你都可以穿得很得体。我们应该有意识地尽量拿出最好的仪表，注意干净整洁，竭力保持自尊和真诚，这样，才能帮助你渡过重重难关，带给你尊严、力量和魅力，使你赢得别人的尊敬和钦佩。

赫伯特•乌里兰很快就从长岛铁路一个普通路段工人提升为纽约市铁路局的董事。在一次关于如何获取成功的演说中，他说："衣服固然不能造就一个人，但好衣服能使人找到一份好工作。如果你有二十五美元，又需要一份工作的话，最好花二十元买一套衣服，四元买双鞋，剩下的钱买一个刮胡刀、一个发剪、一个干净的领圈，然后去找工作。千万不要带着钱，穿着一身破旧西装去应聘。"

多数大公司都规定不会雇用衣衫褴褛、邋里邋遢，或是应聘时衣冠不整的人。芝加哥最大一家零售商店的招聘主管说："招聘的原则必须严格遵守，对于一个应聘者来说，良好的仪表是为他们赢得工作的一个重要先决条件。"

一个应聘者具备多少优点和能力都不能给他们不重视仪表的权利。璞玉浑金的价值不知要比抛光的玻璃高出多少倍，但是有时候就是明珠投暗。有些应聘者凭借良好的仪表获得了一份工作，虽然很多被拒之门外的人要比他们能力强很多。他们的能力可能还不及那些被拒之门外的人的一半，但是既然有了工作，他们就会设法保住这个饭碗。

这条通行全美的招聘原则在英国同样适用，《伦敦布商》杂志就曾经调查过："越是注意个人清洁卫生和衣着整洁的人，就越能仔细地完成工作。个人生活邋遢的人工作也是会马马虎虎。只有关注仪表的人才会更加注意工作的效果。时髦的女售货员一定很讲究穿着，她会厌恶肮脏的衣领、磨破的袖口和皱巴巴的领带，难道不是这样吗？事实上，关注个人习惯和整体仪表，就会很轻易远离邋遢散漫的习惯。"

我强调仪表的重要性，但并不是要你像英国花花公子博•布鲁梅尔那样，一年仅花费在做衣服上面的钱财就要四千多美元，扎一个领结就要花上几个小时。过分注重穿着比完全忽视还要糟糕。像博•布鲁梅尔那样的人实在是过分讲究穿着了，他们一门心思地扑在对衣着的研究上，而完全忘记了内心修养和神圣的责任。在我看来，穿衣应该量入为出，与身份相称，这既是一种责任，也是最实际的节俭。

许多年轻人误以为"穿着得体"就一定是指要穿贵重的衣服。这种观点是毫无根据的，是错误的。他们把本该花在充实大脑和修养心灵的时间用在了梳妆打扮上。他们老是在盘算着该怎样用微薄的收入来买昂贵的帽子、领带或是大衣，常常入不敷出。个人管理糟糕透顶。如果他们买不起渴望得到的东西，就会买便宜的赝品来代替，结果反而是他们的穿着十分廉价可笑。这类年轻人戴着廉价戒指、打着猩红色领带、穿大格纹衣服。他们的职位和品位也自然不会高到哪里去。卡莱尔这样形容这类花花公子“一个花里胡哨的人，他的职业和生活就是穿衣，他的精神、灵魂和钱包都无畏地献给了这一目的。”他们就为了穿衣而活着，他们没有任何时间留给学习文化，没有任何时间用在努力工作上。

莎士比亚曾说过，“衣装是人的门面”，毫无疑问这一说法得到了全世界的认同。许多人经常因为他们不得体的穿着而备受指责。乍看起来，仅凭衣着去判断一个人似乎肤浅轻率了些；但经验一再证明：衣着的确是衡量穿衣人的品位和自尊感的一个标准。期望成功的有志者应该像选择伴侣一样谨慎地选择衣装。古谚云：“我根据你的伴侣就能判断你是什么样的人。”某个哲学家也说过一句精妙的话：“让我看看一个妇女一生所穿过的全部衣裳，我就能写出一部关于她的传记。”

西德尼·史密斯说：“如果从小教育一个女孩说漂亮无关紧要，衣装一无是处。那么就当真是荒谬透顶了！美貌确实非常重要。女人一生中所有的希望和幸福或许就依赖于一件新裙子或是一顶合适的女帽。如果她稍有点常识，她就会明白这点。也更应该教导她知道衣装的价值所在。”人的确不是由衣装造就的，但衣装给我们的生活带来的影响远远出乎我们的意料。普林提斯·穆尔福德说，衣装能影响人类的精神面貌。这并非言过其实，只要想想一件得体的衣装对你自己的影响程度有多大就够了。

如果让一个女人穿着一件破旧肮脏的晨衣，那么它很自然的就会影响到她，使她对自己肮脏扭结的头发漠不关心。她的脸和手干净与否，穿的鞋子是否破烂，都无关紧要，因为在她看来，“穿着这件旧晨衣没有什么不好”。她的姿态、风度、情感倾向，都将潜移默化地受到这件旧晨衣的影响。如果她能稍稍改变一下，换上一件漂亮的棉裙，那么她的模样和举止就会发生很大的不同！她的头发会因为干净整洁的裙装一定梳理的服帖整齐，这样才会和她的穿着相得益彰。她的脸庞、手和指甲自然就一定会干干净净。破旧肮脏的鞋也会换成了与之相配的鞋子。她的思想也会焕然一新。她会更加尊敬也愿意结交衣冠整洁的人士，本能地远离穿着邋遢的人。“你想改变你的意识吗？那么就改变你的穿着吧。你马上就会感觉到效果。”

怎样让麻烦绕路而行

那是在一八九八年，纽约洛克雷村发生的一桩悲剧。那里有个小孩去世，出殡的那天，村里的人正准备去送殡。汇阿雷也是送殡行列中的一个，他去马棚里牵出一匹马来，当时正值寒冬，地上积了一层厚厚的白雪。那匹马关在马棚里已经有多天了，因此有了能被放出来的机会，兴奋异常，高兴地打转玩着，把两条腿高高的举了起来，汇阿雷一不小心，被马活活踢死了。那年，洛克雷村仅在一个星期里，就举行了两桩葬礼。

汇阿雷去世后，留给他妻子和三个孩子的，仅是几百元的保险金。汇阿雷的长子吉姆才十岁，为了家里的生计不得不去一家砖厂工作。他的工作简单也单调，没有丝毫技术含量。他把沙土倒入模子，压成砖瓦，再拿去太阳下晒干。吉姆根本没有机会去接受更多的教育。可是他有爱尔兰人乐观豁达的性格，身边的人们都很自然地喜欢他，愿意跟他亲近。经过多年后，他逐渐养成了一种善于记忆人们名字的特殊才能。

吉姆没有进过中学，可是到他四十六岁时，已有四个大学赠予他荣誉学位。他当选过民主党全国委员会主席，还担任过美国邮务总长。有一次，我专程去拜访吉姆先生，请他告诉我他成功的秘诀。他却只简短的告诉我：“苦干！”我对他这个回答，当然不会感到满意。所以我摇摇头说：“吉姆先生，别跟我开玩笑了，哪里会那么简单。”

他反问我：“那你认为我成功的原因是什么呢？”

“吉姆先生，我知道你能准确叫出一万多个人的名字来。”我这样说。

“不，你错了！”吉姆对我说：“我可以叫出将近五万个人的名字。”

别对这个感到不可思议，吉姆确确实实有这种本领，也正是这种才能帮助罗斯福进了白宫。当吉姆在一家公司做推销员那些年中，他还同时担任了洛克雷村里的书记，这些工作使他养成了一种记忆别人姓名的习惯。

吉姆的这套方法并不困难。他每逢遇到一个新朋友时，就会问清楚对方的姓名，家里人口的多少，职业和对当前政治的见解。他问清楚这些后，就牢牢记在心里。下次再遇到这个人时，即使相隔了一年多的时间，还能拍拍那人的肩膀，问候他家里的妻子儿女，甚至于还可以谈谈那人家里后院的花花草草。

罗斯福开始竞选总统的前几个月，吉姆一天要写数百封信，分别寄给美国西部、西北部各州的熟人和朋友。随后，他搭乘火车，在十九天的旅途中，走遍美国二十个州，经过一万两千里的行程。当然除了火车外，还有其他交通工具，轻便马车、汽车、轮船等。吉姆每到一个城镇，都会去找熟人吃早餐，午餐，茶点，晚餐，作一次极诚恳的谈话，接着再赶往他的下一段的行程。

当他回到东部后，便立即给在各城镇的朋友每人寄去一封信，请他们把曾经谈过话的客人名单寄来给他。那些不计其数的名单上的人，他们都得到了吉姆亲密而极礼貌的复函。

吉姆早就发现，人们对自己的姓名，比把世界上所有的姓名堆在一起的总数还要感到重要和关心。把一个人的姓名记住并且自然地叫出来，就是对他最好的恭维和赞赏。反过来讲，总是把别人的姓名忘记，或是叫错，不但使对方难堪，对你自己的人际交往也是一种很大的损害。

我在巴黎曾经组织过一个演讲技巧的讲习班，用复印机分函给居留在巴黎的美国人。我雇用的那个法国打字员英文水平实在是很差，在填打姓名时发生了错误。我接到了其中一个讲习班学员的责备信，他是巴黎一家美国银行的经理。只是因为我那个法国打字员，把他的姓名字母拼错了。

恩特•卡耐基如何成功的?

他被人称作“钢铁大王”，可是他本人对钢铁懂得并不多。但上千个替他工作的人，他们对钢铁的制造都要比恩特•卡耐基内行。

恩特•卡耐基致富的重要原因就是他懂得如何用人。在早年，他已显出有超越的组织本领和领导天才。当他十岁的时候，已发现了人们对自己的姓名非常地重视。有了这个发现之后，他开始合理应用。

这是他童年的一页回忆：这个苏格兰男孩曾经得到了一只兔子，是母的。

这只母兔，很快的生下一窝小兔来。可是找不到可以喂小兔子吃的东西。于是恩特·卡耐基想出一个聪明的主意来。他跟邻近的那些小孩子说，如果谁去采来小兔吃的东西，这只小兔就以他的名字命名。他这个计划功效神奇，使恩特·卡耐基永生不忘。

多年后，他经营各项事业，也都应用了同样的技巧，使他获得数百万元的收入。例如：他想要将钢轨售给宾夕法尼亚铁路局，汤姆生是这家铁路局局长。恩特. 卡耐基就在匹兹堡建造一个大钢铁厂，命名为汤姆生钢铁厂。

你猜猜看，宾夕法尼亚铁路局采购钢轨时，汤姆生会向哪一家购买?

有一次，当卡耐基和布尔姆竞争小型客车业务的权利时，又想起了兔子的经验。恩特·卡耐基负责的中央运输公司和布尔姆所经营的公司双方争取太平洋铁路的小型汽客车业务，互相排挤，接连削价，几乎已损害到他们可以获得的利益，变得入不敷出。卡耐基和布尔姆都去纽约见太平洋铁路局的董事会。那天晚上，卡耐基在圣尼古拉大饭店遇到了布尔姆，他就这样说："晚安，布尔姆先生，我们两个人是不是都在愚弄我们自己呢?"

布尔姆问："你这是什么意思?"于是卡耐基就说出了他的见解。他用了严正磊落的讲辞，说希望双方的业务能够合并起来，既能避免不良竞争带来的损失，又可以为彼此获得更大、更多的利益。

布尔姆虽然注意听着，却并不完全赞同他的想法，最后他问：这家新公司，你准备取用什么招牌? 卡耐基马上就回答："当然用'布尔姆皇宫小型汽车公司'了。"

布尔姆那张凝得紧紧的脸，顿时放松了下来，他说："卡耐基先生，请到我房里来，让我们详细谈谈!"就是那一次的谈话，书写下企业界的一页新的历史。

恩特·卡耐基有高超的记忆力，加上他尊重他人姓名的作风，便是他成为一位领袖人物的秘诀。他能叫出很多人的名字，这是他最引以为傲的。他常得意地说，在他亲自处理公司业务的时候，公司从没有发生过罢工等类似事件。

彼特华斯基也有同样的经验，为了使在专车侍候他的黑人厨师感觉到他自己的重要，而永远称这位黑人厨师作"考伯先生"。

人们都重视自己的名字，都想方设法的让自己的名字留传下去，甚至愿意付出任何的代价。巴纳姆先生虽然已是一位饱经世事的老人，但仍为没有儿子延续他的名字而感到遗憾，所以他情愿给他的孙子西雷两万五千美元只要他愿意把自己称作"巴纳姆·西雷"的话。

早在两百多年前，有钱的人常给那些作家付钱，要作家以他的名义出书。

图书馆、博物馆有丰富的收藏，那些陈列品上都有捐赠者的姓名。原因是由于那些人希望自己的姓名永远地延续下去。

一般人大概不会比罗斯福更忙，可是他甚至连一个技工的名字都能牢牢地记在心里。

经过情形是这样的：克莱斯勒汽车公司替罗斯福先生制造了一辆特殊的汽车。张伯伦和一位技工亲自把这部车子送去白宫。张伯伦给了我一封信，说出当时的情形，他说："我告诉罗斯福总统如何驾驶这辆有许多特别装置的汽车，而他却教会了我许多处世待人的艺术。"

张伯伦先生的信上，这样写着：我到白官的时候，总统显得非常愉快，他直呼我的名字，使我感到十分欣慰。特别让我印象深刻的是，当我说出有关这部车子每一个细节时，他都在极其注意的聆听。

这部车子经过特殊设计，能完全用手驾驶。罗斯福总统在那一群围观的人面前说：这部车子本身就是一项奇迹，你只要按下按钮，它就能够自己开动，根不无需费力去驾驶。

这部车子，它的奇妙设计，实在太好了，我虽然不清楚其中的原理，但真心希望有时间拆开看看，究竟是如何装配造成的。

当罗斯福的朋友们和白宫的官员们赞美这部车子时，他又说："张伯伦先生，我真心感谢你，你要花费多少时间和精力才能设计完成这部完美的车子啊？这是一项无与伦比的完美工程。"他赞赏了辐射器、特别反光镜、照明灯、椅垫的式样，驾驶座的位置、衣箱里的特殊衣柜和衣柜上的标记。也就是说，罗斯福总统认真观赏了车子里每一个细微的设计。

他知道我在这上面花费了不少苦心，他特别把这些设计指给罗斯福夫人、劳工部长和他的女秘书波金斯看。他还向旁边的黑人侍从说："乔琪，你可要好好照顾这些经过特殊设计的衣箱啊。"

在我把有关驾驶方面的情形讲过后，总统对我说："好了，张伯伦先生，我已经让中央储备的董事会等候三十分钟了，我必须回去工作了。"

我带了一位技工去白宫，我把他介绍给罗斯福总统。他没有同总统谈话，罗斯福总统只听到一次他的名字。这技工是个怕羞的人，避居在后面，当我们要离去时，总统却亲自找到这个技工，跟他握手，叫他的名字，感谢他来华盛顿。总统对这个技工的致谢，并非出于表面，而是真诚用心的。

我回到纽约后不久，便接到总统亲笔签名的相片和一封谢函。他如何能抽出时间来做这件事，使我感到十分惊奇。

罗斯福总统知道最简单、最明显也是最重要的获得好感的诀窍，就是记住对方的姓名，使别人感到自己很重要。可是，在我们之间，又有多少人能够做到这点呢?

当别人介绍一个陌生人给我们认识时，虽有几分钟的交谈，但八成临走时已把对方的姓名忘得干干净净。

一个政治学家的第一课就是：记住选民的姓名!

记忆姓名的能力，在事业上、交际上和政治上都是同样重要的。法国皇帝拿破仑三世，也就是伟大的拿破仑的侄儿，他曾经自夸的说，虽然他国事繁忙，可是他就是有能力记住他所见过的每一个人的姓名。

他有技巧吗?是的，很简单，如果他没有听清楚，他就说："对不起，我没有听清楚。"如果是个不常见到的姓名，他就这么问："对不起这字是如何拼写的呢?"

在谈话过程中，他会不厌其烦地把对方姓名反复的重复多次。同时在他脑海里，也自发自动地把这人的姓名和他的脸孔、神态、外型连贯起来。

如果这人对他是重要的，拿破仑就更上心了。在他独自一人的时候，他会把这人的姓名写在纸上，仔细的看着、记住，然后把纸撕了。这样一来，他眼睛看到的印象，就跟他耳朵听到的一样了。

虽然这些都很费时间，但爱默生说过："良好的礼貌，是由小的牺牲造成的。"

所以，避免造成麻烦，让人喜爱的最好方法就是，你要记住你所接触中，每一个人的姓名。

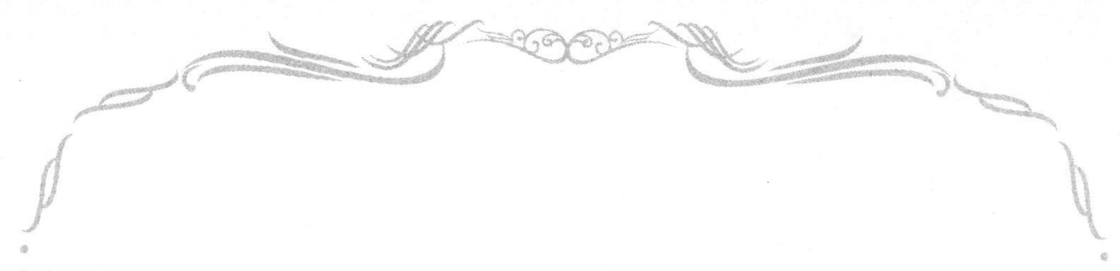

人性的弱点 第三篇

八面玲珑不是难题

如今，八面玲珑早已不能再用传统意义来衡量它的褒贬。八面玲珑，更多的是做人做事的成功哲学，是每个人可遇不可求的境界。做员工，需要八面玲珑才能让老板放心，让自己加薪；做女人，若能八面玲珑，学会掌握自主权，让自己的男人无暇他顾，便能俘获成功的爱情。所以，若能做到八面玲珑，人见人爱，何乐而不为呢？

学会做一个人生的观光客，只要与人为善，以德服人，离是非远点，靠家人近点，便有了心安，有了惬意。我们平时说话要用脑子，敏于事，慎于言，话多无益。讲话不要只顾一时痛快、信口开河，以为人家给你笑脸就是欣赏，没完没了地把掏心窝子的话都讲出来，结果让人家了解透。

这世道没有无缘无故的爱，也没有无缘无故的恨，不要参与评论任何人，做到心中有数就可以了。所谓盖棺论定的道理多简单，就是有人操之过急。谁也没有理论依据来届定好人与坏蛋，其实就是利益关系的问题。

做事情一定要事先设立道德底线，小偷也清楚有些东西是绝对不能偷的。所以说事情万万不可做绝，落井下石的事绝对不要干，给别人让出退路就等于自己前进了。对待爱你的人一定要尊重，爱你是有原因的，不要问为什么，接受的同时要用加倍的关爱回报，但是千万不要欺骗人家的感情，哪怕你对人家没兴趣，哪怕人家长得丑一点，这是你用钱买不来的财富。记住：轻视人家付出的情感就等于蔑视自己，玩物丧志，玩人丧德，爱人是一种美德。

背后夸奖你的人，知道了，要珍藏在心里，这里面很少有水分。当面夸奖你那叫奉承，再难听些叫献媚，你可以一笑而过，就当什么也没发生，也许不久就有求于你。对于那种当众夸奖你的人，就疏忽不得了，也许你转过身去，就用指头戳你。掌握一条原则：逢人多贬自己，少夸别人，选先评优的时候除外。

与人相处要摆正自己的位置，不可以总把自己当人物，总拿自己当领导，总把自己当富翁，总以为自己是情圣，总是自我感觉良好，即便真是小有作为，业绩斐然，也要谨慎，要虚怀若谷，要大智若愚，其实人的最终结局都是一样的，只是你把自己看复杂了。骗你一次的人绝不会放弃第二次骗你的机会，对骗子不要抱任何幻想。靠贬低别人提高自己的身份，其结果就是暴露自己的无知与贫乏。

当然，我们指的八面玲珑并非颠倒是非，墙头草两边倒，而是一种做人境界，能够自如转换自己的不同身份。知道什么时候，跟什么人，该说怎样的话，做什么样的事。知道哪些该当真，哪些该一笑而过。八面玲珑，其实就是学会做人，学会为人处世，学会摆正自己的位置。

争论的快感，日后的祸根

在人际交往中，常常会出现双方观点相悖、意见不一致的情况，怎样处理这种意见相左的情况，是检验一个人社交能力高低的重要尺度。善于交际的人知道采取不争论的策略，也许有人会认为这是缺乏原则性的表现，明明自己有看法，却有意隐蔽起来，这岂不是有点虚伪吗？

意见不一致的情况，具体表现很多，但不外乎两大类：一类是与己无关的情况，比如几个人闲聊，有人说拿破仑是英国人，这是一个很明显的错误，但你可以讲究一下策略，暗地里提醒一下，他若仍然坚持，你可默不作声，完全不必大张旗鼓、针锋相对地和他争论，因为争论的结果是他必输无疑，那么，何必在大庭广众之下让他丢面子呢？经过别人提醒，他一定会心虚，回去后查查书或问问别人就不难发现正确的答案，因此大可不必用争论的办法帮他纠正错误。另一类则是与己有关的情况，这时候的不争论绝不是放弃自己的意见。恰恰相反，是通过种种方法、策略，让对方自动放弃他的意见，从而按自己的意见办，只不过这“种种方法、策略”决不包括争辩吵架。因为争论的结果不仅使对方更加坚持自己的主张，还会伤了双方的和气。我们的目的既然是让他放弃，为什么要通过争论反而使其更加坚持呢？这方面生活、工作中有不少例子。

我曾经在伦敦得到过一个极有价值的教训。有一天晚上，我参加一个宴会。宴席中，坐在右边的一位先生讲了一个故事，并引用了一句话，意思大概是“谋事在人，成事在天”。

他说那句话出自《圣经》，我知道他错了。于是为了表现出优越感，我很让人厌烦地去纠正了他。他立刻反唇相讥："什么？出自莎士比亚？不可能，绝对不可能！那句话出自《圣经》。"他确信事实就是如此！

那位先生坐在右首，我的老朋友弗兰克·格蒙坐在左首，他研究莎士比亚的著作已有多年，于是，我俩都同意向他请教。格蒙说："戴尔，这位先生没说错，《圣经》里的确有这句话。"

那天晚上回家的路上，我对格蒙说："弗兰克，你明明知道那句话出自莎士比亚。"

"是的，当然，"他回答，"哈姆雷特第五幕第二场。可是亲爱的戴尔，我们是宴会上的客人，为什么要证明他错了呢？那样会使他喜欢你吗？为什么不给他留点面子？他并没问你的意见啊！他不需要你的意见，为什么要跟他抬杠？记住，要永远避免与他人发生争论。"

永远避免跟人家正面冲突。

天底下只有一种能在争论中获胜的方法，那就是避免争论。避免争论，要像你避免响尾蛇和地震那样。

十之八九，争论的结果会使对方比以前更相信自己的绝对正确。你是绝对赢不了争论的。如果你的胜利，使对方的论点被攻击得千疮百孔，证明他一无是处，那又怎么样？你会觉得扬扬自得，但他呢？他会自惭形秽，你伤了他的自尊，他会怨恨你的胜利。而且"一个人即使口服，但心里并不服"。

潘恩互助人寿保险公司立了一项规矩："永远不要争论！"

真正的推销精髓是坚决要不得争论的，甚至最不露痕迹的争论也不可以。人的意愿永远不会因为争论而改变的。

几年前，有位爱尔兰人名叫欧·哈里，他受的教育不多，可就是喜欢和人抬杠。他当过人家的汽车司机。欧·哈里承认，他在口头上赢得了不少的辩论，却并没能赢得顾客。

而欧·哈里现在是纽约怀德汽车公司的明星推销员。他是怎样咸鱼翻身成功的呢？这是他的说法："如果我现在走进顾客的办公室，而对方说：'什么？怀德卡车？不好！你要送我我都不要，我要的是何赛的卡车。'我就会说：'老兄，何赛的货色的确不错，买他们的卡车绝错不了，何赛的车是优良产品。'

"这样他就无话可说了，没有抬杠的余地。如果他说何赛的车子最好，我说没错，他只有住嘴了。他总不能在我同意他的看法后，还争辩一个下午的：'何赛的车子最好。'那么，我们接下来就不会再谈论何赛，而我就有了机会开始介绍怀德的优点。

“若是早些年听到他那种话，我早就气得脸一阵红、一阵白了。我会不停地挑何赛的错，而我越是挑剔别的车子不好，对方就会越说它好。争辩的越激烈，对方就会越喜欢我竞争对手的产品。

“现在回忆起来，真不知道过去是怎么干推销的！以往我花了不少时间在抬杠上，现在我守口如瓶了，果然有效。”

正如明智的本杰明•富兰克林所说的：“如果你总是抬杠反驳他人，也许偶尔能获胜，但那只是空洞的胜利，因为你永远得不到对方的好感。”

因此，在争吵开始之前，你自己要衡量一下，你是宁愿要一种表面上的胜利，还是要别人对你的好感？

你可能有理，但要想在争论中改变别人的主意，你一切都是徒劳。

威尔逊总统任内的财政部长威廉•麦肯罗以多年政治生涯获得的经验总结出了一句话：“靠辩论不可能使无知的人服气”。

不论对方才智如何，都不可能靠辩论改变他的想法。

释迦牟尼说：“恨不消恨，端赖爱止。”争强急辩不可能消除误会，而只能靠技巧、协调、宽容，以及用同情的眼光去看别人的观点才可达到影响他人的目的。

让他人乐意与你合作

你对你自己所坚持的信念，是否比别人替你说出的更深信不疑？如果是的话，那么你把你的意见硬生生塞进别人嘴里，岂不就是大错特错？相反，如果委婉地提出意见，启发别人自己去得到与你相同的结论，不是一个更聪明的办法吗？

这有一个例子：费城有位赛尔滋先生，是我讲习班的一位学员，突然觉得必须给一群意志涣散而失望的汽车推销员灌输些热情和信心。他召开了一次推销员大会，怂恿他的员工们告诉他，希望从他身上得到些什么；他在会议中，把员工们所提出的意见都写在了黑板上。

然后他说："我可以给你们所希望得到的，只是希望你们告诉我，我在你们身上，能够得到些什么？"

他很快就有了满意的答案，那便是忠心、诚实、乐观、进取、合作，每天八小时的热忱工作。其中有人甚至愿意每天工作十四小时。这次会议的结果，使员工们充满了新的勇气，新的激励，赛尔滋先生这样告诉我：目前销货激增，公司业绩蒸蒸日上。

赛尔滋先生说："我和他们做了一次精神上的交易。我对他们尽我所能，所以他们也尽了最大的力量。这是跟他们商谈之后的结果，是他们极愿意接受的。"

没有人喜欢被强迫去买一样东西，或是被人派遣去做一件事。我们都喜欢随自己的心愿买东西，按照自己的意思去做事情，希望有人跟我们谈谈我们的愿望、需要、想法。

我过去有名学员，威尔逊。以威尔逊先生的情形来说，在他尚未参加我这个讲习班研究人类关系学之前，他损失了无数他应该获得的薪金。威尔逊是一家服装图样设计公司的推销员，他几乎每星期都去找纽约某位著名的设计家，这样已经有三年的时间了。经过了一百五十次的失败后，威尔逊觉得自己必是神智不清，所以他决定每星期利用一个晚上的时间去研究如何影响人的行为，以及如何开展新的意念，产生新的热诚。

后来，他决定重新展开一种方法。他拿了几张那些设计家们尚未完成的图样，走进那位买主的办公室。威尔逊对那位买主说："我想请你帮我一点忙，这里有几张尚未设计完成的图样，请你告诉我，如何把它完成后，才能适合你的需要？"

这位买主把图样看了半晌，没有任何表示，顿了顿才说："威尔逊，你把图样放在这里，过几天再来找我。"

一天后，威尔逊又去了他那里，听从了建议后，把图样拿回去，按照那位买主的意思修改完。

这笔交易结果如何？不用说这位买主欣然接受了。

那是九个月以前的事，自从那笔生意完成后，这位买主又订了十张图样，都完全是照着他的意思修改的，威尔逊这就这样赚了一千六百多美元的佣金。

威尔逊说："现在我才知道过去失败的原因，我总是强迫他买我认为他需要的画。可是现在我所做的，跟过去完全不一样了。我请他提供他自己的意见，使他觉得那些图样是他自己设计的。现在不用我要求他买，他自己就会来向我买。"

当罗斯福做纽约州长的时候，他完成了一项特殊的功绩，他和政党的重要人物们相处得很好，使他们同意原来他们所反对的案件。我们且看他是怎么做到的。

当有重要职位需要补缺时，他就请那些政党要人推荐。罗斯福说："起初他们推荐的，是党内并不受到欢迎的人。我就跟他们说，如果想要政绩有突出的表现，你们推荐这个人并不适合，同时也会受到民众所反对。后来他们又推选了一个出来，那人看来虽然并没有可批评的地方，可是也没有令人赞佩的优点。我就告诉他们，任用这样的人，会有负公众的期望，所以请他们再推选出一个更适合这职位的人。

他们第三次推荐的人，看来是差不多了，可是还不十分理想。于是，我对他们表示感谢之意，让他们再试一次。第四次他们所推荐的，正是我所需要的人，而对他们的协助，表示感激之后，我就任用了这个人。而且，我还使他们享有了任命的名义。趁此机会，我就对他们说，我已经做了使他们愉快的事，现在轮到他们顺从我的意见，做几件事了。

我相信那些党政首要，也乐意这样做，因为他们赞助了政府重大的改革，诸如选举权税法及市公务法案等。"

记住，罗斯福任何事都很费事地去征求别人的意见，且对他们的建议表示尊重。当罗斯福委派重要职司时，他使那些党政首要，真实地感觉到，这是他们所挑选的人，这是他们的意见。

长岛有一位汽车商，用了同样的方法，把一辆旧汽车，卖给了一对苏格兰夫妇。过去这位汽车商，把汽车一辆又一辆地给那苏格兰人看，他们总是认为有毛病，不是嫌这辆不合适，就是那辆什么地方有了损坏，再不就是价钱太高。当时这位汽车商，正在我讲习班上听课，便在班上声请援助。

我们建议他，别强迫那种意志不稳定的人买你的汽车，要让他自己来买，也不必告诉他要买哪一种牌子的汽车。总之，要让他觉得这是他自己的意思。

结果效果很好，这样过了几天后，有一位顾客想把他的旧汽车换一辆新的，那汽车商就想到那个苏格兰人，也许他喜欢这旧式的汽车。他打了个电话，给那个苏格兰人，说是有个问题想请教他。

那苏格兰人接到他电话就来了，汽车商说："我知道你对于购买东西很内行，你看这部旧汽车可以值多少钱，你告诉我后，我可以在交换新车时，有个准确的估价。"

那位苏格兰人听到这些话后，满面笑容。终于有人向他请教，有人看得起他了。他坐进车内，驾着这部车子兜了一圈，回来后说："这部车子，如果你能以三百元买进，那算是你捡到便宜了。"

汽车商问他"如果我以你说的数目买进这部车子，再转手卖给你要不要？"

三百元？当然，这是他的意思，他的估价，这笔生意立刻就成交了。

一位 X 光仪器制造商，运用同样的技巧，把一批机械仪表，卖给勃洛克林市的一家大医院，获得一笔很高的利润。这家医院准备扩充一个新的部门，要引进一套最好的 X 光仪器，这事由 L 医生负责，他被那些推销员包围了，每个人都说他自己的东西是最好的。

可是其中有一位制造商比较精明能干，他懂得待人处世的技巧。他写了一封信给 L 医生。这封信的内容是这样的：

"敝厂最近完成了一套 X 光这种仪器的第一批货，已运来我们办事处，可是不敢说十分完善，所以我们很想再加以改良。所以如果你能抽个时间，来我们这里参观一次，并告诉我们如何才能使其更适合你们的应用，我们会非常感激。我知道你平时工作繁忙，请你告诉我你指定的时间，我很愿意派车来接你。"

L 医生在我的班上，说出这件事的经过："我接到那封信后，感到很惊讶，不但出于我所意料之外，同时也很高兴。从来没有 X 光仪器制造商，会征求我的意见，这使我觉得受人重视而且感到很光荣。那一个星期，我每晚都很忙，我还取消了一个约会，特地去看那套新的仪器。当时我愈看，心里愈喜欢。没有任何人强迫我买，我觉得替医院购进那套仪器，完全是我的意思，我认为那套仪器很好，就决定买下来。"

当威尔逊在白宫时，赫斯上校对内政和外交上有很大的影响。威尔逊总统十分重视赫斯上校，所有重要的事都跟他商量，他受到威尔逊总统的重视，远在内阁阁员之上。

赫斯上校究竟用了什么方法能影响威尔逊总统到这种程度？很侥幸的，赫斯上校在一次偶然的机会中，曾对史密斯透露过，而史密斯在星期六晚报中的一篇文章上，引用了赫斯的话。

赫斯曾经这样说："我认识了总统以后，渐渐地发觉，使他坚信一种意念的最好办法，就是不经心地将这意念移植到他的心里，使他感到兴趣，并且让他自己去思索。这种方法第一次产生效果，是一件令人感到意外的事。我曾去白宫拜访他，劝他采取一项政策，而这项政策，他似乎并不十分赞同。几天后，在一次聚会中，我很惊讶的发现威尔逊总统，亲自说出我那项建议来，并且表示那是他自己的意思。"

赫斯上校是否立即打断总统的话，指明那是他所提出的意见，而不是总统的意见？当然没有，赫斯上校绝不会那样做，他并不在乎功劳，只问结果。所以他让总统坚信，那是他的意见，而且还公开称赞总统的睿智。

我们要记住，我们明天所要接触的人，也许就像威尔逊总统那样，所以我们要掌握赫斯上校的方法。

数年前,纽勃伦司维克有一个人,就用了这个方法,而得到了我的光顾。那时，我计划去纽勃伦司维克划船钓鱼。我写信给旅行社，打听那方面的情形，顺便请他们替我安排行程。

显然，我的姓名、住址，已被列入一份公开的名单中，所以我立刻就接到该地野营和向导所写给我的信件、小册子等等。那时的我不知道该选择哪一家才好。后来，有一位野营主任做了一桩很讨巧的事。他送给我几个他曾经招待过的，住在纽约的人士的姓名和电话号码。他请我打电话给他们，自己去调查他在野营时所服务和供给的情形。

我很惊讶的发觉到这项名单中有我所认识的人。于是我就打了个电话给他，向他打听那次野营的经过情形。有了答案后，再打电话给那位野营主任，告诉他我的行程日期。虽然别家的野营主任，都以真诚的服务希望我能光顾他们，可是只有那位野营主任，我甘心接受他的服务。

所以，你想要影响别人而使人同意于你，乐于与你合作，就要使对方以为这是他的意念。

做一个理智的人

如果你在盛怒之下对人发了脾气，于你来讲，固然发泄了心头的怒火，可是那个承受你怒气的人又会如何呢？你那挑战的口气和仇视的态度，他又怎么会受得了呢？

威尔逊总统这样说过："如果你握紧了两个拳头来找我，我可以告诉你，我的拳头只会握得更紧。但假如你建议我们坐下一起商量，我们不久就可看出，彼此的意见相距并不很远，不同的地方很少，而相同的地方却很多。也就是说只要谦忍克制，再加上彼此的诚意，我们就可以更接近了。"

约翰•洛克菲勒对威尔逊总统这句话所包含有的真理极为赞佩欣赏。那是一九一五年的事，洛克菲勒在柯洛雷多州声名狼藉，受到人们极度的轻视。那次是美国工业史上流血最多的工潮，震惊了该州两年之久。

那时房产遭矿工所毁，最后不得已调动军队前来镇压。流血事件接连发生，矿工死伤在枪口下的很多。

在那时，仇恨的气氛缭绕在每一角落，可是洛克菲勒却成功获得那些矿工的谅解，他如何完成这件事的？所有经过的情形是这样的：

洛克菲勒用了几个星期的时间去结交朋友，然后他对工人代表们演说。这一篇演讲稿，是他成功的杰作，它发生了惊人的效果，把工人们的愤怒，完全平息下来。他完成这篇演说，获得很多人的赞赏。在这篇演讲中，他表现了极友善的态度。其中最重要的一件事，就是加薪的问题，可是这些工人们，就没有在这件事上提到一个字。

这里就是这篇著名的演讲稿，注意它在语句间流露出来的友善精神。

别忘记，洛克菲勒这篇演讲，是说给几天前还想要把颈子吊在酸苹果树上的人听的。可是他所说的话，比医生、传道者，更和蔼而谦逊。

洛克菲勒开始就说，这是我一生中最值得纪念的一天，这是我第一次有这样的荣幸，和公司方面劳工代表、职员及督察们会聚在一起，像这样的聚会使我毕生难忘，使我感到荣幸。如果在两个星期前举行这个聚会，我站在这里简直就是个陌生人，我即使有认识的，在你们中间也不多。

这次的聚会，包括了公司的职员和劳工代表，我能来这里，都是承你们的厚爱，因为我不是公司的职员，也不是劳工代表。可是我觉得，我和你们之间的关系是非常密切的，因为我是代表股东和董事方面的。

如果洛克菲勒运用了另外一种方法，他和那些矿工，展开一次辩论，就在他们面前，用可怕的事实痛责、威胁他们，同时指出他们所犯的错误，结果又将会如何呢？不难想象，只会激起更多的愤怒，更多的仇恨，会有更多的反抗。

如果一个人，他心里已对你有成见、恶感，你就是找出所有的逻辑、理由来，也不能使他接受你的意见，更别提如何用强迫的手段。但是我们如果用和善的友谊温和的言语，我们便有可能引导他的认同。

林肯大概在一百年前，就说过类似的话，他说：

这是一句古老而真实的格言，“一滴蜂蜜，比一加仑的胆汁，能捕捉到更多的苍蝇”。对人也是如此，如果要人们同意你的见解，先让他相信你是他的忠实朋友，那么就一定会有一滴蜂蜜，滋润了他的心，你也就走向宽畅理智的大路了。

以商人来说，如果知道如何运用和善的态度来对待罢工者，是值得的。现在举个例子来说：

怀特汽车公司两千五百个工人，为了增加工资，工会组织罢工的时候，那家公司的经理白雷克并没有震怒，斥责恫吓，甚至于指责他们是一项暴行，反而他对工人们赞赏有加。他在克里弗雷各报上登了一则广告，称颂他们那时放下工具的和平方法。

他看到罢工的纠察人员，闲着没有事做，就去买了几套棒球，请他们在空地上打球。有些爱玩保龄球的，他还替他们租了一间屋子。

白雷克和善的态度，获得了友善的效果。那些罢工的工人找来很多的扫把、铁铲、垃圾车，自动自发的打扫工厂四周的垃圾。试想，那些罢工的工人，正在要求加薪和承认工会之时，还整理工厂四周的环境。这种情形，在美国劳资纠纷中实在是少有见到的。那次罢工，在一个星期内以和解告终，没留一丝恶感和怨恨。

韦伯司脱的样子像一位天神，说话像耶和华，他是一位最成功的律师。他只提出自己有力的见解，而从来不做无谓的争辩。他平时善于运用极温和的措辞，来引述他自己最有力的理由。韦伯司脱所说的话，从来没有胁迫、没有高压，不把自己的意见强加在别人身上。他总是用轻松友善的方法，而这方法使他成名。

你可能永远不会被请去解决一桩工潮，也不可能去跟法院陪审员发言。可是，也许你希望能够减低你的房租，这种友善的方法便可以帮助你。

工程师司托伯嫌自己住的房子房租太高，可是他知道房东是个食古不化的老顽固。司托伯在讲习班上说，我写了一封信给房东，告诉他在我租约期满就要搬出我的公寓，其实我并不想搬，如果能减低房租的话，我还是愿意继续住下去的。可是我知道可能性很小；原因是其他房客都试过了，无一例外全都失败了。他们告诉我，房东是个很难应付的人。可是我对自己说，我正在研究如何应付人的课程，我不妨就在那房东身上试一试，看看效果如何?

房东接到我的信后，带了他的秘书一起来看我。我在门口用司华伯那种热烈欢迎的方式欢迎他。一开始，我并没有说到房租的事上；开始我先说如何喜欢他这公寓。我赞赏他管理房子的方法；同时我告诉他，我非常愿意继续住下去，可是我的经济能力使我无法负担。

我相信他从没有受到房客这样的欢迎，他几乎是手足无措了。接着，他也告诉了我，他所遭遇到的许多困扰，他说有些房客一直向他埋怨。他还说，其中有个房客，曾写过十四封信给他，有的简直是侮辱。还有一位房客恐吓他，除非上面一层楼的人睡觉不打鼾，不然就立即取消租约。

房东对我说："有你这样一位满意的房客，在我来讲那是再好没有了。"然后不等我开口，他就主动的减少了一点租金。我希望租金再减低些，我说出所能负担的数目，他没有多说一句话就接受了。

他临走时，还这样问我："你房间里，有没有需要装修的地方?"

当时，我如果用了其他房客所用的方法，要求房东减低房租，我相信我会遭遇到和他们同样的情形。是友善、赞赏、同情的方法，才使我得到了这个效果。

让我们再举一个例子！那是一位女士的经验之谈，一位社交上极有声望的女士，她是长岛沙滩花园城的黛夫人。

黛夫人说："最近我请几位朋友午餐，这对我来讲，是个重要的聚会，自然我希望聚会中所有事情都能事事如意。

管事爱弥尔在这类事情上，常是我一个得力的助手，可是这次他使我失望了。

那次午餐饭菜弄坏了，爱弥尔他也没有到场，只差了一个厨师侍者来。这个侍者对高等宴会的情形完全不清楚，把这次宴会弄得糟透了。我心里恨透了，但在客人面前不得不勉强陪笑，我对自己这样说："等我见到爱弥尔，一定饶不了他。"

这是星期三的事。第二天，我听了关于人类关系学的演讲，当我听完了后，我领悟到责备爱弥尔对我完全没有帮助。如果事情严重了，反使他愤怒、怀恨，而以后也无法找他帮忙了。

我试从他的立场着想：午餐的菜不是他买的，也不是他亲自下厨做的，只怪那侍者太笨，才把那次宴会弄糟。或许是我把事情看得太严重，未加思索就急于发怒，于是我决定还是友善地对待他，相信这办法一定非常有效。

第二天我见到爱弥尔，他显得愤愤不平，似乎要跟我争论、分辩那件事。我则这样对他说："爱弥尔，你知不知道，当我请客的时候有你在多好。你是纽约最能干的管家，这情形我也清楚，那天宴会的菜不是你亲手买回来做的；那天发生的事，在你来讲也是没有办法的。"

爱弥尔听到这话，脸上的阴霾完全消失，他笑着对我说："真的，太太，毛病就出在那个厨师身上，那不是我的错。"

我就接着说："爱弥尔，我准备再举办一次宴会，我需要你提供意见，你以为我们应该再给厨师一个机会吗？"

爱弥尔连连点头，说："那当然，太太，你放心，上次那种情形一定不会再发生了。"

下一星期，我又设宴请人午餐，爱弥尔向我提供有关那份菜单的资料，我给了他半数小费，不再提到过去那次的错误。

我们来到席间，桌上摆着两束美丽的鲜花，爱弥尔亲自在旁照料，对来宾殷勤侍候，好像我是在宴请玛丽皇后。菜肴美味可口，服务周到，共有四个侍者在旁侍候，而不是一个。最后由爱弥尔亲自端上可口的点心作为结束。

散席后，我的那位主客含笑问我：你对那位管事，施了什么法术？我从来没有见过这样好的服务。

是的，他说对了。正是由于我对爱弥尔的友善，和对他诚恳的赞赏，才有了这个效果。"

在遥远的波士顿城里，就曾发生了一件事，波士顿是美国文化教育的历史中心，小的时候我不敢梦想有机会去那里一次。而证实那段真理的波士顿B医生，就在三十年后，做了我讲习班里的一个学员。这里是B医生在班上所讲的故事：

在那时候，波士顿的各报上几乎都登满了伪药密医的广告，如专门替人打胎和庸医的广告，用骇人听闻的话恐吓病人，使他们害怕，主要的目的就是骗钱。病患在接受治疗后，只能听任那些密医摆布而打胎，造成很多的死亡，可是这些庸医密医被判罪的很少，他们只需要花一点钱，或运用一点政治的势力，就可摆脱这个罪状。

这情形日益严重，波士顿城里上流社会的人士群起反对，布道的牧师在讲台上抨击、痛责那些刊登污秽广告的报纸，他们祈求上帝能使那些广告停止刊登。其他包括市民团体、商人、妇女会、教会、青年会等均纷纷痛责，可是都无济于事。州议会中，也有激烈的争辩，要使这种无耻的广告成为非法的，可是对方有政治势力的背景，亦没有产生任何效果。那时B医生是一个基督教团体里的主席，他试用一切方法，但都失败了，对付这种医药界败类的运动，眼看就要毫无希望了。

有一个晚上，时间已经很晚了，B医生处心积虑的想着那件事，还没有休息。终于给他想出一个所有波士顿人没有想到过的办法——他要试用友善、同情、赞赏的办法；他要使报馆自动停登那一类的广告。

B医生写了一封信，给波士顿销路最好的一家报社，他对那家报社倍加赞誉，说那份报纸的新闻翔实，尤其报上那篇社论更是令人瞩目注意，那是一份最好的家庭报纸。B医生在信上又这样表示，贵报是全州最好的报纸，也是全美国最完美的新闻读物。

但他接着说：可是，我有个朋友，他告诉我说他有一个年轻的女儿，有个晚上，他女儿朗诵你们报上一则广告，那是一则专门替人打胎的广告，那女儿不清楚这广告上的含意，就问她父亲那些字句的意思。我朋友给他女儿问得窘迫至极，他不知道该向这纯洁、天真的女儿做如何的解释。

你们那份报纸，在波士顿高尚的家庭中，是一份受欢迎的读物。在我朋友家庭发生的情形，是否在别的家庭里也有这样类似的情形发生？如果你有这样一个纯洁、天真、年轻的女儿，你是不是愿意她看到那些广告？当你女儿向你提到同样的问题时，你又该做如何的解释？

贵报在各方面都很完美，由于有这类情形的存在，常使做父母的，不得不禁止他们子女读阅贵报。对于这一点，我为贵报感到十分惋惜，其他上万的读者，我相信他们也会有跟我同样的想法。

两天后，这家报社的发行人，给B医生回了一封信，这封信上的日期是一九〇四年十月十三日。这封信他保存了三十多年，当他是我讲习班上一位学员时，他把那封信拿给我看。这封信的内容是：

本月十一日由本报编辑交来你的一封信，诵阅之余，非常感激，这是多年来本报延宕至今，一直未能实施的一件事。

自星期一起，本报所有报道中，将删除一切读者所不欢迎、反对的广告。至于暂时不能停止的医药广告，经编辑郑重处理后，始行刊登，以不引起读者反感为原则。

谢谢你关切的来信，使我获益良多。

发行人海司格尔

伊索是希腊克洛赛斯宫中的奴隶，在基督降生前六百多年，编著了一部不朽的作品，那就是留传到今天的《伊索寓言》。他对于人性的教育，就如同波士顿的情形，在二千五百年前的希腊雅典一样。太阳比风更能使你脱去你的外衣！

慈爱、友善的接近，能使人改变他原有的心意，那比暴力的攻击更为有效。

记住林肯所说的那句话：“一滴蜂蜜，比一加仑胆汁，可以捉到更多的苍蝇。”

让别人拒绝你的最好方法就是发怒！

勇于承认自己的错误

在离我家一分钟行程的地方，是片原始未开发的森林。春天的时候，黑草莓的小树丛便会镶上一层白霜，小松鼠也开始筑巢养育下一代。这片还没遭到破坏的树林叫作“森林公园”，只是可能已不是哥伦布发现美洲大陆时的原来面貌了。我常带了小猎犬雷克斯到森林里散步，由于一向很少在森林公园内碰见其他的人，我也就不使用皮带或口罩，而让小雷克斯自由奔跑。

一天，我们在公园内碰到一位骑警，那位警察显然很想表示一下自己的权威。

“为什么让这只狗到处乱跑？为什么不用皮带或口罩？你知道这是犯法的吗？”他指责到。

“是的，我知道。”我温和地回答，“但我以为在这种荒无人烟的地方，不会有什么危险。”

“你以为？你以为！法律可一点也不在意你怎么以为。这只狗很可能会咬伤小孩或松鼠，知道吗？我这次可以不处罚你，但若是我再次见到它不戴口罩或系上皮带，你可就要直接去向法官解释理由了。”

我再次温和地表示一定遵守规定。我是想遵守法律规定的，但雷克斯不喜欢口罩，我也不喜欢。所以，我们决定冒一下险。一日下午，我又带了雷克斯到公园里去，我们跑过一座小山丘的顶部，忽然，最尴尬的一刻发生了。我又见到那位法律所赋予的权威，正骑着一匹红棕色的马，而雷克斯正笔直地朝他跑过去。

我被逮个正着，是无法逃脱的了。所以不等他开口，我便抢先发言：“警官先生，我是被你逮个正着，罪证俱在，没什么借口了。上星期你还警告我，假如不戴口罩、不系上皮带的话，不可让狗到这里来，否则便要接受处罚。”

“是啊，我是这么讲过。”骑警的语气相当温和，“我知道，像这么一只小狗，让它在荒无人烟的地方跑跑，的确是很大的诱惑。”

“是的。”我回答，“只是，这违反了法律的规定。”

“啊，一只这么小的狗，应该不会伤到什么人。”骑警不表示同意。

“但它可能咬伤了小松鼠。”我又说道。

“啊，别把事情看得太严重了。”警察告诉我，“我告诉你怎么办。把这只小狗带到我看不见的地方去，这样我们就不用再提这件事了。”

看，这位警察先生，他身为一个人，需要的是一种“深具重要性”的感觉。所以，当我一再谴责自己的时候，能继续满足他自尊心的就是对我采取一种宽大的态度。

假如我设法保护自己呢？不，你能想象和一位警察先生争论吗？所以，我并不想与他发生冲突。相反的，我承认他是对的，而我是犯了错毫不掩饰也毫不退缩。这件事就在我们彼此立场对换的情况下，完满结束了。

假如我们知道要受谴责，那么，由我们自己来谴责自己，不是比让别人来做要好得多吗？

如果你知道有某人想要或准备责备你，就自己先把对方要责备你的话说出来，那他就拿你没有办法了。十之八九他会以宽大、谅解的态度对待你，忽视你的错误，就像那位警察对待我和雷克斯那样。

费丁南•华伦，一位商业艺术家，他应用这个技巧赢得了一位肝火很旺的艺术品顾主的好印象。“精确、一丝不苟，是绘制商业广告和出版物的最重要的项目。”华伦先生事后说。

“有些艺术编辑要求他们所布置下来的任务立即实现。在这种情形下，难免会发生一些小错误。我了解，某一位艺术组长总是喜欢从鸡蛋里挑骨头。每次我离开他的办公室时，总是觉得倒足了胃口。不是因为他的批评，却是由于他攻击我的方式。最近我交了一件很急的定稿给他，他打电话给我，要我立即到他办公室去。他说是出了问题。当我到办公室之后，不出所料，麻烦来了。他满怀敌意，恶意地责备我一大堆，这正好是我运用所学自我批评的机会。于是我说：‘某某先生，假如你的话不错，我的失误一定不可原谅。我为你工作了这么多年，确实该知道怎么画才对。我觉得惭愧。’

“他立即开始为我辩护起来：‘是的，你的话并没有错，不过毕竟这不是一个严重的错误。只是……’

“我打断了他。‘任何错误，’我说，‘代价大概都很大，叫人不舒服。’

“他开始插嘴，但我不让他插嘴。我很满意。有生以来我第一次在批评自己——我从前不喜欢这样做。

“‘我应当更小心一点才对，’我继续说，‘你给我的工作很多，照理应当使你满意，于是我打算重新来。’

“‘不！不！’他反对起来，‘我不想那样麻烦你。’他赞扬我的作品，告诉我他只需要稍微修改一点就行了，又说一点小错不会花他公司多少钱；毕竟，这仅是小错——不值得担心。

“我急切地批评自己，使他怒气全消。结果他邀我共进午餐，分手之前他给我一张支票，又交代我另一项工作。”

一个人有勇气承认自己的错误，也能够获得某种程度的满足感。这不只能够清除罪恶感和自我卫护的气氛，而且有助于解决这项错误所制造的问题。

住在新墨西哥州的布鲁斯·哈维，曾经错发给一位因病请假的员工全职的薪水。哈维发现错误之后，急忙通知那位员工，并向他说明必须从下次的薪水中扣除。那位员工要求哈维不要这么做，因为那会使他的经济发生困难。员工要求是否可以过一段时期再扣除，哈维则表示必须得到上级的同意。“关于这一点，我知道必会引起老板的不快。”哈维向训练班的学员报告道：“为了解决这个困境，我思考了很久，并且体认到错误的确因我而起。我决定先向老板认错再说。”

“我进到老板的办公室，告诉他我犯了过错。然后把事情原委详细地向他报告。他听了十分生气，认为那是人事部门的错，但我向他说明那是我的错；他又发会计部门的脾气，认为那是会计部门的错，我又向他解释那是我的错；他接着指责办公室另两名职员，但每一次，我都不厌其烦地向他重复说明那是我的错。最后，他望着我说道：‘好吧，就算是你的错，你把它改正过来吧！’事情就这样解决了。没有人因此而惹麻烦，我也觉得轻松无比。因为我处理了一个紧张的状况，并且有勇气不找借口，直接面对现实。自从这件事发生过后，老板对我比以前更加信任。”

只有傻子才为自己的过错辩解。因为认错不但会使你显得与众不同，而且能给人以崇高的感觉。举例来说，历史上对罗伯特·李有一段完美的描写，那是皮凯特将军攻击盖茨堡失败之后，罗伯特·李坦然负起责任，出来认错接受指责的感人经过。

盖茨堡之战，无疑是西方世界最光辉动人的一次战役。乔治·皮凯特将军本人，则是这场动人战争的灵魂人物。他赤发垂肩，每天都在战场上写下热情如火的信件给所爱的人。就在那个悲剧性的七月下午，他骑着马，意气风发地朝联军的防线冲去，忠心的部队则随后紧跟而上。他的帽子潇洒地斜戴在头上，身后跟着欢呼拥戴他的军队。只见旗帜飘扬，尖锐的刺刀在阳光下闪闪发亮，场面实在是壮阔不已。纵使是联军看了，也会为之惊叹。

皮凯特的军队毫无阻碍地向前进。他们穿过了果园和玉米田，越过了草原和峡谷。每逢遭遇敌军的时候，纵然死伤无数，但随后的人马立刻填补空缺，毫不退缩。

忽然，联军的军队由一处墓园石墙后面冲出来，并且用步枪不停地向皮凯特的军队扫射。顿时，整个丘陵上成了一片火海、屠杀场和有如火山爆发后的炽热场面。没多久，皮凯特的 5000 名兵将已折损有大半。

阿米斯泰德将军带领其余的兵士做最后一次攻击。他向前冲，超过石墙，并且把帽子放在剑尖上挥舞着："杀过去，孩子们！"

那些士兵都奋勇地冲上前去，越过石墙，用利刀戳进敌人的胸膛，用枪托击碎敌人的头骨，然后把南方军的旗帜插在战场上。

军旗只在那儿飘扬了一会儿。即使那只是短暂的一会儿，但却是南军战功的辉煌纪录。皮凯特的冲刺——勇猛、光荣，但是却是结束的开始。李将军失败了。他没办法突破北方，而他也明白这点。

南方的命运决定了李将军大感懊丧，震惊不已，他将辞呈送交南方的戴维斯总统，请求改派"一位更年轻的有为之士"。假如李将军要把皮凯特的进攻所造成的惨败归咎于任何人的话，他能够找出数十个借口：有些师长失职啦，骑兵到得太晚不能接应步兵啦……

但是李将军太高明，不愿意责怪别人。当残兵从前线退回南方战线时，李将军亲自出迎，自我谴责起来。"这是我的过失，"他承认说，"都是因我的失误，败了这场战斗。"

历史上很少有将军有如此勇气和情操，自己独自背负战争失败的责任。

艾柏•赫巴是会闹得满城风雨的最具独特风格的作家之一，他那尖酸的笔触常常惹起民众强烈的不满。可是赫巴那少见的做人处世技巧，又经常能将他的敌人变成朋友。例如，当一些愤怒的读者写信给他，表示对他的某些文章不以为然，痛骂他一顿时，赫巴就这样回复：

回想起来，我也不全部同意自己。我昨天所写的东西，今天不见得全部满意。我很高兴的看到你如此认真的阅读我的作品，并给我提出了如此宝贵的意见。下回你若在附近时，欢迎驾临，我们可以交换意见。 致诚意。

赫巴谨上

面对一个这样对待你的人，你还能说什么呢？

当我们对的时候，我们就要试着温和地、讲技巧地使对方赞同我们的看法；而当我们错了，就要立刻而勇敢地承认，绝不推脱。这种技巧不仅能产生惊人的效果；而且，信不信由你，任何情形下，都要比为自己争辩还有趣得多。

如果你错了，立刻坦然承认。

创造奇迹的公式

我们要记住，当对方并不承认有错误时，你别斥责他是错误的。在这种情形下，可能只有愚蠢的人才会去责备别人。聪明的人决不会如此，他会试着去了解对方，去原谅对方。

为什么这个人有那样的思想和行动，一定有他的理由。我们探求出那个隐藏着的理由来，就会对他的行动和人格有很清楚的了解了。你把自己处在他的情况下，你这样对自己说：

"如果我处在他的困难中，我将有如何的感受，又作如何的反应？"

有了这样的想法，可以省去许多时间和烦恼。由于你已知道了那个起因，就不会憎厌这个结果了。此外，你可以增加许多人类关系上的技巧。

古德在他的《如何将人变成黄金》一书上说过："停下一分钟，把你对自己事的关心程度和对于他人的淡然漠视，冷静做一个比较，你就会知道，世界上其他的人也都是如此的。然后，你就可以跟林肯、罗斯福一样，把握住任何事业的稳固基础。"

多年来，我常在离我家不远的一座公园里散步、骑马，作我大部分时间的消遣。所以，自然地渐渐对树木有了爱护的心，当我听到火烧树林的消息，心里会感到非常难受。这些火灾，不是由于粗心的吸烟者的不小心，多半是孩子们来林间生火做野餐所造成的。有时候树林起火，烧得很厉害，需要消防队来才能扑灭。

在公园的边上，有一个布告牌这样写着，引起树林火灾，将受到罚款或监禁的处罚。可是那块布告牌，立在很偏僻的地方，很少有人会看到。只有一位骑马的警察漫不经心的在公园里每天晃悠。

有一次，我急急地去警察那边，告诉他有火正在急速的蔓延，要他马上通知消防队。可是他的反应,却是极冷淡。他说那不是他的事，因为不是他的管区。自那次以后，我每逢骑着马来公园，便自己执行起保护公产的职责。

起初，我从未想过孩子们的想法，每次我看到他们在树下生火做野餐时，心里就非常不高兴，立刻想要做些应该做的事。其实，我做错了！我就立即骑马去那些孩子们那，告诉他们树下生火是要被拘禁关起来的，我以严肃的口气，要他们把火熄了。我还严肃的威胁他们，如果不听，我马上要把他们抓走。

结果如何呢？那些孩子们虽然遵从了，可是心里并不服气，当我骑着马离开后，他们又生起火来，甚至还想把整个公园烧掉。

几年后，我开始觉得自己应该多学些待人的技巧，学学各种与人相处的手腕，常从别人的观点去看事物。于是，我不再命令人家。如果几年后的现在，我在公园里看到孩子们玩火的情形，我会这样说："小朋友，你们玩得高兴吗？你们的晚餐打算做些什么？我在小的时候，也喜欢生火野餐，现在想起来还觉得蛮有意思的。可是你们要知道，在公园里生火，那是很危险的，不过我知道你们都是好孩子，不会惹出什么麻烦的。可是别的孩子们，我相信就不会像你们这样小心了。他们看到你们在生火玩着，也跟着玩起火来，回家时候没有把火熄灭，就很容易把干燥的树叶烧着，结果连树也烧了。假如我们再不小心，好好的爱护树木，这个公园就没有树了。你们知不知道公园里玩火是禁止的，要坐牢的。但我不是干涉你们的游戏，我希望你们玩得很高兴。只是你们最好不要靠近干的树叶处，同时你们回家时，别忘了在火堆上盖些泥土。如果你们下次再想玩时，我建议你们去那边沙堆起火，好不好？那里就不会有危险，小朋友，谢谢你们，希望你们玩得很快乐。"

如果我当时说出那些话来，相信一定会有惊人的效果，而且那些孩子，会很乐意的跟我合作，不再会有反感，没有抱怨，他们不会感到有人强制他们服从命令。这也保全了他们小小的自尊心。那时他们会觉得满意，我也觉得满意。

当我们希望别人完成一件事的时候，不妨闭上眼睛，稍微想一想，把整个的情形，由对方的出发点来想一想！然后问自己："他为什么要如此做？"纵然麻烦，可是却会为我们减少许多摩擦，制造愉快的气氛。

哈佛大学商学院院长陶海姆说："当我要跟一个人会谈前，我愿意在那人办公室外面走廊上，来回走上两小时，这样，我就可以把我所说的话思考得更有条理，也可以预想一下他想要说的话。我绝不会在毫无准备的前提下贸然闯进他的办公室。

当你看过这本书后，能增加你一种趋向，那是当你接触到每一件事时，会处处替别人着想。而且以对方的观点，去观察这件事情。虽然由本书你只得到这些，但它会影响到你终身事业的成就。

万人迷的诀窍

我的故乡是在密苏里州的一个小乡镇，附近有个卡梅镇，就是当年美国匪魁奇斯•贾姆斯的故乡，我曾经去过卡梅镇，奇斯的儿子还在那里。

他的妻子告诉我，当年奇斯如何抢劫银行、火车，然后把抢来的钱布施给贫穷的邻居，让他们去赎回典押出去的田地。在当时的奇斯心目中，他已经成了理想家，正如两代以后的苏尔滋、“双枪”克劳雷和卡邦一样。而事实确实是如此，凡你所见到的人，包括你照镜子时所看到的那个人，都会把自己看得很高尚，他对自己的估计，都希望是良好而不自私的。

银行家摩根，在他一篇分析的文稿中说，人会做一件事，都有两种理由存在，一种是好听的，一种是真实的。

人们会时常想到那个真实的理由，而我们都是自己内心的理想家，较喜欢好听的动机。所以要改变一个人的意志，需要激发他高尚的动机。这种方法，用在商业上是否理想？让我们来看看。

不妨以宾夕法尼亚州某家房屋公司的一位弗利尔先生作为例子。弗利尔有一个不满意的房客，恫吓要搬离他的公寓，但这房客的租约，尚有四个月才期满，每个月的租金是五十五美元，可是他却声称立即就要搬，不管租约那回事。

弗利尔说："那个房客，已在这里住了一个冬季。我知道如果他们搬走了的话，在这个秋季前，这房子是不容易租出去的。我眼看二百二十美元就要从我口袋飞走了，真叫人焦急。"

如果这件事发生在过去的话，我一定找那个房客，要他把租约重念一遍，并向他指出，如果现在搬走，那四个月的租金，仍须全部付清。

可是，这次我采取了另外一种办法，我开始向他这样说："杜先生，我听说你准备搬家，可是我不相信那是真的。据我对您的了解，您是一位说话有信用的人，而且我可以跟自己打赌，你确实就是这样的一个人。"

这房客静静地听着，没有做特殊的表示，我接着又说："现在，我的建议是这样的，将你所做的决定，先暂时搁在一边，你不妨再考虑一下。从今天起，到下个月一日应缴房租前，如果你还是决定要搬的话，我会答应你，接受你的要求。"

我把话顿了顿，再接着说："那时，我将承认自己的推断完全错误。不过，我还是相信，你是个讲话有信用的人，会遵守自己所立的合约。因为，到底我们是人，不是未进化的猴子。"

果然不出我所料，到了下个月这位先生自己来缴房租。他跟我说，这件事已跟他太太商量过，他们决定继续住下去。他们的结论是，最光荣的事，莫过于履行租约。

已故的诺司克力夫爵士看到一份报上刊登出一张他不愿意刊登的相片，他就写了一封信给那家报社的编辑。当然他那封信上没有说，请勿再刊登我那张相片，我不喜欢那张相片。他想激起高尚的动机，他知道每个人都敬爱自己的母亲，所以他在那封信上，换上另外一种口气说："由于家母不喜欢那张相片，所以贵报以后请勿刊登出来。"

当约翰. 洛克菲勒要阻止摄影记者拍他孩子的相片时，他也激起一个高尚的动机。他不说："我不希望孩子的相片刊登出来。"他知道每一个人的内心，都有不愿意伤害孩子的潜在欲念。他换了个口气说："诸位，我相信你们之中有很多都是孩子的爸爸，如果让孩子成了新闻人物，那并不是一件愉快的事。"

柯迪斯本来是梅恩州一个贫苦人家的孩子，后来成为星期六晚报和妇女家庭杂志的负责人，赚了几百万美元的钱。他创办之初，不能像别家的报社一样，出高价买稿子。他没有能力延聘国内第一流作家替他执笔撰稿，可是他激起了人们高尚的动机。

例如，他会请《小妇人》名著的作家奥尔科特为他撰写稿子，并且在她声望最高的时候。柯迪斯所使用的方法很特别，是一般人所没有想到的。他签了一张一百元的支票，以奥尔科特的名义捐助给她最喜欢的一个慈善机构。

或许有人会怀疑的说："以这种手法，用在诺司克力夫、约翰·洛克菲勒，和富于情感的小说家身上，或许会有效。可是要用在那些不可理喻的人身上，大概根本不会有任何效果！"

是的，这话很对，没有一样东西，能在任何情形下产生同样的效果，在所有人身上都发生效力。如果你满意你现在所得到的成绩，又何必再改变呢？假如你认为不满意的话，那么不妨相信我，尝试一下。

无论如何，我相信你会喜欢我以前的一个学员汤姆斯，他所讲的一个真实故事：某一家汽车公司，有六个顾客拒付一笔修理费的账，他们并非不承认那个账目，只是其中有些账写错了。可是每一项租车或是修理的账单上，都有他们的亲笔签字，所以公司并不承认错误。

下面是那家汽车公司信用部职员，去索款时所采取的步骤，你看他们能否成功？

一、他们拜访每一位顾客，并且坦白的对他们说，他们是公司派来索取积欠的账款的。

二、他们很清楚的表示，公司方面绝不会弄错，所有的错误都该是顾客负责的。

三、他们暗示，对于汽车方面的业务，显然公司要比顾客内行得多。所以，就不需要作那些无谓的争辩。

结果，他们争论起来。

采取这些方法，能使顾客们心甘情愿付钱？你不妨交换一下立场，去找出答案。事情闹到这种地步，那位汽车公司信用部主任该派出一队法律人才去应付才是，幸亏这件事给总经理知道了。这位总经理查看了那几位欠账主顾过去付账的记录，发现他们过去都是按时付款的。总经理发现到这项资料后，相信错处一定是出在公司方面。所以，总经理把汤姆斯叫去，要他去收那些无法收到的烂账。

这里是汤姆斯先生，所采取的步骤：

一、我去拜访每一位顾客，同样我也去索取一笔积欠很久的账。可是，我对这些只字不提。我只是解释说，我是来调查一下公司对顾客的服务情况。

二、我明白地表示，在尚未听完顾客所说的感想前，我不会发表任何意见。

我告诉他们说，公司方面也不是绝对没有错误的。

三、我告诉他们，我只是关心他们的汽车；而他们对自己的汽车，相信比谁都了解，所以在这个问题上，先听从他们的意见。

四、我让他们尽量泄吐他们的意见，我静静听着，对他们表示十分同情。当然，这也是他们所希望我如此的。

最后，那些顾客似乎心情缓和下来，我要他们把这件事平心静气的想一想，当然我想激发他们高尚的动机，所以我这样说："首先我要你知道，我也觉得这件事的处置并不合理，你已受到我们公司上次派来的代表的困扰，这也给你带来了很多的不便。那是本不应该发生的事，我为此感到非常抱歉！我代表公司方面向你道歉。我听了你刚才所讲的话后，我不能不为你的忍耐和公平所感动。

就由于你的宽大胸襟，我才敢请求你替我做点事情。这件事对你来讲，会比任何人做得更好、更合适。同时，你也比别人更清楚这儿是我给你开的账单，请你细细查看一下，是否什么地方记错了，就像你是我们公司的总经理在查账一样，我请你全权作主，一切都是你说的算。"

他有没有把账单看了？当然，而且显得十分满意这些账单的数目，由一百五十元，到四百元之间，款数大小不等。但顾客占到便宜了吗？是的，其中有一位顾客拒付这笔争执款项一分钱。可是另外那五位顾客，都让公司方面占到了帐款上的便宜。这里是这件事最精彩的地方，在以后的两年中，那几位顾客都买了本公司的新汽车。

汤姆斯先生说："经验告诉我，当你应付顾客不得要领时，最完善的办法，就是在你心里要先有这样一个观念存在：你要当那位顾客是恳切、诚实、可靠的，要让他发自内心愿意付账。一旦使他相信那账目是对的，他会毫不迟疑地乐意还债。也就是说，人们都是诚实的，是愿意履行他们该有的义务的。

像这类情形，例外的很少，我相信，即使是最爱刁难别人的人，只要你能让他感受到，你真心地相信他是那么的诚实、公直，守信用。大多数时候，他也会努力成为你渴望他成为的样子。

所以，如果你要获得人们对你的同意的话，有一个万能公式：激发更高尚的动机。

人性的弱点 第四篇

美好的人生从规划开始

你知道训练跳蚤的过程是怎样的吗？这不是一件很随意的事，因为只有你知道如何做这件事情，你才会使自己变得更强大。

当人们想要训练跳蚤的时候，首先找到一个广口的塑料瓶子，上面盖上透明的盖子。这样跳蚤跳起来的时候就会撞到盖子，不断的跳就会不断地撞到盖子，在经历了几次之后你会发现一些有意思的事情——跳蚤还会接着跳，但是只会跳到撞不到盖子的高度。这时候拿掉这个透明的盖子，你会发现跳蚤仍然在不断地跳，但是绝对跳不出瓶口以外。

这是为什么呢？原因并不难理解，因为跳蚤在跳的时候自己就调节了高度，并且在觉得这种高度正合适之后就不会再改变。不只跳蚤是这样的，人同样也是，选择了怎样的目标就选择了怎样的人生。其实大多数人都清楚地知道自己的人生应该怎样度过，但是往往没有实际行动，造成这一现象的原因就是他们缺少一些具有吸引力的人生目标。

大家应该还能想起阿拉伯的神话故事《天方夜谭》吧？大家印象最深的肯定莫过于阿拉丁神灯的这一部分了，大家也一定曾经幻想过自己能够拥有一盏这样的神灯：只要轻轻地擦一下，就会有神仙出来实现你的愿望。其实我们每个人心中都有一个神灯，如果你有决心去唤醒它，它就能令你的人生所向披靡。前提是你不能禁锢你的想象力，如果你有了决心，那么什么事情都不能阻挡你实现梦想的脚步。

对此，世界顶尖潜能大师安东尼·罗宾曾经这样说：“有什么样的目标，就有什么样的人生。”有一些人经常说：“我之所以没成功主要就是因为没有目标。”这只能表明这些人没有真正理解目标的意义。事实上，每个人的人生目标都是追求快乐，所以说，我们不是没有目标，而是没有为了实现目标而行动。

比较可惜的是，一大部分人所追求的目标就是怎样能够支付每个月讨人厌的账单，如果一个人落到这样的地步那还何谈人生目标呢。就像安东尼·罗宾说的那样，“有什么样的目标，就有什么样的人生”，制定人生目标就好比播种，一旦我们不注意，就会野草丛生，它们不需要太多的关照就会长得又快又好。假如你希望能够充分发掘自己的潜在能力，那么就应该趁早制订一个远大的人生目标，这

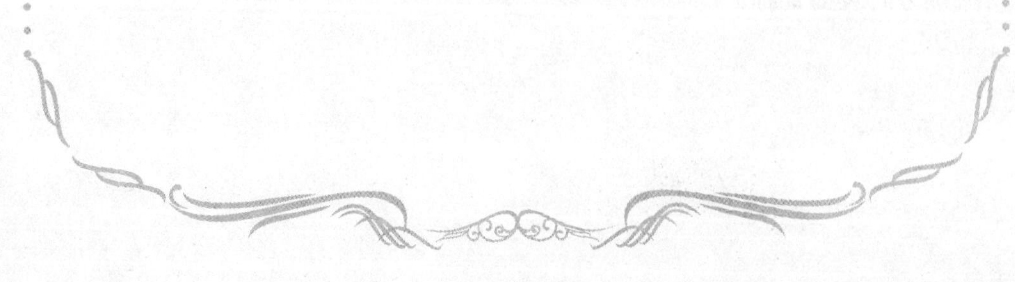

样，在实现它的过程中你会发现无数个使人生攀登到更高层次的机会。现在的你是真正的你吗？你的潜能被完全发掘出来了吗？相信你的未来一定不会是今天这个样子的，所以现在到了你制定一个有可能实现的人生目标的时候了。

拥有人生的目标

通过自己的努力将成功收入囊中的人，都会面临着如何抉择，如何确定目标的问题。就好比阳光空气对生命的重要性，人生取决于目标的指引。

正因为目标的存在，人们才会勇于攀登事业高峰；也正因为目标的存在，蕴含在身体里的能量才会邂逅“千里马的伯乐”。若是目标不存在，自发行动力会大大削减，而导致与成功擦身而过。

首先，目标给予人活下去的无形力量，在困境中给予我们战胜一切的毅力。拥有确切目标的人，拥有的挫折感也比常人少。原因就是相比伟大的目标，人生无论遇到怎样的挫折都显得微小。也就是说，科学性的目标可以使人生进程变得优质。

其次，脑海中一旦存在着目标，在我们从事其他工作时，潜意识中大脑会自动运作、图谋思量。在无意识中距离目标又近了一步，最终到达目标。比起没有树立理想的人，拥有目标的人成功的概率具有压倒性的高。目标鼓动人心，孕育能动力量。

再者，目标的实现过程犹如攀登阶梯，循序渐进为上策，即使前方艰难险阻，也必须鼓励自己，挑战不息。当前遇到的难关，常常数年之后回想，竟如此轻松地渡过了。

卡耐基说，不甘平庸的人必须树立明确的目标，才能调动自己的智慧和精力。

有目标在，会驱使自己不太在意不必要的烦恼，不去跟一般的小麻烦找别扭，这会使人变得心胸开阔、思路畅达。因为人的注意力非常有限，一旦将所有都投入到了目标的奋斗中，苦思冥想时，与其不相关的琐事就无法占据大脑的空间，这个道理亘古不变。

有目标在，人往往会寻找与其相关的事情来结局，为了便于自己实现目标，会自发地进行自我训练，这样，人在无意识中就拥有了向上面对人生的热情和克服坎坷的优良品质。

在现实生活中，“平庸之辈”却拥有一颗不平凡心的人的例子比比皆是，这是每一个积极融入社会的人的通病。作为一个平凡的人，即使不能凡事惊天动地，但是能让原本平凡的人生变得不平庸，尽力比其他人精彩，是可以通过努力实现的。

我们需要的是提高思想的高度，在生存中追求超越，在人生抛给我们的课题中，对于意义、价值、幸福给出完美的答案。不落于平庸，崇尚奋斗，才是人生画板的主色调。

缺乏明确的目标，缺乏目标的奋斗，就如一副空壳，最终一事无成。

目标是成功的垫脚石，是走向成功路途中的指南针。目标会给你一个方向标，你一步一个脚印去完成这些任务，你就会有达成感，会信心十足，向高处攀爬。

成功，是每个人的最终追求和向往、为之付出终生的愿望。在目标的正面引导下，人可以被激励、被鼓舞，持续一种激昂、兴奋的情绪，去积极地为自己的追求奋斗，为可能的一切前进。

目标是一种不退温的能量，是一种埋藏于最深处的意志力。它能长久性引发你的创造热情，调动你的情绪力量。一旦想到这种强烈的愿望，就会自然而然散发一种最深层的动力，就会树立出毅然不动的精神支柱。一想到它，你就会为其实现而努力奋斗，就会尽力提高自己，在逆境面前，绝不轻易吐出服输的话语。为了目标的实现，信心百倍地超越自我，跨过障碍，走出一条光明大道。

不计其数的成功者同时就是出色的勇敢梦想者，他们每个都是坚信着美梦成真的人。他们梦想的标的一旦被树立，就会排除艰难险阻，果决如一，使自己发挥到最大最好，充分发挥自己的所有，以百倍的精力冲向终点。

美国成功学家拿破仑·希尔说过一句话：“你过去或现在的情况并不重要，你将来获得什么成就才最重要。除非你对未来有理想，否则做不出什么大事来。一旦有了目标，内心的力量才会找到方向。”

我们可以这样说，人的伟大就在于他伟大的目标。

人的成长中，从幼儿期到继承期再到创造期、发展期，都会有这些经历。

在第二、三时期中，会出现第一个选择目标的时期。也就是从毕业之后到就业之前，是目标被确立的时期。

一个人成功的关键，目标的确立成了最重要的战略性课题。目标引导人生规范人生，是人生成功的基础。目标对于成功来说，占据了举足轻重的地位。忽略目标如此重要地位的人或者无法树立目标的人，终将一事无成，无法梦想成真。树立目标，是人生画板上的第一笔。

我们当中的许多人都会有这样的感觉，那就是：我们的一生没有明确的方向，我们不知道自己到底该何去何从，没有任何的方向，我们一会儿往东，一会儿往西，这段时间试试这个工作，那段时间又去做做那个工作。如果我们的工作一旦做得不如意的话，我们就会立马去换一个工作，如果遇到我们运气好的时候，就能够多赚一些钱，如果我们运气不好的话就赔一些，听说哪里有机会就往哪里去，他们的一生似乎永远都没有任何的定向。他们的问题其实是很单纯的问题，那就是因为他们不知道自己要的究竟是什么。这时候，或许有些人会这样说，我了解我自己，我当然知道我自己想要的究竟是什么，我想要的是钞票。如果到目前为止的话，我们仍然抱着类似于这样的想法，那么我们的人生就将会出现很大问题了。事实上，在书本上谈到的那些观念和技巧，如果我们运用得当的话，确实能够有效地帮助我们赚取很多的财富，让我们成为一个有钱人。但是，这本书的真正目的，除了帮助我们能够成为富有的人以外，事实上实际目的是希望能够让我们了解如何能有一个快乐、充实而且富足的人生，不论是精神方面或者是物质方面。但是，如果我们要达成这种人生结果，就必须有一个明确的人生目标以及人生的方向。

我们要知道，人的一生不能没有一个明确的目标和方向。这是因为我们树立的目标和方向能够主导我们一生的命运以及成就，目标和方向是驱使人生不断向前迈进的原动力。相反，如果一个人心中没有一个明确的目标的话，他就会虚耗精力以及生命，就像是一个没有方向盘的跑车一样，即使跑车拥有世界上最强、最有力、最顶级的引擎，这辆跑车最终仍然只是废铁一堆，它根本发挥不了任何的作用。

当一个人的头脑中一旦有了明确的目标的话，他同时也有一定要达成的强烈决心以及意愿的时候，他自动地就会将全部注意力放在目标的达成上，而不会因为别的事情分散自己的注意力。但是，在这个时候就产生了一种非常强大的动力，而这种动力是达成我们的目标不可或缺的主要要素，是至关重要的。

这种动力可以让我们具有足够的耐心，不轻易被其他的挫折打败，这种动力会增强我们的组织计划能力，提高我们的想象力以及创造力，如果再配合上自我暗示的步骤来加强潜意识的信念和信心，以及获得第六感的协助，要知道，在这种情况下，一个人想要达成任何的目标都不是一件很难的事情。我们可以举个很小的例子，算个账，如果你现在一个月只赚两千元，你也没有一个月能赚二十万的可能的存在，那么现在你可以好好的思考一下，你觉得达到这个目标是天方夜谭吗？然而，事实上，这个其实一点都不难，只要你懂得如何运用这里和本书的观点和方法，确实照做，你就能达成这个目标。我之所以敢这么说，绝不是信口雌黄的借口和说辞，我这样说是因为这些观点和方法是这世上无数的成功者用来运用而成功的步骤与方法，它们都不是新创的，而是已经被许多的成功人士所使用且行之有效的，是被实践证明的。

在目标设定的时候，所需要注意的另外一个重点就是我们一直谈到的追求快乐以及逃离痛苦的概念。我们说过，很多人设定目标而无法达成的最根本原因就是，这些人的头脑中认为达成目标虽然是很好的，但是，如果达不成目标的话，其实也不会带来什么痛苦。成功，很好；不成功，日子也照过。有很多钱，绝对很好，没有很多钱，也绝对死不了。这些都是没有什么差别的。能够保持这种心态的人，其实是很难去达成目标的，因为要一个人产生动力去实践某件事情的话，你一定得让他自己觉得去做会有很大的快乐，而不做则会有非常大的痛苦。一旦我们的头脑发现这个事实的话，无论如何，他都会积极地去完成这个设定的目标，因为这是主导人类行为的基本条件，所以在目标设定时，你也必须清楚地了解到如果达不成这些目标的话，会给我们带来哪些痛苦，我们的人生会失去哪些，我们的人生会失去哪些意义。这些事情都是我们必须了解和考虑到的。

只有正确的确立了人生目标，我们的人生才有方向，才不至于虚度光阴。

确立人生的起跑点

人生的整个过程，虽然是由不间断的客体存在组成，但也有几个鲜明的阶段。假如将人生的生理年龄、成长、发展过程以及主要阶段统合在一起来分析，分成四大阶段比较有说服力，每个大阶段中又包含小阶段。从出生到 18 岁成人，被称为人生流程的补建期。如果说任何人对自己的遗传基因、母体条件都无法选择，那么从出生画线。出生以前大多是获得先天的生理的适应能力和预计能力，出生之后受到社会大环境的影响，驱使人产生了去适应社会的能力，从而提高其对社会的归属感。第二个阶段是成熟期，在 18 岁到 25 岁之间，正是满怀理想、青春、激情的青年期。在这个时期，努力总结在前一个时期所学到的全部学术知识和社会阅历、实践中的心得，主要目的是让自己初步成熟起来。这个时期主要呈现两种形态：一是世界观的初步形成，也就是初步获得社会观、价值观，认识事物逐渐统一化，对于客观世界形成了初步的整体认识。二是基本选择了人生从事的工作。在这一阶段中，主要任务是要尽快使自己成熟，然后尽快步入创造期，尽早出成效，奉献社会。接下来步入创造期，也就是 25 岁开始到 55 岁的阶段。这正是人生的黄金时间段，对于所有从事工作的人来说，这是个最有创造性发展的时间段。不仅仅源于在这个时间段人的一切状态达到顶峰，也因为他们积攒了足够丰富的经验，磨砺了自己的意志，从而使他们有稳定的发挥和持续的忍耐力。最后一个阶段是最终的总结期，也就是 55 岁过后。在这个时期中，因为年龄的增长而发展的心理层面上的变动，并且加之身体上以及精力上的衰弱，使人被迫离开最前线，从事一些对人生总结的工作。

若把人这一生比喻为运动场上的一场竞赛，第一时期就好比是竞赛前的准备活动，第二时期正是选择起跑线的时期，下一个时期就是赛道上的奋力搏杀。两者的区别在于，赛道上的竞争是滴水穿石取决于一瞬间，然而人生的竞赛则是无数个瞬间的灵感和跑道上的冲刺一决雌雄。无法分辨出哪一个容易哪一个困难；只有一点是可以坚定不移的：人生数载如此漫长的旅途中更加需要持久性的耐力。

人生起跑点的选择，在人的一生中都起到了举足轻重的作用。倘若最开端的起跑点选择得恰到好处，会比经历挫折后依然徘徊于跑道的人要好得多，很多人在青年时代就称为成功人士，这要说一定与他选择的人生起跑点有着密不可分的关系。

有这样的说法“选择目标，也就是自己设计自己的过程”，“自己设计自己，首先考虑社会的需要，时代的需要，还要考虑自己的所长和爱好”。赞同这个说法的人认为，选择起跑点也就是自己设计自己。我们对此要保留意见，因为选择起跑点仅是庞大的人生设计的一部分，并不是全部。人生设计除了起跑点选择之外，还有每个阶段的规划、身边环境的剖析、反馈和中心内容的研究等。其中起跑点的选择，仅仅是确定人生方向的前提之一。

究竟确定人生起跑点的方法是什么哪？用普遍的话来说，也就是在对自己的真实条件优劣和周围环境的自我分析基础上，依据扬长避短的原则，遵照社会需求的方向，在环境的最大认可度上确立自己的人生起跑，这种方法较为正确。

人身处在顺境中，依照自己对于宏观以及微观分析的水准，对于自己的优劣的认识，确立一生从事的工作（范围或更具体到特定项目）的目标，也就是人生起跑点。

身处逆境中，也同样需要遵照周围环境和自我的认识分析，来确定一生的从事理想，只是其中存在两种情况：其一是在微观环境容许度之内确定，也就是安全性人生起跑点；其二是在微观环境容许度之外确定，依照自己对宏观的需要和分析来确定奋斗目标，也就是风险性人生目标。上述两项对于人生起跑点的思想在确立的过程中所提到的元素和判断过程是相同的，相异点只是在于是承担风险还是寻找安全。

描绘生命的蓝图

成功人士和平庸之辈的差距就在于成功人士懂得制订自己的人生计划，让人生计划决定自己人生的方向。下面有个小故事，哈佛大学有一个关于目标对人生影响的跟踪调查。这次调查的对象是一群智力、学历、环境等等这些方面都差不多的人，这样做是为了确保调查结果的准确性。结果在这次调查中发现，有 27% 的人没有人生的目标，60% 的人有较模糊的人生目标，10% 的人有清晰而短期的人生目标，只有 3% 的人有清晰而长远的人生目标。后来这次调查也一直在持续着，25 年的跟踪结果显示，3% 的人 25 年来都不曾更改过目标，他们朝着目标始终不懈地努力，25 年后他们几乎都成了社会各界的顶尖人士。10% 的人，生活在社会的中上层，他们设定的短期目标不断地被达成，他们的生活状态也在逐渐的稳步上升着。60% 的人，几乎都生活在社会的中下层，他们能够安稳地生活以及工作，但是，他们似乎都没什么特别的成就，一生也没有什么大成就。27% 的人，几乎都生活在社会的最底层，25 年来生活过得十分的不如意，他们常常失业，靠着社会救济，并常常报怨别人、报怨社会，就这样持续的抱怨着，浪费着自己的时间。目标对人生有着巨大的导向性作用。成功在一开始，仅仅就是一个选择。你选择什么样的目标，就会有什么样的成就，有什么样的人生。就是这样的。

只有我们知道我们自己的需要，但是，也只有这样，我们才能更肯定地实现目标。比起盖楼来说，我们的生命更渴望一幅蓝图，然而大多数人并没有过计划生命的经历，醉生梦死中碌碌无为地随波逐流，就这样虚度了自己的光阴。

成功人士和平庸之辈的区别在于前者在为生命计划，决定人生的走向。我们可以为生命制定日程，比如制订十年、五年、三年的计划；也或许制订距离现今最近的一年的计划；也可以是很短的计划，比如一个月、一星期、再或者一天。

第一，制定出一生的总体大纲：你这一辈子的追求是什么？当然，大多数是制定大体走向，但你可以选择出自己向往的事。

退休之后的时间要如何度过？第二时期要如何度过？也或许要终日徜徉于美好景色。如果还不满30岁的你，暂时没有退休的计划，那自然也没有这些疑虑。

第二，二十年大计：定好了大体的人生走向之后，就可以制定其中的细节。先是二十年。计划好二十年内你要变成的人物，需要达成的目标有哪些。其次拟定出十年后的自己的画像。

第三，十年目标：二十年的目标能否在二十年内达成哪？一切未知，财富的积累会使你离目标更近一步。

第四，五年计划：通过使用计算机和计算，就可以了解五年内的收入。

第五，三年计划：三年最关键的部分，一生的计划大多数是大体的走向，其中三年计划是重中之重。

第六，下年计划：每周至少一次需要检查一次预算表和工作计划。计划是每年都需要的，以简洁为目标，以数字为基准。例如收入、社交等等。这一年的计划并不是论文，而是行动的大体指导。

第七，下月计划：准确无误地实行下个月的计划。从15号开始实施，比较适当。

第八，下周计划：对于很多人来说，这是取决于时间的关键。

第九，明日计划：这是对于生命最具体的计划。

不能恐惧于二十年的长期计划。思考后记下来，也许难免会修改。制定计划会使心情变好，不要当成一份作业，如果你发现计划是一直变多的数字，对它产生兴趣是早晚的事。

如果你制订了超过九十天的短期计划，你会很快厌恶，把它平均分成个别的，逐个攻破。

只有对自己的需要足够了解，才能更确切的使目标实现。

在我们空闲的时候，我们不妨问自己这样的问题，你对你的未来放心了吗？你为你自己规划好自己的未来了吗？你的未来究竟会是什么样的呢？每次当我们闭上眼睛去设想自己的未来的时候，你可能许多华美的图画齐齐掠过自己的脑海。这些也许只是缥缈的、不切实际的幻想，也可能有就是你的终极的目标。

如果我们没有好好去分辨，甚至将不切实际的幻想和我们的目标混为一谈的话，那么我们的行程将会拉得很长。我们可以试着分析一下成功者的足迹，分析之后，我们就不难发现，如果建立一个正确、切实可行的目标，并为了这个目标的实现而不断努力奋斗的话，其实只要我们肯吃苦、肯努力，再加上一点小小的运气，那么我们的愿望就一定能够实现的，如果我们的天赋低于其他人，客观条件也不是很好，那就把实现终极目标的时间再拉长一些吧，迂回、过渡的阶段再多一点，只有这样做了，我们的未来，就是我们的梦想，才更有可能实现，我们的人生才能被称为是精彩的人生。我们可以试着做自己的职业策划师，为未来制订中长期发展计划，画好自己未来的蓝图。其实，这一切都是说来简单的，但是却少有人一蹴而就的。下面我们举个小例子。青蛙在碧绿的荷叶上面优雅地起跳，经过观察我们就会发现，在不断的跳跃过程当中，聪明的青蛙总可以准确地落到下一片挺实的叶面上，在最简捷的距离里用最快的速度跳着来捕捉到美味的虫子。其实，我们又何尝不是这样的呢？当我们开始铺设职业之路的时候，同样也需要科学地选择与设定自己的目标的顺序，这时候，一方面注意寻找新的目标，另一方面不断积累自己在这方面的阅历，再逐渐的去实现自己的人生目标和发展计划。这一切都是非常有必要的，我们要试着描画自己的人生蓝图。

在我们每个人的一生当中，都面临着很多的选择，规划自己人生的过程也同样是一个做出选择的过程。但是，一旦做出了路线的选择，画好了自己的蓝图，这时候，最重要的还在于坚持到底。规划自己的人生，必须由被动转为主动，在积极地管理学业的同时，也要好好的策划自己的将来，一个主动的学生应该从进入大学就开始计划着规划自己的未来，描绘自己人生的蓝图。其实，在很多时候我们发现做这些规划是非常容易的，但是实施起来会有一定的难度，有时候，我们甚至感到十分迷茫。如果遇到了这样的情况，我们需要学会坚持。当坚持达到一定的程度，成功就会悄悄来临的，在来的路上。如果说规划是一座灯塔的话，我们就是那些划船的慢慢接近灯塔的人。在这一路上，我们可以慢慢的欣赏着两岸的风景，但是，同时一定要坚持不懈地努力向前划。这是一个非常有意义的过程，在这个过程中，我们充分享受到了人生的酸甜苦辣，是值得我们放在记忆里真诚的宝贵的回忆。

相信大家都一定玩过拼图的游戏吧。其实，我们的个人人生目标就像图中被分割的各个拼块，只有当这些板块能在社会需求这一特定板块中找到相应位置才有可能得到充分的满足，才会最终完成这个完整的拼图。因此，我们在规划自己人生的计划的时候，我们不能只是单纯地考虑自己的需求、自己的想法，我们还要让自己的目标和计划符合社会这个大环境，这是因为、只有这样，我们的目标和计划才能在社会这个大环境中得到实现。而且，我们会发现，生活总是处在不断变化当中，社会需求也跟着不断地发生着变化，因此，我们还必须学会把握社会发展的脉搏。我们要让自己的目标符合所有的需求，做好自己的目标和蓝图。

我们在憧憬美丽人生时常常觉得：准备起跑的自己与那个最想要的结果仿佛隔着几重门。虽然少有人可以幸运地一步登天，但的确有些人走了捷径，关键就看你是瞎打乱撞，还是有选择地策划自己的每一段人生。

改变你一生的决定

18 岁将至，两个重大决定摆在你面前：你如何养活自己？你会选择怎样的人陪伴你度过一生？

一个人只要对工作有充足的热情，他很可能距离成功不远了。

18 岁降至，两个重大决定摆在你面前——这两个重大决定会深刻的影响并使你的一生产生巨大的变化，甚至关系到你的幸福、收入和健康，这两个决定可以成就你，也可以毁掉你。这两个重大决定是：

第一，你如何养活自己？等同于说，你准备从事什么工作？农夫、邮差、化学家、森林管理员、速记员、兽医、大学教授，抑或是去摆路边摊？

第二，你会选择怎样的人陪伴你度过一生？

这两个重大决定对于一些人来说就好比赌场中的一局。哈里艾默生·福斯迪克曾经写道："每位小男孩在选择如何度过一个假期时，都是赌徒。他必须以他的日子做赌注。"那么，你如何降低在假期选择中的赌博因素呢？

假设说，本应尽全力寻找一份自己爱好的工作。曾经有一次，我向轮胎制造商古里奇公司的董事长大卫古里奇请教，向他咨询成功的首要因素，他回答我说："热爱你的工作。"他说道："如果你喜欢你从事的工作，也许工作时间会很长，那也就丝毫不觉得有工作的痛苦，反之更像是在游戏。"

爱迪生是一个很好的例子。他从未受过学校正规的教育，却改变了美国工业革命的命运。爱迪生几乎每天四分之三的时间都在实验室中度过，包括吃饭、睡觉。但是他从未以其为吃苦。"我一生中从未做过一天工作，"他这样说道，"我每天其乐无穷。"

这就是他取得成功的原因。

查理•史兹韦伯说过类似的话："每个从事他所无限热爱的工作的人，都能取得成功。"

也许你会怀疑，刚刚进入社会的时候，我对工作一无所知，如何产生热情呢？艾得娜•卡尔夫人曾雇用过数千名职员，现在她身为美国家庭产品公司的公共关系副总经理，她这样说道："我认为，世界上最大的悲剧就是，那么多的年轻人从来没有发现他们真正想做些什么。我想，一个人如果只从他的工作中获得薪水，而别无其他，那真是最可悲的事情了。"卡尔夫人说，　些大学毕业生跟她这样说过："我拥有达茅斯大学的文学士学位或者康奈尔大学的硕士学位，你公司里是否有适合我的职位？"他们完全对自己的能力没有概念，也根本没有要做什么的梦想。所以，也不意外为什么很多人在年轻时充满斗志，做异想天开的美梦，而过了四十岁之后却碌碌无为痛苦万分，导致精神分裂。实际上，一份正确工作的选择，对人体的健康也有很大影响。琼断霍金斯医院的雷蒙大夫联手几家保险公司做了一项调查，主题是使人长寿的因素，其中"合适的工作"被排到第一位。

卡耐基给了我们一些建议——或者说是一些警告——作为你工作时候的参考意见：

第一，认真阅读并仔细研究一下这些关于职业的选择方面的建议。这些都是一些权威人士所提供的，之后由一位美国最成功的工作指导专家基森教授所拟定。如果谁跟你说他有一组特别神奇的方法，可以测试出你的"职业趋向"，绝对不要相信他。比如一些摸骨家、星相家、"性格分析家"、笔迹分析家。这些人的方法根本没有作用。那些说他们可以通过一系列的测验测出你应该选择哪一种职业的人千万不要相信，因为这种人已经违背了自己作为职业辅导员的职业道德，职业辅导员不仅应该考虑被辅导人的健康、社会、经济等各种因素，而且还应该给被辅导人提供有关就业信息的相关资料。去找一位职业辅导员，前提是他必须拥有丰富的职业资料藏书，然后在辅导期间充分利用这些资料藏书。如果没有面谈两次以上的就算不得是完全的就业辅导服务。千万不要相信函授就业辅导。

第二，避开那些已经人满为患的职业和事业。美国人的谋生方法多达两万多种。两万多！多么惊人的数字！但是美国的年轻人们是否知道这一点？如果他们没有找一位占卜师用透视水晶球占卜一下的话，他们是不知道的。那么结果是什么呢？一个学校三分之二的男同学都选择了五种职业——两万多个职业中的五个——而五分之四的女孩子也是一样。怪不得少数的事业和职业会饱和，怪不得白领和上班族们彼此之间会没有安全感而富有烦躁和“焦急性的精神病”。值得注意的是，如果你想要选择一些已经人满为患的职业，比如法律、新闻、广播、电影以及“光荣职业”等等，那么你就必须下大功夫了。

第三，避开那些只有十分之一生存机会的职业。比如，卖人寿保险。每年有数以千计的失业者，之前没有仔细打听打听就从事了兜售人寿保险的职业。费城房地产信托大楼的比特格•弗兰克林先生是过去二十年来美国最成功的人寿保险推销员之一，他为我们描述了这一行业的真实情况。比特格先生指出，90%首次做人寿保险推销员的人被弄得又伤心又沮丧，一年内大部分人都放弃了。然而，留下来的，十人当中的一人可以卖出十人销售总数的90%，另外九个人只能卖出10%的保险。换句话说就是，假如你成了人寿保险的推销员，那你在一年内放弃而退出的机会比例为九比一；留下来的机会只有10%。即便你留下来了，成功的机会也仅有1%而已，否则你只能勉强糊口。

决定进入某一个圈子之前一定要先花一些时间调查，以便对这个圈子和这份工作有个全面的了解。那么为了达到这个目的，我们应该怎么做呢？你可以向那些已在这行业中做过10年、20年或30年的经验人士们询问了解。这些了解极有可能对你将来的职业生涯有极大的影响。我在年轻的时候，曾向两位经验人士请教过职业规划上的问题，那两次会谈可以说是我事业甚至生命中的转折点。如果没有那两次会谈，我的人生将会变成什么样子，谁都无法想象。

索可尼石油公司的人事经理保罗•波恩顿出版过一本名为“求职的六大方

法”的书，并且在过去的 20 年中，他接见了至少 75000 名求职者。我问他：“现在的求职者在求职的时候，常犯的最大错误是什么？”“他们根本不知道他们想做些什么，”他说，“这真叫人觉得可怕，一个人宁愿把心思花在选购一件穿几年就会破损的衣服上，也不愿意花在选择一件关系将来命运的工作上面——更何况他将来的全部幸福和安宁全都依靠这件工作了。”

现代社会的竞争日益激烈，我们能做些什么呢？应该如何解决这一问题呢？你可以选择利用一个新兴的行业，叫作“职业指导”，他们也许可以帮助你解决问题，但是同时也许还会损害你的利益，这就要看你所找的那位职业指导的能力和性格了。这个行业由于刚刚出现不久，所以还达不到十分完美的境界，甚至连起步也算不上，但其有一个光明的前程。

那么我们如何利用这个新的行业呢？首先你可以选择离住处最近的这类机构，然后接受职业测验，最后获得职业指导。当然他们最多只能给大家提供一些建议，最后还是需要我们自己做出决定。但是千万记住，这些职业指导员也不是绝对可靠的，他们彼此之间也常常无法达成一致的意见，他们偶尔也会犯大家都会犯的特别荒谬的错误，因而你也许该多找几个指导员，听取了他们的意见之后你还需要凭借普通常识判断他们的意见。

智慧家约翰•史都家•米勒宣称，工人无法适应工作，是“社会最大的损失之一”。没错，世界上最不开心的人就是相当憎恨自己日常工作的“产业工人”。你可知道在部队最容易精神崩溃的人是哪种？就是那些被分派到错误单位和部门的人们！这里我所说的是那些在普通任务中精神崩溃的人，而并不是在实际战斗中受伤的人。作为我们当代最伟大的精神病专家之一，威康•孟宁吉博士在第二次世界大战期间主管陆军精神病治疗部门，他说：“在部队中，我们发觉了选择和安排的重要性，就是说要使适合的人去从事一项适合他自己性格的工作……最重要的是，要让他们了解到他们自己当下所从事的工作的重要性。如果一个人对自己的工作没有兴趣时，他就会觉得他自己不适合这个职位，他是被安排在一个错误的位置上，他会觉得没有人欣赏和重视他的才能，认为他自己的才能被埋没了。在这种情况下你会发现，即使这个人没有患上精神病，也会为日后患上精神病埋下隐患。”没错，一个人可能为了同一个原因而在工商企业中“精神崩溃”，假如他轻视自己的工作和事业，他也完全有可能把它搞砸了。

如果你胆子小，害怕单独与“大人物”见面并和他们交谈的话，注意下面的这两项建议，也许对你有些帮助。

你可以找一个和你同年龄的男生陪你一起过去。这样，你们可以增强彼此的自信心。假如你实在找不到跟你同年龄的人一同前往，那么你可以选择和你的父亲一同前往。切记，你向某人请教和咨询，对于他来说是一种荣耀。对方被你请求，他会有一种被奉承的感觉。记住，年龄大的人们通常很喜欢向年轻人们提出忠告。如果你不愿写信请求见面，那么就不要写，你可以直接到对方的办公室去，微笑着对他说："如果你能为我提供一些指导，我将不胜感激。"还有一种极少出现的情形，那就是假设你拜访了五位辅导者，而他们都太忙了，没有时间接见你，那么你就再去拜访另外五个，他们之中总会有人有时间接见你，给你做指导，为你提供一些宝贵的意见。也许这些意见足以为你免去多余的迷失和伤心。你应该相信，你现在所从事的是你生命中最重要且意义最深远的两项决定中的一项。所以，在你有所行动以前，务必多花些时间去了解事实的真相。否则，你极有可能用你下半辈子的人生来后悔。如果有经济能力的话，你可以付钱给对方，以补偿他所花费的半小时的宝贵时间和感谢他给你的忠告。

每个正常的人，都有可能同时在多项职业上取得成功，然而相对的，每个正常的人也可能在多项职业上尝到失败的滋味。

吾日三省吾身

提出一些问题并让自己如实作答，不要故意说假话来满足自己的虚荣心，写这些问题的目的，是为了让你发现自己在哪些地方应进行改善，而不是要给自己什么奖赏。吾日三省是非常必要的行为。

1. 你有确定的目标了吗？制定执行计划了吗？每天执行计划会用多少时间呢？是主动执行还是想到了才执行？

2. 对你的明确目标有一种强烈欲望吗？多长时间会有一次这个强烈欲望？

3. 你为了实现确定目标付出过怎样的努力？现在还在付出吗？从什么时候开始付出的？

4. 你用什么方法来组织你的智囊团？你平均多长时间和成员接触一次？每个月、每周、每天大约和几位成员进行谈话？

5. 你有将一些小挫折作为动力促使自己为之挑战而更加努力的习惯吗？

6. 你会把时间花在执行计划上还是用来回想你曾经碰到的阻碍？

7. 你经常为了执行计划而牺牲自己的娱乐活动时间吗，或者相反？

8. 你会珍惜每一分钟时间吗？

9. 你觉得你现在的生活和你曾经运用时间的方式有关吗？你对你现在的生活满意吗？你想换种方式支配时间吗？你会把逝去的每一秒钟都看成是机会来使生活更加进步吗？

10. 你是一个积极心态永存的人吗？是经常都保持积极心态还是偶尔？你觉得自己现在的心态积极吗？你能随时使自己的心态积极起来吗？积极之后呢？

11. 当你以实际行动证明了自己积极心态时，会常常借此展现你的个人进取心吗？

12. 你相信你的成功会因为幸运或意外而收获吗？何时会出现这幸运或意外收获呢？你相信努力付出是获得成果的必然条件吗？你什么时候付出过努力？

13. 你会因为看到他人进取心而被激励吗？你常常会受他人的影响吗？你真的常常把他作为榜样吗？

14. 在什么情况下你会表现出多付出一点的举动？是每天都付出还是只有在他人注意时才会表现多付出？你是以一个正确的心态来表现多付出一点点的举动吗？

15. 你觉得自己的个性很吸引人吗？你会每天起床后照照镜子，来改善自己的微笑和面部表情吗？还是只单纯的洗脸刷牙？

16. 你怎样运用你的信心？你什么时候奉行得自无穷智慧的激励力量？你常常忽略这种力量吗？

17. 你会培养自己的自律能力吗？你情绪失控的时候会做一些很快就会令你感到遗憾的事情吗？

18. 你能抵制住自己的恐惧感吗？你会常常展现出恐惧感吗？你什么时候会用你的信心战胜恐惧？

19. 你常把他人的意见当作事实吗？你会抱着怀疑的态度听取他人的意见吗？你面对问题时能以正确的思考方法来解决吗？

20. 你争取他人的合作时经常表现出一种合作的态度吗？你在家吗？还是在办公室？还是和你的智囊团在一起？

21. 你给自己想象的空间吗？你会运用创造力来解决什么问题？你有什么问题是需要靠创造力才能解决的吗？

22. 你会通过放松自己、体育锻炼来加强自己的身体健康吗？你的计划是从明年才开始吗？怎么不立刻开始？

做这份检讨问题单，是为了让你对自己做番深思。你对于各种事情的处理方式能充分反映出你将成功原则化为你生活一部分的程度。如果你不能对上述问题做出满意的回答时，请再接再厉。曾经有好几百万人买过我的书，而且我也对成千上万人举行过演讲。虽然这些人当中有许多成功人士，但是没有一个人的成功是一夜之间突然获得的。成功是需要花一定时间来获得的。通过对自己的盘点，来改善自己的不足。

普罗米修斯创造了人，他在他们每个人的脖子上挂了两只口袋，这两个口袋一只装了别人的缺点，另一只装自己的缺点。他把那只装别人缺点的口袋挂在胸前，另外一只却挂在了每个人的背后。因此人们总是能够很快地看见别人的缺点，而自己却总看不见自己的缺点。这个小故事说明人们往往喜欢挑剔别人的缺点，却无视自身的缺点。因此，如果我们想成为受他人欢迎的人际交往的佼佼者的话，就必须学会时刻反省自己的一切行为，做好吾日三省吾身。

英国著名小说家狄更斯的作品十分出色，非常受欢迎。但是，他对自己却一直坚持着一个规定，那就是没有认真检查过的内容，他是绝对不轻易地读给公众听的。每天，狄更斯会把写好的内容读一遍，每天去发现问题，然后不断改正，直到六个月后读给公众听。和狄更斯一样，法国小说家巴尔扎克也会在写完小说后，花上一段时间不断修改，直到最后定稿为止。这一过程往往需要花费几个月甚至有时候是好几年的时间。正是这种不断自我反省、自我修正的态度，让这两位作家取得了非凡的成就。伟大的作家为我们做了很好的榜样，由此可见，如果我们想要成为像他们那样伟大的人的话，我们也必须这样严格地要求自己，让自己时刻反省自己。只有这样，我们才有可能成为一个伟大的人。

古语有云："吾日三省吾身，为人谋而不忠乎？与朋友交而不信乎？传不习乎？”其实，反思自己的所作所为，一个人如果是这样深刻的批评自己，反省自己，古今以来，实在是少之又少的，尤其是到了老年还能对自己的所有一切重新思考并且批判的，更是难能可贵的行为。事实上，每个人都在生活中形成了自己固有的价值观以及视角，用这种方法来套用在生活当中，我们才不至于迷失自己，要时刻让自己保持在清醒的状态中，这样，才不至于让自己犯了很大的过错。

在这种情况下，其实我们所要做的，只是永无止境的自我批判以及自我反思，有些东西是一辈子都应该坚持的，有些东西是在不同时期不同地点的具体场景下形成的固有思维惯式，有些东西是我们懒散的固有的偏见，有些是把心血来潮的一时想法当成了自己的理想以及追求，这实在是不胜枚举的行为，反思清理自己的思维，是一项系统化而艰巨的工程，在生活中，工作中，实践中，思想中，都是非常必要的，这是我们每个人一辈子都应必须坚持的事情。

我们要时刻保持着反省自己的状态。牢记，吾日三省吾身。

做万事俱备的强者

曾经有一位著名的外交官这样说过：“日常事情一件一件地向我们涌来。如果我们没有一个可以将它加以检查的计划，那么我们就会遇到许多困难。”正如他所说的那样，这个方法在大到外交、政治，小到我们每个普通人的学习、工作和生活，都无比适用。我们每天都必须检查我们周围大大小小的事情，当然这个检查应该按照每个人自己的标准，这一点是非常重要的，无论是谁，如果不懂得这一点，那么一定会陷入一个旋涡之中，这个旋涡具有相当的不稳定性，并且这个人自己的个人愿望将无法得到实现，所定目标也将停滞在原地。因此，有两件事对我们的生活有着极其大的影响。一件是日常的小事儿，这是我们的社会不断强加给我们的对立；另一件就是制订一份个人计划，这个计划就是我们的一个标准。我们每天按照这个计划来判断日常的小事儿是否对我们有利，我们是否有足够的能力来解决好这些事情。如果哪个人没有一个可以用来判断其行为对错好坏的计划，那么这个人的行为就会为眼前的事物所影响，他会觉得今天所建立的自信也许明天就会消失得无影无踪。反之，如果谁制订了一份长期的计划和目标，谁就有能力用它来创造于己有利的条件，并且不会被眼前的一切所诱惑。

在此，制订一份用以检验我们行为的计划都有哪些好处，还应该具体进一步说明一下：制订一份计划并按照这个计划来执行它，意味着你可以预先知道这样如此繁忙的一天应该怎样度过。制订一份长期计划，就像是建立了一个安全网，它会在我们日常生活中遇到困难时及时地给予我们保障，就如同杂技演员在表演空中飞人遇险时候被安全气囊接住一样。同时，制订一份计划并按照这个计划来执行它也意味着，能够及时划定我们的能力范围和可能性的范围，以便于更接近我们给自己所制定的目标。如此，我们便不容易受外界事物的巨大影响和诱惑。

谁没拥有一份自己的计划，谁就会陷入危险的旋涡。我曾经遇到过一些人，在过去的几年里，给我留下了极深的印象：他们比别人生活得好，每当这个时候我总会向这些人讨教方法。这其中有一个人给我举了一个例子，这个例子是我至今记忆深刻。这个例子就能有力地说明，计划能够帮助人们解决生活中各种大大小小的问题。

他是我的一个朋友，从小在乡下的一个贫困的家庭中长大，他父亲在他小的时候就去世了。之后他大学毕业以后成为了一名法官，再之后又当了外交官和部长。当我到他的办公室拜访他时，我问他："您之前说过，您对自己的成长十分满意，您是如何做到这一点的呢？"他在一段时间的思考之后，以他那特有的、淡定十足的方式回答道："实际上，我可以算得上是个幸福的人，我对我的一切都心满意足，从没后悔过我做的任何事。当然这肯定有多方面的理由，但其中最重要的归于两点：一是务必对自己有自信。二是，必须有独立完成事情的能力，不要什么都依赖于其他人和外部事物。"对有那么一些人来说，这几句话读过之后，会有一种感觉，认为这些只是空泛的说教或者只是抽象的意愿和无法实现的理想。但是对我的朋友来说，由于他是以这为原则而生活的，所以这是他觉得生活幸福，对自己的成长、对一切事物都感到心满意足的关键因素。从这个伟大的生活计划中，他推导出许许多多用以解决日常生活中问题的小计划。

他还给我举过一个例子，这个例子是关于他是如何控制体重的。他并不用别人都在用的方法，比如大量地吞服减肥药或接受医院和美容院的减肥疗法，而是有自己解决问题的的方式：

“我每次周末洗完澡后都要称一称体重，假如出来的结果是 80 公斤，那么接下来的一周我就会按照上周的量来吃东西；假如称出来的体重多于 80 公斤，那么接下来的一周我只吃上一周一半量的东西。所以在这一周内，我的体重又可以回到适合于我的体型的最理想的 80 公斤。”

也许您会问：“这样一件无关紧要的小事和使他幸福的计划有什么必然的联系么？”这很容易理解：举一反三。就像上面他说过的那样：“人务必自信并且不要过多地依赖于其他人和外部事物。”所以他不问：“有谁能帮我解决我的体重问题呢？吃哪些减肥药、用哪些减肥疗法能帮我解决我的体重问题呢？”而更多地是自己发掘出一条不依赖于任何人的解决问题之道。

他控制自己每天吃多少东西，不受偶然因素或所提供的食物的影响，而是严格按照计划行事。他这样做使他充满自信。

这是考察内在联系的一个方面。

在前面，我列举了大量事例，阐述了如何制订一个最适合自己的计划，同时也阐述了坚定不移地贯彻计划的优点。但您要认识到，计划并不是一服灵丹妙药，光靠它还不能解决问题，它只是为解决问题而创造尽可能最好的前提条件。

有了计划，就意味着有了保障。由此而得出的最重要的结论是：我不再相信，当自己碰到问题时，总能想出解决问题的办法或者总会有贵人相助；或者认为“还没这么糟糕”或者“到目前为止，一切都挺好”，而是为解决问题做好充分准备。不靠碰运气，不只顾眼前，不依赖别人，而是自己为此担负起责任。

制订一份计划就意味着：今天就能想到明天和后天会出现什么样的状况，并及时想出应对状况的方法。这正如一个优秀的军事战略家，并不直接采取行动，而是在行动之前先练习沙盘作业，一直到他觉得自己已经能够圆满完成任务为止。也像一名消防队员，平时必须坚持不懈地练习，才能在突发状况下从容应对。即使真的有任何紧急状况，他也早已经做好了充分的准备。他很清楚自己想要做什么、应该做什么、怎样做什么，之后投入自己的全部精力尽量去做好，所以不至于在突发情况下惊慌失措，找不到解决问题的方法，并急于为自己的失败找替罪羊或为自己寻找托辞。这就是有计划的优点之一。

而拥有计划的另一个好处是，知道自己想做什么。在这种情况下，我应该这样做，而另一种情况下也许会采取完全相反的方法。无论如何，我只按照更有利于我、更能使我向我所制定的目标靠近的方法来行动。此处，我就不一一举例来说明其他优点了，这样，您就能自己计划自己的生活，而不至于总被人牵着鼻子走了。

在这里，我想，所有该说的、能说的，我都已经说过了。其余的就只能依靠您自己的力量了。如果您读到这儿了，还只是说一句："是的，我能这样活着，活到这个程度就已经很不错了！"那么这是远远不够的。因为在这之后，您很快就会把这一页翻过去，而不是尝试着去做点什么实际的事情。或许您也会说："听起来很有效，可是……"还会成百上千次地说"假如"和"但是"，您应该知道，什么事情光说是没用的，坐着说，不如站起来行动。

假如您已经拥有了一个长期目标，制订了一份您认为最符合自身条件和情况的计划，并已经下定决心：从今天开始，我的一切要按计划行事，没有任何因素可以阻挡我去执行我的计划，那么您就朝着成功已经又迈进了一大步了。假如您已经制定了这个计划，那么请您就将它写在一张纸上，放在书桌上，这样每天早上和晚上您就都能看到它了。早上您会说："我应该这样去做。"晚上，您会问："我是这样做的吗？"当然，您可以在一周后利用一周的时间，每天晚上都回顾一下自己的生活，确认自己做的是否正确。然后，再重新制定一个新的目标，并制订出实现目标的方案和每一个步骤，然后再按照新的目标执行。也许您现在就应该开始，回顾自己的每次失败，总结每次失败的原因。并从自己的角度出发，制订出符合自身情况和条件的具体方案，以使自己在以后的日子里不会被同一块石头绊倒。

与时俱进的人生目标

执着地寻求成功是值得表扬和称赞的。但是如果早就知道行不通，却仍然一条道走到黑，又或者早知道客观条件不允许，有着无法逾越的障碍，却仍然还是要硬钻牛角尖，这就是要不得的了。

目标和愿望的调整是可以随机转移的，所以是一种动态的调整。如果你发现最初制定的目标和想实现的愿望与自身条件及外部因素不相适应，那就需要及时改弦易辙，另择他径。这种动态调整有以下的基本形式：

一是主攻方向的调节。如果自己的性格、特长、兴趣与最初目标明显不符，那么愿望可能实现的概率将无限趋近于零。此时就应该适当地对目标做横向调节，并且随时关注周边大环境，及时更新信息渠道，以便及时确定新的、更符合自身条件的主攻目标。确定目标、选择职业的最重要的方法即是扬长避短。在历史的各个领域中，有过大量人才成败的例子，这些例子可以证明，有的人虽然在某一方面显示出了过人的天赋和才能，但是几乎没有人是在多方面都有天赋的；有的人在学术研究领域有辉煌的成就，然而一到管理、经营的岗位，他就能力平平了，每天愁眉不展，甚至比普通人更差。

二是以最初目标为基础的细微调节。意思就是主攻方向仍然保持不变，只是变革层次的调整。假如是最初目标定得高于自身能力，能够实现的可能性很小，那么就必须调低一点，之后还要继续累积，为攻关积蓄能量，增强后劲。若原定的目标已经成功了，那么就应该要立即地制定新的层次更高的目标。若原目标定得太过简单，轻易就完成了，那么就应该要权衡自己的能力、水平，及时对目标进行升级。当然，想要达到目标一定需要长期的努力和坚持。在为人生目标奋斗的道路上，不应该幻想一劳永逸，而必须基础扎实、稳扎稳打、奋力前行。与此同时，我们也应该知道，每次取得小的成功，都是向原始目标和愿望的实现更靠近一点。即使实现了最初的愿望和理想，也不应该终止，而应该是向更高一级目标攀登的开始。

三是在获取信息反馈的过程中调节。意思就是在实现最初目标的过程中遭受挫折而受到触动，调整方向，将目标重新调整到自己比较擅长的领域。美国科学家迈克尔逊，年轻的时候曾经进入海军学校学习，但是学习成绩很靠后，尤其是军事课，一直不及格。老师和学校多次对其进行批评教育，仍然没有起色，最后学校没办法了不得不将其开除。但是，他对物理学科的各种实验表现出异常的兴趣，因而他在被海军学校开除后，就投入到物理的学习和研究之中，很快显示出过人的才华。他长期刻苦学习，细心钻研，不断创造出一个又一个的壮举，最后终于做出了被誉为“迈克尔逊光学实验”的伟大成就，为相对论的提出奠定了坚实的实验基础，成为第一个获得诺贝尔奖的美国人。

四是在对未来的预测中进行调节。社会环境的需要和个人的兴趣、才能、性格等都经常会发生变化。要善于打一个“提前量”，进行预测。如才能的发展与年龄大小关系极大。任何才能都有其萌发期、发展期和衰退期，这样顺势而为，做出设想、规划，显然对目标定向是大有益处的。

五是对具体阶段目标视情况进行调节。大的目标要终生矢志追求，而小的阶段目标则可以进行适当的调节。科研人员在研究方向的选择上，有时为了能快出成果，改变思路而取得成功的结果，在科学史上不乏先例。

那么目标在什么情况下需要适时调整呢？一般来说如下几种情况必须调整人生目标：

第一，环境发生重大变化的时候。任何人的人生目标都是特定时代特定环境的产物，而各种环境中主要是社会环境对人生目标具有决定作用。社会环境、自然环境的变化，会影响人生目标的变化，特别是重大的环境变化，常造成人生目标的重大改变。所谓环境的重大变化时刻，是指两个方面发生的重大变化：一是国内外经济、政治、思想文化领域的大动荡，二是人们的家庭的经济、政治、亲属关系等发生重大变化。这两个方面发生的重大变化，对人生目标都将发生影响。我们的原则是，无论环境发生什么变化，具体的目标（某个阶段的目标或某个方面的目标）可以变通，随时做好调节，但总目标应该矢志不移。

第二，在人才竞争胜败转折的时刻。奋斗中的成与败，常常形成人生道路的转折点，这已为无数事实所证明。

第三，人生总流程中，前后两个阶段相更替的时刻。这种时刻，称为人生转折时刻。这种转折，或发生在人的生理发生转折时（发育和疾病造成的），或发生在人的社会地位发生突变的时候，或发生在人的社会智能结构发生质变前后。总之，是人自身某种或某些条件发生重要变化的时刻。这个时刻，也是容易引起人生目标发生改变的时刻。我们应努力防止在人生转折时刻发生人生目标的不良转变，防止因社会地位升高或降低而腐化或丧志，因疾病而颓丧，或因智能提高而骄傲，应使人生目标始终保持正确的大方向，具体目标始终切实可行。为目标下定义，不断修正，相信它会实现——成果就这样出现了。任何人都能完成他们所想的，你也一样。但第一步，你必须知道这伟大的成就是什么；下一步就是设计许多能令你保持高昂情绪的小目标，让它们逐步引导你迈向成功。每天对工作实行选择，对优先顺序做了解，对你大有助益。确信自己的努力没有白费，而且要求事半功倍。谨慎而自觉地决定事情先后，一般人从不这样做。他们只是任性而为，随波逐流。他们是基于恐惧、气愤和报复，而非为了活得更好而努力；他们不求提高效率，而周旋于私人党派或政治成功的梦想，幻化为泡影。了解自己的需要和如何得到自己所想的。明了这些事情的轻重缓急，你可以按部就班地计划自己的一天。

人性的弱点 第五篇

享受工作，正视金钱

一部分人的观点是：人生如此短暂，应该用来享受生活。另一部分人说，想要学会享受生活必须得有钱，没有钱你如何享受生活。二十世纪三四十年代的一些人，纵使有钱也无法享受生活。经历了各种战争、灾荒的年代，经历了吃不饱的痛苦，因而有着很强的危机意识、节俭意识，有了钱就想要攒起来。而我们父母这一辈的五十年代和六十年代的人们，虽然也经历了比较贫苦的年代，也把上一辈人的节俭传统继承了下来，但是已经学会了小小地享受一下生活的味道，他们比较重视基本生活设施和生活用品的品质。七八十年代尤其是“90后”的孩子们由于没有经历过祖辈们的艰辛生活，因而没有危机意识，他们更加重视面子，更加有着攀比的趋势，更加重视解放天性，更加重视生活的个性化，追随时尚的步伐，并渴望事业的成功。

一些人觉得能经常吃着烧烤，喝着啤酒，就算得上是享受生活；一些人觉得能时常去电影院，去KTV，就算得上是享受生活；一些人觉得能每天斗地主，打个麻将，就算得上是享受生活；一些人觉得想要旅游的时候，能说走就走就算得上是享受生活；一些人觉得无论做什么，只要能和自己爱的人在一起，就算得上是享受生活；一些人认为能够和家人在一起，享受天伦之乐，就算得上是享受生活；一些人觉得去爬山，打个球，养些花花草草，种个菜，养个宠物，就算得上是享受生活；还有人觉得每天读读书、研究点事情或者搞个创新就是享受生活；也有人认为周末去攀岩、参加拉力赛、打高尔夫才是享受生活；更有人认为能到处进行演讲、整合个资源才是享受生活…… 生活是生活，工作是工作。两者不可混为一谈，工作时间就应该认真工作，不能总是放空，不能把自己生活中琐碎和想法带到工作中去，更不能把自己的私人事情、八卦消息拿到工作中去讨论。工作也是一种生活，生活也是一种工作。如果一个人能达到这种境界，那么他一定会成为一个成功人士。如果是一个销售人员，那么他一定会有惊人的业绩；如果是科学家，那么他一定会有令人震惊的发明；如果是个教育工作者，那么他一定会朝着教育家前进；如果是从政者，那么他一定会成为一个成功的领导。但是毕竟成功人士只有一小部分，如若达不到这种境界，那么作为一个普通人也不应该让自己每天碌碌无为下去，每个人都有义务让自己的人生更加精彩，并为了实现这一目标而奋斗，努力提高自己和家人的幸福指数。既要学会享受工作，又要学会享受生活。对待工作的态度，对待生活的态度，往往决定着你的满意指数，也决定着你的幸福指数。假如你喜欢你的工作，那么你的生活就像是天堂；假如你不喜欢你的工作，那么你的生活就像是地狱。选择天堂还是选择地狱，就在于你的工作态度和生活态度！

有工作才有生活

我们大概常常听到或看到“工作”、“生活”这样的字眼，那么工作和生活到底有着怎样的联系呢？一方面，我认为应该说这个话题足够的久远。我并不清楚人们从什么年代开始需要关注和处理二者之间的关系。然而，这种关系的处理，的确影响着人们的心绪和状态。而另一方面，这个话题也足够的繁杂，它也许包含了人生的整个存在。所以，当我开始思考这个话题的时候，感觉很难找到一个恰当的切入口。因为很多时候我们还没有理出一点头绪就已经被淹没在这个话题的海洋里了，而且直到最后也难以跳出来。其实，很多事情是这样，想得太多，太深入了，便更加无法得到一个确切答案了。我称这种情态为“智者之惑”。

在古希腊的时候，如果运动员取得了奥林匹克比赛的胜利，就会获得一个花环，这个花环象征着荣耀。其价值并不在于这个花环本身，而在于这种象征，让人的精神得到极大的满足。工作对于我们的价值也正在于此。不管工作多么体面，或从中得到多少报酬，与从工作中得到的快乐相比，这些简直是微不足道的。积极参与到比赛中能够与戴上胜利的桂冠一样伟大。“重要的是参与，而不是赢得赛后的奖励。”

爱默生说：“只要你勤奋工作，就必有回报。”“人们常常认为日常生活中应尽的职责是枯燥乏味的，”诗人朗费罗则说，“但是它们至关重要，就像时钟的发条一样，可以让钟摆匀速地摆动，让指针指示正确的时间。当发条失去动力时，钟摆就会停止摆动，指针也不再前进，不再指示正确的时间，时钟只是静静地躺在那里，也就不会有任何的价值了。”俾斯麦把勤奋工作看成是一个人拥有真正生活的保护神。在他去世前几年，当被问及用一句简单的话概括生活的准则时，他说：“这条准则可以用一个词表达：工作。工作是生活的第一要义；不工作，生命就会变得空虚，就会变得毫无意义，也不会有乐趣。没有人游手好闲却能感受到真正的快乐。对于刚刚跨入生活门槛的年轻人来说，我的建议只是三个词：工作，工作，工作！”

英国政治家布鲁厄姆勋爵说过，当他在晚上反思一天的工作时，如果一事无成，就觉得非常难受，是在虚度时光。他认为，认真履行职责、努力工作是一个人的护身法宝，不但可以保持健康的心灵，而且可以强身健体。

“生活中有一条不可磨灭的真理，”英国哲学家约翰•密尔说：“无论是最伟大的道德家，还是最普通的老百姓，都要遵循这一准则，无论世事如何变化，也要坚持这一信念。它就是，在自己的能力和外部条件允许的前提下，进行各种尝试，最终找到一份最适合自己做的工作，然后集中精力、全力以赴地坚持下去。”辛苦的工作不太可能是致命的，但是忧虑和高血压却会。跟那些传统的看法正相反，那些猝然倒地而亡、罹患各种溃疡症、行色匆匆、肩负重任的工商业主管，并不是因为过度工作劳累所导致的。他们每天工作所消耗的精力并不算什么。但是伴随着工作一起到来的有紧张的气氛和压力、失眠的焦躁和畏惧竞争的失败，无休止的焦虑形成了恶性的循环，疯狂地吞噬着他们脆弱的生命力。这样，他们就只好借助酒精、安眠药、苯丙胺和去高尔夫球场或手球场上疯狂地运动来逃避，但是身体和神经系统最后只能以死亡或精神崩溃来结束这种折磨。

现在，美国医院的病床有一半以上都被精神方面的病人所占据——远高于小儿麻痹症、癌症、心脏病和其他所有疾病病人相加的总和——这个可怕的事实说明，一定是有什么地方出了问题，而出问题的原因绝不在于工作的辛苦与否。美国是当今世界上生活水平最高的国家，科学上的不断进步使我们摆脱了辛苦的工作，这曾经是我们的祖辈们视为生活中最必要的一部分的东西，即便是技术含量很低的职业，工作环境也有了很大的改善，机器取代了过去由人力或畜力完成的工作，工薪阶层的工作时间也就缩短了。这样，我们的休闲时间比以前更多了。所以，我们不能说是工作的辛苦导致我们身处痛苦的境地。

对一个人影响最大的正是日常工作。它可以使我们肌肉更发达，身体更强壮，加快血液循环，使我们思维更敏捷，判断更准确；也可以在工作中唤醒我们那沉睡已久的创造力，激发我们的雄心，把更多的聪明才智发挥到工作中去。正是工作，使我们觉得自己是一个人，必须从事工作，承担责任，这才能显示出人的尊严与伟大。

你可以让儿子继承万贯家财，但是你真正给他的是什么呢？你不能把自己的意志、阅历、力量传给他；你不能把取得成就时的兴奋、成长的快乐和获取知识的满足感传给他；也不可能把经过苦心训练才得来的严谨作风、思维方法、诚实守信、决断能力、优雅风度等传给他。那些隐含在财富之中的技巧、洞察力和深思熟虑，他是感受不到的。那些优良品质对于你来说相当重要，但是对于你的继承人来说，一丁点用处也没有。为了获得巨额的财富，保住自己至高无上的地位，你培养出了坚强的毅力和苦干的精神，这都是从实际生活中逐步锻炼和塑造出来的。对于你来说，阅历、快乐、成长、纪律和意志就是你的财富。而对于你的继承人来说，财富则可能意味着诱惑，因而这可能会使他更焦虑、更卑微。财富可以帮助你取得更大的成就，但对于你的继承人来说，则可能是个大包袱；财富可以使你更强大，使你更加积极进取，但却可能会使他松懈怠惰，好逸恶劳，萎靡不振，变得更加软弱、无知。总之，你把最宝贵的东西——上进心——也是他最需要的，从他那儿拿走了。而正是这种力量激励着人类取得了巨大的成绩，将来也还是如此。

迪恩•法拉说：“工作是人类与生俱来的权利，至今仍保存完好，它是最有效的心灵滋补剂，是医治精神疾病的良药。这些从自然界中一一得到体现。一潭死水会变得越来越臭，奔流的小溪则会愈加清澈。如果没有狂风暴雨，没有飓风海啸，地球上全部是陆地，空气静止不动，这样的世界就毫无生趣。在气候宜人、四季温暖如春的地方，人们肆无忌惮地享受着生活，惬意无比，自然容易无精打采，甚至容易产生对生活的厌倦。可是，如果他需要每天为自己和家人的生计奔波，与大自然做殊死的搏斗，他就会精神抖擞，经受各种锻炼，发展出最强的力量。”“每天早晨起床后，”金斯利说，“不管你愿不愿意，你都必须有事做，强迫自己工作，并尽自己最大努力做到最好，可以培养自控能力、勤奋、意志力等各种美德。在懒惰的人那里，是没有这些优点可言的。”

千百年来，除了努力工作，还有什么能够给我们带来繁荣充实？它为贫穷的人开创了新的生活，它使千百万人逃离死亡，特别是拯救了那些精神上有问题、甚至企图自杀的人。

古希腊著名的医生加龙说：“劳动是天然的保健医生。”

美国小说家马修斯说："努力地工作是修复我们心灵的有效药剂，可以让生理和心理得到补偿。可惜的是，人们往往只对受人关注的行业和重要职位感兴趣，而不再愿意经受艰辛劳作的磨炼。但是，它却是对付愤懑、忧郁症、情绪低落、懒散的最好武器。有谁见过一个精力旺盛、生活充实的人会苦恼不堪、可怜巴巴呢？英勇无敌、对胜利充满渴望的士兵是不会在乎一个小伤的。出色的演说家不会因为身有小恙就口齿木讷、词不达意的。这是为什么呢？因为如果你的精神专注于一件事情，心中只有自己的事业时，那么其他不良情绪就不会侵入进来。而空虚的人，其心灵是空荡荡的，四门大开，不满、忧伤、厌倦等各种负面情绪，就会乘虚而入，侵占整个心灵，挥之不去。"

在古希腊，有一个人看到蜜蜂从一朵花飞到另一朵花，四处采集花粉，辛苦异常，顿生怜悯之心。于是他便把各种花收集回来堆在家中，把蜜蜂的翅膀剪掉之后将其放在花上。结果，蜜蜂酿不出一点蜂蜜。飞行很远的距离，从远处收集花粉，然后酿出甘甜的蜜，这是自然的法则。生活是什么？菲利浦斯·布鲁克斯这样回答："当一个人知道他要做什么，他就可以大声地说：'这就是生活！'"这并不是说，一个人必须工作到精疲力尽，在工作中尝尽了酸甜苦辣，才叹息道："这只是为了生活。"即使是补鞋这么个地位低下的工作，也有人全身心地投入进去，把它当作艺术来完成，不管是补一个补丁还是换一个鞋底，他们都会一针一线地精心缝补。这样的补鞋匠你会觉得他就像一个真正的艺术家。但是，另外一些人则恰恰相反。随便打一个补丁，根本不管它的外观，仿佛自己只为了谋生，根本没有热情来关心自己工作质量的高低。而前一种人好像热爱这项工作，不总想着会从中赚多少钱，而是希望自己手艺更精，成为最好的补鞋匠。

"劳动永远是光荣与神圣的。"卡莱尔说，"劳动是一切完美的源泉。如果没有辛勤的劳动，就没有谁能有所成就，没有谁能成为一个伟人。懒散、无聊、无事可做，就像传染病一样，蔓延迅速，人类的灵魂便失去了依托。"有些家庭主妇把每天洗碗碟这样的家务事当成是难以承担的苦差事，但是，有一名妇女却范儿将此看作是有趣的差事。她的名字叫波西德·达尔。达尔女士是个职业作家，曾写过一本自传和许多其他著作，并且为杂志撰写文章。她曾失明多年，等到视力稍微恢复之后，根据她的说法，她把每日繁杂的家务事当成是上天赐予她的奇迹来看，并为此衷心感谢上苍。她说："从我厨房的小窗户，我可以看见一小片蓝天。而透过洗碗槽上飞舞的肥皂泡沫，那五颜六色彩虹般的美丽景观，更使我百看不厌。经过多年不见天日的黑暗生活，能在做家务的时候再重新体会这世界美丽的色彩，真使我衷心感激不尽。”不幸的是，我们中的大部分人虽然都拥有健康的眼睛，却总是对周遭的环境视而不见。我们不但没有达尔女士所具有的成熟想象力，也不能正确地对待工作，由日常工作中捕捉到对我们最有意义的价值。

有的人声称现代工业文明的突飞猛进已扼杀了工作本身的创造性，每天无非就是机械化地重复每一个动作而不必了解整个过程，这样的工作有什么好得意的呢？这些人说，当一个人痛苦不堪地在生产装配线上忙忙碌碌的时候，他足以自傲的成就感又从何而来？

以我自己的亲身经验，我可有几句话要说。好几年前，我在一家大公司担任打字员，主要的工作便是打字——一大堆的财务报告，日复一日，月复一月，年复一年，似乎永远也做不完。这项工作最重要的是正确性，其次是速度。由于这做起来并不容易，而且单调无聊，因此我并不喜欢这份工作。但是，老实说，当我把这份工作做得近乎完美的时候，还是以此为荣的。这项工作虽然呆板，仍然需要精练的技术，因此在达到所要求的标准之后，实在有一种满足感。虽然在整个公司的运作过程里，我所担任的工作显然十分渺小，但它对我个性的成长有很大的益处，使我在处理每件小事的时候，都能力求正确、完美。

契斯特顿有句十分动人的隽语：“要想不再当秘书的最好办法，便是尽量把现任的秘书职务做好。”

住在得州的丽达•强森女士，以她亲身的经历向我们证明：勤奋工作能够解除精神上的危机。1941 年，强森先生和太太带着两个小孩，搬到新墨西哥州一处约有 360 英亩大的农庄里。强森太太说：“没想到，其实那个农庄是个大蛇坑，住了成群可怕的响尾蛇，我们实在吓坏了。”

“那时，我们的房子还没有水电和瓦斯，但令我担心的却不是这些不便，我日夜所忧虑的，是那些可怕的响尾蛇。万一有一天家人被蛇咬了，该怎么办呢？我夜里经常梦见孩子遭到不幸，白天也一直担心在田里工作的丈夫。只要有片刻不见家人的踪影，我就紧张不已。”“这种持续的恐惧，使我的精神近乎崩溃。于是我开始勤奋工作，若不是有工作，相信我早就支撑不住了。我把玉米粒刮下来播种，直到双手起茧为止；我为小孩缝制衣服，把多出来的食物装罐收藏好——我不停地工作，直到疲累地倒在床上为止。如此我便没有精力担忧其他的事了。”“一年之后，我们搬离那个农庄，全家大小都安然无恙，没有人被蛇咬过。虽然自此以后我不再那么辛劳工作，但我一直为那段时间的境遇感谢上帝。那一年，辛劳的工作确实拯救了我的精神。”

正如强森太太的亲身经历一样，若我们能从困境中发现辛勤工作所能产生的力量，往后若再遭遇危机，便有坚利的武器可以自我防卫了。工作通常可以支持我们渡过难关、危机、个人不幸、或失去所爱的人等。

爱德蒙·伯克说过：“永远不要陷入绝望。如果你不幸地产生了绝望情绪时，那么你就去工作。”爱德蒙·伯克的话并不是空谈——他是有过亲身经历的。他曾经痛失爱子，他经过悉心研究之后，开始痛苦地深信文明快要堕落了。工作对他而言，就像对其他很多人一样，成为这个疯狂的世界上唯一清醒的标志。因此他不断地工作，即使在他绝望之时。 是的，有工作才有生活。不管我们出于什么原因离开工作，都会受苦。掌握好工作和生活的关系，是有利于我们的身心愉悦和成长的。

工作态度决定一切

工作并不只是为了生存，而是要把个人的生活赋予意义，把自己的生命赋予光彩。若想要从工作中得到乐趣，最主要的是，不要把自己变成工作的奴隶，而要使自己成为工作的主人。无止境的日夜工作正如无禁忌的追逐玩乐一样的不可取。带给自己工作乐趣不是最后达到的终点，而应当是工作的历程。

已故的佛里德利·威尔森曾是纽约中央铁路公司的总裁，有一次记者在访问他的时候问道，如何才能使事业取得成功，他回答：“我深切地认为，一个人的经验愈多，对事业就愈认真，这是一般人容易忽略的成功秘诀。成功者和失败者的聪明才智，相差并不大。如果两者实力相当的话，那么对工作较富热忱的人，一定比较容易成功。一个不具实力而富热忱，和一个虽具实力但不热忱的人相比，前者也多半会比后者更容易取得成功。

“一个热忱的人，无论是在搬石头，还是经营大公司，都会将自己的工作看作一项神圣的责任，并怀着深切的兴趣。对自己工作热忱的人，不论工作有多么困难，或需要多么艰苦的训练，始终会用不急不躁的态度去进行。只要抱着这种态度，任何人都会成功，都会达到目标。爱默生说过：‘有史以来，没有任何一件伟大的事业不是因为热忱而成功的。’事实上，这不是一段单纯而美丽的话语，而是迈向成功之路的指标。”

因此，对工作热忱，是一切渴望成功的人——像创造杰作的艺术家、卖肥皂的人、图书馆的管理员，以及追求家庭幸福的人——必须具备的条件。热忱这个字眼，源自希腊语，意思是“受了神的启示”。

对工作热忱的人，具有无限的力量。威廉•费尔波是耶鲁最著名而且最受欢迎的教授之一。他在那本极富启示性的《工作的兴奋》中如此写道：“对我来说，教书凌驾于一切技术或职业之上，这就是热忱了。我爱好教书，正如画家爱好绘画，歌手爱好歌唱，诗人爱好写诗一样。每天起床之前，我就兴奋地想着跟学生有关的一切事情……人在一生中所以能够成功，最重要的因素就是对自己每天的工作抱着热忱的态度。”

任何一个行业的老板，都知道雇用热忱者是极重要的，也知道这种人难以寻找。亨利•福特说过：“我喜欢具有热忱的人。他热忱，就会使顾客热忱起来，于是生意就做成了。”

如果没有热忱，那就几乎不可能保持你成为不可阻挡的人所需要的巨大能量和意志。实际上，没有了热忱，一个人就会将生活简化为仅仅是存在、平庸和漠不关心。

“十分钱连锁商店”的创办人查尔斯•华尔渥兹也说过：“只有对工作没有丝毫热忱的人才会四处碰壁。”查尔斯•史考伯则说：“对任何事都热忱的人，做任何事都会成功。”怎样选择全在于你自己。你可以选择保持你的生命力，方法是想好你的目标，并努力参加能够点燃你热忱的活动。或者你也可以选择像我们生活中大多的人一样，用忍受的心态在生活中艰难跋涉，错过了他们经历的大多数事情。这种人观察生活却没有体会到生活的乐趣。如果生活是一部交响乐，那么，他们只是听到了其中的音符，却感受不到整个乐曲的内涵；如果生活像一块稀世珍宝，那么，他们只是看到了宝石的贵重，却无法看到那复杂的构造；如果生活像一部小说，那么，他们只是看懂了其中的情节，却忽略了微妙的形象和寓意。

怀有热忱的人们很少用“工作”这个词来说明他们从事的事业。这种人是在追求他们最喜欢做的事和对个人最有益的事，每个人的时间都是有限的。我们生活的每时每刻，不论是在工作、休息，还是在抱怨、感激时，我们都已花费了时间。在我们的人生中，没有什么比我们余下的时间更宝贵了。当我们出于热忱而从事某项事业时，我们不仅仅是为了达到某个目标而努力，因为追求目标的过程和目标的实现同样重要。这样，当我们走到生命的尽头时，我们就能说一句“我热爱过我的生命”——这就是我们成功的最高概括。

即使需要专业技术的高难度工作，也需要这种热忱。爱德华·亚皮尔顿是一位伟大的物理学家，曾发明了雷达和无线电报，也获得了诺贝尔奖。《时代》杂志引用他的一句具有启发性的话：“我认为，一个人想在科学研究上有所成就的话，热忱的态度远比专门知识来得重要。”

如果这句话出自普通人的口中，可能会被认为是外行话，但出自亚皮尔顿这种权威性的人物，意义就很深远了。如果在科学的研究上热忱都这么重要，那么对普通的职员来说，岂不是更为重要吗？

说到这点，我们可以引用著名的人寿保险推销员法兰克·派特的一些话加以说明。他那本《我如何在推销上获得成功》销量打破了以往任何一本有关如何推销的书籍。

热忱是一种意识状态，能够鼓舞及激励一个人，使他们真正开始对手中的工作采取行动。不仅如此，热忱还具有感染性，不只对其他热心人士产生重大影响，所有和它有过接触的人也将受到影响。当然，这是不能一概而论的。譬如，一个对音乐毫无才气的人，不论如何热忱和努力，都不可能变成一位音乐界的名人。话说回来，凡是具有必需的才气，有着可能实现的目标，并且具有极大热忱的人，做任何事都会取得一定的成功，物质上或精神上都是一样的。

多年来，我大都在晚上进行写作。有一天晚上，当我正专注地敲打打字机时，偶尔从书房窗户望出去——我的住处正好在纽约市大都会高塔广场的对面——看到了似乎是最怪异的月亮倒影，反射在大都会高塔上。那是一种银灰色的影子，我之前从来没见过。又仔细观察了一下，发现那是清晨太阳的倒影，而不是月亮的影子。原来已经天亮了。我工作了一整夜，但太专心于自己的工作，使得一夜仿佛只是一个小时，一眨眼就过去了。我又继续工作了一天一夜，除了其间停下来吃点清淡食物以外，未曾停下来休息。如果不是对手中工作充满热忱，而使身体获得了充分的精力，我不可能连续工作一天两夜，并且不觉得丝毫疲倦。热忱并不是一个抽象的名词，它是一种重要的力量，你可以予以利用，使自己获得好处。没有了它，你就像一个已经没有电的电池。

以下是一些经验之谈，是派特在他的著作中所列出的："当时是 1907 年，我刚转入职业棒球界不久，遭到有生以来最大的打击，因为我被开除了。我的动作不起劲儿，因此球队的经理有意要我走路。他对我说：'你这样慢吞吞的，好像是在球场混了 20 年。老实跟你说，法兰克，如果你离开这里后，无论你到哪里做任何事，若不提起精神来的话，你将永远不会有出路。'

"本来我的月薪是 175 美元，离开之后，我参加了亚特兰斯克球队，月薪减为 25 美元。薪水这么少，我做事当然没有热忱，但我决心努力试一试。待了大约 10 天之后，一位名叫丁尼·密亨的老队员把我介绍到新凡去。在新凡的第一天，我的一生有了一个重要的转变。

"因为在那个地方没有人知道我过去的情形，我就决心变成新英格兰最具热忱的球员。为了实现这点，当然必须采取行动才行。

"我一上场，就好像全身充了电一样。我强力地投出高速度的球，使接球的人双手都麻木了。记得有一次，我以猛烈的气势冲入三垒，那位三垒手吓呆了，球漏接，我就盗垒成功了。当天气温高达 37.7℃，我在球场奔来跑去，极可能中暑而倒下去。

"这种热忱所带来的结果，真令人吃惊，产生了下面的三个作用：

"1. 由于我的热忱，其他的队员也跟着热忱起来。

"2. 我心中所有的恐惧都消失了，而发挥出意想不到的技能。

"3. 我没有中暑；我在比赛和比赛后，感到从没有如此健康过。

"第二天早晨，我读报的时候，兴奋得无以复加。报上说：'那位新加进来的派特，无异是一个霹雳球，全队的人受到他的影响，都充满了活力。他那一队不但赢了，而且是本季最精彩的一场比赛。'

"由于我热忱的态度，我的月薪由 25 美元提高为 185 美元，多了 7 倍。在接下来的两年里，我一直担任三垒手，薪水增加了 30 倍。为什么呢？我认为除了热忱，没有别的原因。"

但后来，派特的手臂受了伤，不得不放弃打棒球。接着他到菲特列人寿保险公司从事保险销售员，整整一年多都没有什么成绩，因此他很苦闷。但后来他又变得热忱起来，就像当年打棒球那样。现在，他成了人寿保险界的大红人，不但有人请他撰稿，还有人请他演讲自己的经验。他说："我从事推销，已经30年了。我见到许多人，由于对工作抱着热忱的态度，使他们的收入成倍地增长起来。我也见到另一些人,由于缺乏热忱而走投无路。我深信唯有热忱的态度，才是成功推销的最重要的因素。"

缺乏资金以及其他许多种你无法当即予以克服的环境因素，可能迫使你从事你所不喜欢的工作，但没有人能够阻止你在脑海中制定出决定你一生的明确目标，也没有任何人能够阻止你将这个目标变成事实，更没有任何人能够阻止你把热忱注入到你的计划之中。

所以，任何人，只要具备"热忱"这个条件，都能获得成功，他的事业必会飞黄腾达。

乐队指挥鲍勃·克劳斯贝的儿子，曾被问到他父亲和他的叔叔平·克劳斯贝每天的生活情形。他回答："他们永远都在愉快地工作。""那你长大之后希望怎样呢？"好奇的人又问他。"也是愉快地工作。"年轻的克劳斯贝毫不迟疑地回答。

每个人都有不同的职业轨迹，有的人成为公司里的核心员工，受到老板的器重；有的人一直碌碌无为，不被人知晓；有些人牢骚满腹，总认为自己与众不同，而到头来仍一无是处……正如大家所知道的那样，除了少数天才，大多数人的禀赋相差不多。那么，是什么在造就我们、改变我们？是"态度"！态度是内心的一种潜在意志，是个人的能力、意愿、想法、价值观等在工作中所体现出来的外在表现。要看一个人做事的好坏，只要看他工作时的精神和态度。某人做事的时候，感到受了束缚，感到所做的工作劳碌辛苦没有任何趣味可言，那么他决不会做出伟大的成就。在企业之中，我们可以看到行色各异的人。每个人都持有自己的工作态度。有的勤勉进取；有的悠闲自在；有的得过且过。工作态度决定工作成绩。我们不能保证你具有了某种态度就一定能成功，但是成功的人们都有着一些相同的态度。

企业中普遍存在着三种人。

第一种人：勤勉进取。

在企业里,人们经常可以看到桑迪忙碌的身影,他热情地和同事们打着招呼,精神抖擞，积极乐观，永争第一。桑迪总是积极地寻求解决问题的办法，即使是在项目受到挫折的情况下也是如此。因此，他总能让希望之火重新点燃。同事们都喜欢和他接触，他虽然整天忙忙碌碌，但始终保持乐观的态度，时刻享受工作的乐趣。

第二种人：牢骚满腹。

史密斯永远悲观失望，他似乎总是在抱怨他人与环境，认为自己所有的不如意，都是由环境造成的。他常常自我设限，使自己的无限潜能无法发挥。他其实也是一个有着优秀潜质的人，然而，却整天生活在负面情绪当中，完全享受不到工作的乐趣。他总是牢骚满腹，这种消极情绪会不知不觉地传染给其他人。

第三种人：得过且过。

玛丽的口头禅是："那么拼命干什么？大家不是拿着同样的薪水吗？"玛丽从来都是按时上下班，按部就班；职责之外的事情一概不理，分外之事更不会主动去做。不求有功，但求无过。一遇挫折，她最擅长的就是自我安慰："反正晋升是少数人的事，大多数人还不是像我一样原地踏步，这样有什么不好？"

一年后，玛丽仍然做着她的秘书工作，上司对她的评价始终不好不坏。一年一度的大学生应聘热潮又开始了，上司开始关注起相关的简历来，也许新鲜的血液很快就会补充进来，玛丽的处境似乎有些不妙。人们已经很久没有见到史密斯，去年经济不景气，公司裁员的时候部门经理首先就想到了他。经济环境不好，公司更需要增加业绩、团结一致，史密斯却除了发牢骚，还是发牢骚。第一轮裁员刚刚开始，史密斯就接到了解聘信……而桑迪还是那么勤勉进取，忙碌的身影依然随处可见，他已经搬离了销售员的办公区，这一年，他被提升为销售经理，新的挑战才刚刚开始。

在公司里，员工与员工之间在竞争智慧与能力的同时，也在竞争态度。一个人的态度直接决定了他的行为，决定了对待工作他是尽心尽力还是敷衍了事，是安于现状还是积极进取。态度越积极，决心越大，对工作投入的心血也越多，从工作中所获得的回报也就相应地更为理想。

玛丽、史密斯、桑迪三人，一个面临失业的危险，一个已经被解聘，一个得到晋升。这并不是说得到晋升的桑迪比史密斯、玛丽在智力和能力上更突出，而是由于不同的工作态度导致的。尤其是在一些专业技术含量不太高的职位上，大多数人都可以胜任，那么增加自己砝码的也就只有态度了。这时，态度就是你区别于其他人，使自己变得重要的一种能力。

如果一个人不重视自己的工作，而且做得很粗糙，那么他绝不会尊敬自己。如果一个人认为他的工作辛苦、烦闷，那么他的工作绝不会做好，这一工作也无法挖掘他内在的特长。在社会上，有许多人不尊重自己的工作，不把自己的工作看成创造事业的要素，发展人格的工具，而视为衣食住行的供给者，认为工作是生活的代价、是不可避免的劳碌，这是多么错误的想法啊！

人往往就是在克服困难过程中，产生了勇气、坚毅和高尚的品格。每天都在抱怨工作不顺心的人，终其一生都绝不会得到真正的成功。抱怨和推诿，其实是懦弱的自白。在任何情形之下，都不要允许你对自己的工作表示厌恶，这是最坏的事情。如果你为环境所迫，而做着一些乏味的工作，你也应当设法从这乏味的工作中找出乐趣来。要懂得，凡是应当做而又必须做的事情，总要找出事情的乐趣来，这是我们对于工作应抱的态度。有了这种态度，无论做什么工作，都能有很好的成效。

三百六十行，行行出状元。在整个社会中，实在没有哪一个工作是可以藐视的。一个人的终身职业，就是他亲手制成的雕像，是美丽还是丑陋，可爱还是可憎，都是由他一手造成的。而人的一举一动，无论是写一封信，出售一件货物，或是一句谈话，一个思想，都在说明雕像的或美或丑，或可爱或可憎。

无论做任何事情，务必竭尽全力，这种精神的有无可以决定一个人日后事业上的成功或失败。如果一个人领悟了通过全力工作来免除工作中的辛劳的秘诀，那么他也就掌握了达到成功的原理。倘若能处处以主动、努力的精神来工作，那么即便在最平凡的工作中，也能增加他的权威和财富。即使是最卑微的职业，人们也能从自己的工作中体验到满足与快乐。在每个人的心灵里，都会不时受到悲伤、悔恨、迷惑、自卑、绝望等不良情绪的侵扰，如果此时能集中精力于工作上，这些让自己无法正常生活的负面影响就会被抛在一边。它们就像弹簧一样，当你用力挤压时，它们自然会弱下去。此时，人也真正成了坚强、自尊的人。在劳动中，幸福的荣光会从心底迸发，像火一样温暖着自己和周围的人。

一百多年前有一位家住罗得岛的人，他殚精竭虑地砌了一堵石墙，就像一位大师要创作一幅杰作一样，其专注程度甚至有过之而无不及。他翻来覆去地审视着每一块石头，研究每块石头的特征，思考如何把它放在最佳的位置。砌好以后，站在附近，从不同的角度，细细打量，像一位伟大的雕刻家，欣赏着粗糙的大理石变成的精美塑像，其满足程度可想而知。他把自己的品格和热情都倾注到了每一块石头上。每年，到他的农庄参观的人络绎不绝，他也很乐意解说每一块石头的特点，以及自己是如何把它们的个性充分展现出来的。

你会问砌一堵石墙有什么意义呢？这堵围墙已经存在了一个多世纪，这就是最好的回答。

如果一个人喜爱他的工作，你可以一眼看出来。他非常投入，他表现出来的自主性、创造性、专注和谨慎，十分明显。而这在那些视工作为应付差事、乏味无聊的人那里，是根本看不见的。

态度决定一切。良好的工作态度是获得成功的重要条件，也是让自己以轻松愉快的心情投入工作、积极主动完成任务的前提。很多事情我们无法选择也无法改变，但是我们却可以选择态度、改变态度。

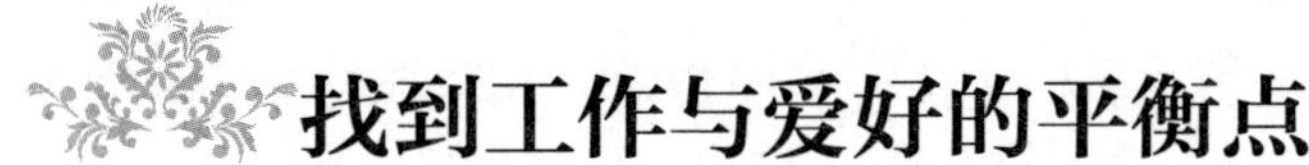

找到工作与爱好的平衡点

当人们谈论工作生活平衡的时候，他们的意思是我们应该在工作和我们的私生活之间找到一个平衡点，这完全正确。但是你也应该认识到如果你的工作就是你的爱好，就不需要缩短工作花更多的时间待在家里看电视。所以，重点是明白我们要寻找的是我们喜欢干的事情之间的平衡点——不仅仅只有工作和工作之外的生活，也包括工作、家庭、爱好、家务和其他一切我们感兴趣的事情。如果你对工作并非主动而是被动的，像奴隶在主人的皮鞭督促之下一样；如果你对工作感觉到厌恶；如果你对工作毫无热忱，更加不喜爱，无法使工作成为一种享受，只觉得是一种苦役，那你在这个世界上绝不会取得伟大的成就。有这样一个故事，一天，主人把货物装在两辆马车上，让两匹马各拉一辆车。在路上，一匹马渐渐落在了后面，并且走走停停。主人便把后面这辆车上的货物全放到前面的车上去。当后面那匹马看到自己车上的东西都搬到另一匹马那里了，便开始轻松地前进，并且对前面那匹马说："你自己流汗吧，流汗吧，你越是努力干，主人越要折磨你。"到达目的地后，有人对主人说："既然你只用一匹马拉车，那么你养两匹马也是浪费，不如好好地喂一匹，把另一匹宰掉，总还能拿到一张皮吧。”于是主人便真的这样做了。

如果你对工作依然存在着抱怨、消极和斤斤计较，把工作看成是苦役，那么，你对工作的热情、忠诚和创造力就无法被最大限度地激发出来，也很难说你的工作是卓有成效的。你只不过是在“过日子”或者“混日子”罢了！倘若如此，你每日所习惯的工作不仅不是合格的工作，而且简直跟“工作”有点背道而驰了！很多人认为只要准时上班，不迟到，不早退就是完成工作了，就可以心安理得地去领所谓的报酬了。可是，他们没有想到，他们固然是踩着时间的尾巴上下班，可是，他们的工作态度很可能是被动的，没有热忱的。那些每天早出晚归的人不一定是认真工作的人，对他们来说，每天的工作可能是一种负担、一种逃避、一种苦役。他们是在工作中远离了“工作”，不愿意为此多付出一点，更没有将工作看成是获得成功的途径。

因此，在任何时候，你都不能对自己的工作产生厌恶感，或者把工作看成是苦役。即使你在选择工作时出现了偏差，所做的不是自己感兴趣的工作，也应当努力设法从这无聊的工作中找出兴趣。要知道凡是应当做而又必须做的工作，总不可能是完全无意义的。问题全在你对待工作的认知，对工作表现出积极的态度，可以使任何工作都变得有意义，变得轻松愉快。一个人尽管如何冥顽不灵，尽管忘记他的崇高使命，但只要是踏踏实实，埋头苦干，这个人便不至无可救药，只有把工作当成苦役才会永无希望。努力工作，而绝不贪婪吝啬，这便是成功的唯一真理。

这个世界的最好的福音则是，认识你的工作——它并不是苦役，然后便动手去做，像加西亚那样！

许多人无法培养一丝不苟的工作作风，原因在于贪图享受、好逸恶劳，把工作看成是苦役，背弃了将本职工作做得完美无缺的原则。

我们在心中应当立下这样的信念和决心：从事工作，你必须尽你最大的努力。如果你对工作不忠实，不努力，甚至把它当成是一种苦役，那将贬损自己，糟蹋自己，更不会从工作中得到应有的快乐。

我认识许多老板，他们一直在费尽心机地去寻找能够胜任工作的人，他们所从事的业务并不需要出众的技巧，而是需要谨慎、朝气蓬勃与尽职尽责。他们雇请的一个又一个员工，却因为粗心、懒惰、能力不足、没有做好分内之事而频繁遭到解雇。与此同时，社会上众多失业者都在抱怨现行的法律、社会福利和命运对自己的不公。

马斯洛曾经定义“自我实现”，就是喜欢并去做必须做的事。也就是想办法将工作变成游戏般轻松与自由，但是对一般人而言这是一件非常不容易做到的事。

许多人都有一些限制他时间、行动与想法的工作，这工作也就是不快乐的根源。事实上，最近密歇根及哈佛二所大学的研究者发现大部分的美国人都有换工作的想法，而美国政府则在近些年花费四千万美元去研究不厌恶工作的方法。许多著名的小说家、科学家、电影明星及其他有名的人物都曾描述工作时所得到的极大快乐与满足，只因为这项工作是他们真心想做的。这可能是促成他们成功的最大原因。

有一些终生不得志的人则把大部分时间用于玩乐之上。致使二者的成就差异如此之大，可见调整和分配工作与休闲时间的重要性。对许多人来说，快乐绝大部分都不会出现于工作的时候，多出现于晚间、周末及休假当中。你该如何去除因工作而产生的不快乐呢？你又如何找到更多的快乐时光呢？有一个很好的方式就是培养自己足够的知识、勇气及内力去做适合你的工作。当最著名的压力研究专家亚莉耶博士在一次接受“美利坚新闻及寰宇报道”的访问时被问到：“人们如何应付压力呢？”他回答：“诀窍不在于如何避免压力，而在于‘做你自己的事’，这就是我一直所强调的：做你喜欢做的事，但也不要忽略了那些你该做的事。”另外他还提到：“药物治疗也能发挥一定的作用，例如现在已有一些能有效治疗高血压的药。但是我想对大多数人而言，最重要的莫过于学习如何生活，在各种不同的场合中如何表现适当举止以及如何做最明智的决定。‘我到底是想要接管父亲的事业还是成为音乐家？’如果你真的向往音乐家，那就朝这方面去做。”

许多人选择职业时往往只顾着赚钱、争取高职位或升迁，从而往往无法从事真正有兴趣的工作。例如有位社会工作人员，过去经常到各地区与民众会谈，教他们学习面对及解决问题的技巧，如今却因为其他原因而停止这项工作。现在虽然跃升为一著名社会辅导站的主管，但同时他放弃了他喜爱的兴趣——终日待在办公室里。还有一位艺术大师被聘为世界上最著名、最有权威的博物馆之一的馆长之后，他必须将绝大部分时间用于繁琐的行政工作上，而不得不放弃钻研艺术的雅趣。

如果你问一些人在不考虑金钱因素及其他顾虑的情况下，他们真正想从事的工作是什么？往往你都会得到非常意想不到的答案。有一家广告公司的企划部主任曾说到他愿成为一家自然博物馆的制标本技术人员，有一家出版社的董事长说他想成为餐厅的领班。另外还有一位公共关系部门的主管回忆起她一生中从事的最愉快工作就是当接待员，因为她每天必须与许多不同的人接触，这使她获得很多乐趣。而且这种工作也不会耗费她太多的私人时间及精力。此外，一位银行的副总裁将公余的时间大部分花费于研究制造各种锁。他还打趣地说，如果他不介意失去银行那份高高在上的职位，从事锁匠应该也可以维持温饱。

娱乐是极其重要的。如何寻找到适合自己的娱乐，则是一件非常快乐的事。但是，切莫去随便模仿别人。你最好能够先自问，什么是真正能使自己感到快乐的事情。在我们周围存在着这样的一些人，这些人什么事都要掺和掺和，还整天忙忙碌碌，这样的人是享受不到任何快乐的。只有在工作时专心投入，而且能够从工作中获得快乐的人，才能在游乐时感到喜悦。

只懂得如何游乐的人生不仅毫无成就，而且一点儿也不开心。一个每天认真工作的人，他在娱乐时才会由衷地感到快乐。整天好吃懒做的人、喝酒喝得醉醺醺的人、沉迷于酒色之中的人，一定无法从工作中获得真正的快乐，这样的人每天只是在过着行尸走肉的日子。

精神生活层次低的人，大多只追求低级的享乐，他们也只能热衷于那些毫无品位的娱乐；与这类人相对的是，那些精神生活层次高的人，则善于结交一些品性和道德良好的朋友，他们所追求的娱乐也是适当的，它们既没有危险性，又不失品位。具有良知的人都十分明了，娱乐是不可以被当作目的的，它只不过是一种让人放松心情、给人安慰的方法而已。如果想要步入高尚人的行列，你不妨实践一下我称之为“早上比夜晚聪明”的体验。在工作和游戏的时间安排上，最好能够有一个明确的计划。读书、工作，或者是要同有知识的人及名流之士促膝交谈，这些事情最好排在早上比较恰当。一旦吃过晚饭之后，就应该尽量让自己放松心情，除非是发生了什么紧急的情况，否则不要占用它，最好利用这段时间让自己轻松地做自己所喜欢的事情，例如，和几个志同道合的朋友打打牌，或者和几个有节制的朋友玩玩愉快的游戏，即使有失误，也不会因此而吵架。也可以去看一场比赛或是演出，或者找几位好朋友一起吃饭、聊聊天，尽你所能地度过一个能够令你满足的夜晚。

如果你的工作让你感觉无聊或不快乐，那么你最好是换个工作。但事实上，并不是每个人都能随心所欲地换工作，有些人甚至于换工作后变得更不快乐。

就像有一位想换工作却一直碰壁的人——因为年龄已 50 岁，别家公司不雇用他——或是一位离了婚的妇女无法搬离本地另找新工作，因为她必须住得离母亲家近些，以便每天下班后到母亲家看孩子——或是一位在住居地拥有本区唯一一间建筑公司的人必须留在当地，因为那儿是他发迹的地方，同时他也不愿离开朋友和亲戚搬到陌生的地方。

就算你特别讨厌目前所从事的工作，那也不要轻言放弃，因为有些技巧可以使你工作的更加愉快，你不妨想想由于从事此项工作所赚得的钱使你能享受购物的乐趣，你可以开始培养新的嗜好，这个嗜好使你除了工作外另有新的目标，你应该尝试在工作之中建立起具体的目标，目标是使工作愉快的万灵丹。有许多拿高薪的权威之士有时会感觉沮丧，就是因为他们已经身在高位，没有了进一步的目标，甚至有些人还不知道是为何而沮丧。哈佛大学科技、工作及心理计划部的主任马柯毕谈及某些公司里的高级主管时，称他们为“游戏型人物”。他解释所谓“游戏型人物”就是以在工作或娱乐冒险活动上击败对手为最大享受，但是这类人没有长程目标。他描述此“游戏型的人物”：漫无方向地跑完了人生旅程，到头仍是茫然。他叹息道：“我倒宁愿做些真正能使我高兴的事。”

所谓最有意义的目标就是能带给我们最大快乐的目标。如果工作的目的只是赚钱或击败对手，则成功所带来的快感将不会持续很长时间。就如同马柯毕提到的“游戏型人物”，他说：“一位又老又疲倦的游戏型人物，在输去几场比赛之后就失去了信心，那么他们所剩下的只是一张痛苦扭曲的脸孔而已。一旦他失去了青春、精力甚至荣耀，他变得绝望、茫然，就会觉得自己活着没有任何意义。”马柯毕主张“游戏型人物”如要避免被老化与颓废打败就必须：除了一心一意获取胜利之外，该想想生命中是否有其他值得追求的目标?

最理想的状况当然是能从工作及休闲二者中获取快乐。也唯有二者兼得，我们才能达到快乐的最高潮。

有一位狂热的业余水手为了成为职业水手而辞掉了正在从事的工作，然而在他成为职业水手之后，他却失望了：他所梦想的日子是夏日的周末，但他很快地发觉每天航海并无乐趣可言，不像以前只能利用周末上船那般有意思。当他只能在周末航海时，航海的新奇感从未停止，一旦它成了重复性的动作就不再那么刺激、有趣了。

人们经常梦想将工作放在一边，好好地放纵一下，可一旦他们这样做了，反而得到失望的结果。例如，有许多人刚刚退休时都不习惯，因而非常不快乐，所以尽管他们找工作困难重重，他们仍急于找到一份工作以打发寂寞。有些佛罗里达酒店每年出售超过 200 万美元的酒给退休后因无聊而以酒解愁的老人。所以每个人都必须学习从工作进入娱乐，再从娱乐返回工作，因为工作和娱乐二种不同感受的对照，能使你清新并协调享受二者。

无须为三斗米愁白头。根据《妇女家庭月刊》所做的一项调查，人类 70% 的烦恼都跟金钱有关，而人们在处理金钱时，却往往意外地盲目。盖洛普民意测验协会主席盖洛普·乔治说，从他所做的研究显示，大部分人都认为，只要他们的收入增加 10%，就不会再有任何财政的困难。在很多例子中并不尽然。我曾向预算专家爱尔茜·史塔普里顿夫人请教。她曾担任纽约及全培尔两地华纳梅克百货公司的财政顾问多年。她曾以个人指导员身份，帮助那些被金钱烦恼拖累的人。她帮助过各种收入的人——从一年收入不到 1000 美元的行李搬运员，至年薪 10 万美元的公司经理。她总结说："对大多数人来说，增加 10% 的收入并不能解决他们的财政烦恼。" 事实上，我经常看到，收入增加之后并没有什么帮助，只有徒然增加开支——增加头痛。她说："使多数人感觉烦恼的，" "并不是他们没有足够的钱，而是不知道如何支配手中已有的钱！" ……你对最后那句话表示不屑一听，是吗？在你再度表示轻蔑之前，请记住，史塔普里顿并没有说"所有的人"，她说"大多数人"。她并不是指你而言，她指的是你姊妹和表兄弟，他们的人数可多了。

有许多人可能会说："我希望举个例子来试试看：拿我的月薪，付我的账款，维持我应有的开支。只要他来试一试，我保险他会知道我的困难，不再说大话。" 说得不错，我也有过财政困难：我曾在密苏里的玉米田和谷仓做过每天 10 小时的劳力工作。我辛勤地工作，直至腰酸背痛。我当时所做的那些苦工，并不是一小时一块美金的工资，也不是 5 毛钱，也不是 1 毛钱，我那时所拿的是每小时 5 分钱，每天工作 10 小时。

我知道一连 20 年住在一间没有浴室、没有自来水的房子里是什么滋味。我知道睡在一间零下 15℃的卧室中，是什么滋味。我知道徒步数里远，以节省一毛钱，以及鞋底穿洞、裤脚打补丁的滋味。我也尝过在餐厅里点最便宜的菜，以及把裤子压在床垫下的滋味——因为我没钱将它们交给洗衣店。

然而，在那段异常艰难的时间里，我仍想尽一切办法从收入中省下几个铜板，因为如果我不那么做，心里就不安。由于这段经验，我们就必须和一些公司一样：我们必须拟订一个花钱的计划，然后根据那项计划来花钱。可惜，我们大多数人都做不到这样。例如我的好朋友黎翁西蒙金，他指出人们在处理金钱事务时，对数字表现得意外盲目。他告诉我，有位他所认识的会员，在公司工作时，对数字精明得很，但等到他处理个人财务时则不然，见到某些物品就毫不犹豫地将它买下来——从不考虑房租、电费，以及所有各项“杂”费，迟早都要由这个薪水袋里抽出来付掉。然而这个人却又知道，如果他所服务的那家公司以这种贪图目前享受的方式来经营，则公司势必破产。我认为，当牵涉到金钱时，你就等于是在为自己经营事业。而你如何处理你的金钱，实际上也确实是你“自家”的事，别人无法帮忙。那么，我们管理钱的原则是什么呢？我们如何展开预算和计划？

1. 制定出一个真正适合你的预算。预算的意义，并不是要把所有的乐趣从生活中抹杀，而是在于给我们物质安全，并且免于为金钱忧虑。“依据预算来生活的人，”史塔普里顿夫人说，“比较快乐。”史塔普里顿夫人告诉我，假设有两个家庭比邻而居，住同样的房子，同样的郊区，家里孩子的人数一样，收入也一样——然而，他们的预算需要却会截然不同。为什么？因为人性是各不相同的，她说，预算必须按照各人需要来拟定。

但怎么进行呢？如同我所说的，你必须把所有的开支列出一张表来，接下来你可以给华盛顿的美国农业部写一封信，索取与之相关的小册子。在某些大城市　　主要的银行都有专家顾问，他们将乐于在财务问题上给你帮助，并帮你拟定一项预算。

有一本由“家庭财务公司”发行的名叫“家庭金钱管理”的书，这家公司出版了一整套的小册子，写到了许多预算上的基本问题，例如房租、食物、衣服、健康、家庭装饰，和其他各项问题。

2. 学习如何聪明地花钱。意思是说，学习如何使金钱得到最高价值。所有大公司都设有专门的采购人员，他们啥事也不做，只要设法替公司买到最合理的东西。身为你个人产业的男、女主人，你何不也这样做？

3. 把事实记在纸上。亚诺 • 班尼特 50 年前到伦敦，立志做一名小说家，当时他很穷，生活压力大。所以他把每一便士的用途记录下来。他难道是想知道他的钱怎么花掉了？不是的。他心里有数。他十分欣赏这个方法，不停地保持这一类记录，甚至在他成为世界闻名的作家、富翁、拥有一艘私人游艇之后，也还保持这个习惯。约翰 • 洛克菲勒也保有这种总账。他每天晚上祷告之前，总要把每便士的钱花到哪儿去了弄个一清二楚，然后才上床睡觉。我们都一样，必须去弄个本来，开始记录，记录一辈子？不，不需要。预算专家建议我们，至少在最初一个月要把我们所花的每一分钱做准确的记录——如果可能的话，可做三个月的记录。这只是提供我们一个正确的记录，使我们知道钱花到哪儿去了，然后便可依此做一预算。

4. 投保医药、火灾，以及紧急开销的保险。对于各种意外、不幸及意料之中的紧急事件，都有小额的保险可供投保。但并不是建议你从澡盆里滑倒至染上德国麻疹的每件事皆投上保险，但我们郑重建议，你不妨为自己投保一些主要的意外险，否则，万一出事，不但花钱，也很令人烦恼。而这些保险的费用都不是很昂贵。

5. 教导子女对金钱负责。《你的生活》杂志上有一篇文章，作者史蒂拉•威斯顿•吐特讲述了她如何教导她的小女儿养成对金钱的责任感。她从银行里取得一本特别储金簿，交给她九岁大的女儿。每当女儿得到周零用钱时，就将零用钱“存进”那本储金簿中，母亲则自任银行职员。然后在那个星期之中，每当她须使用一毛钱或一分钱时，就从账簿中“提出”，把余款结存详细记录下来。这位小女孩不仅从其中得到很多的乐趣，而且也学会了如何处理金钱的责任感。

6. 不要因你的收入而增加头痛。史塔普里顿夫人告诉我，她最怕的就是有人请她去为年薪五千美元的家庭制定预算。我问她为什么。“因为，”她说，“每年收入五千美元，似乎是大多数美国家庭的目标。他们可能经过多年的努力奋斗最终才达到这一标准——然而，当他们的收入达到每年五千美元时，他们认为自己已经‘成功’了，他们开始大肆扩张。在郊区买栋房子——‘只不过和租房子花一样多的钱而已。’买部车子，许多新家具，以及许多新衣服——等你发觉时，他们已进入赤字阶段了。他们实际上不比以前更快乐——因为他们把增加的收入花得太凶了。”我们自然都很希望得到更高层次的生活享受，但从长远方面来看，到底哪一种方式会带给我们更多的幸福——强迫自己在预算之内生活，或是让催账单塞满你的信箱，以及债主猛敲你的大门？

7. 家庭主妇可在家中赚一点外快。如果你在聪明的拟好开支预算之后，发现仍然无法承受家庭的开支，那么你可以选择下述两事之一：你可以咒骂、发愁、担心、抱怨，或者想办法赚一点外快。怎么做呢？想赚钱，只需找人们最需要而目前供应不足的东西。

娜莉•史皮尔夫人，家住纽约杰克森山庄。在 1932 年，她自己一个人住在一间有三个房间的公寓里，她的丈夫已去世，两个儿子都已结婚。有一天，她到一家餐馆的苏打水柜台买冰淇淋，发现柜台也兼卖水果饼，但那些水果饼看起来实在令人不敢恭维。她问掌柜的愿不愿向她买一些真正的家制水果饼，掌柜的最后向她订了两块水果饼。“虽然我自己也是个好厨师，”史皮尔夫人对我讲述她的故事说，“但以前我们住在佐治亚州时，一直请有女佣，我亲手烘制饼干的次数只有十多次而已。在那位掌柜的向我预订两个水果饼之后，我向一位邻居请教了制苹果饼的方法。结果，那家餐厅的顾客对我最初的两块水果饼——一块苹果，一块柠檬——赞不绝口。餐厅第二天就预订了五块，接着，其他餐馆也陆续来向我订货。在两年之内，我已经成为每年必须烘制五千块饼的家庭主妇。我是单独一人在我自己的小厨房内完成全部工作的，我一年收入已高达 1 万美元，除了一些制饼的材料之外，我一毛钱也没多花。”

对史皮尔夫人家制烤饼的需求量愈来愈大，她不得不搬出厨房租下一间店铺，雇了两个女孩子帮忙。水果饼、蛋糕、卷饼。在世界大战期间，人们排队一个多小时等着买她的家制食品。史皮尔夫人认为她一生中从未如此快乐过，虽然她每天要在店里工作十几个小时，但她从不觉得厌倦，因为对她来说，那根本不算是工作，而是生活中的奇异经验。

娥拉•史令达夫人也有相同的看法。她住在伊利伊诺州梅梧市——一个三万人口的小镇。她就在厨房里以一毛钱价值的原料开创了事业。她的丈夫生病了，她必须赚点钱补贴家用。但怎么办呢？没有经验，没有技术，没有资金，只不过是一名家庭主妇。她从一颗蛋中取出蛋清加上一些糖，在厨房里做了一些饼干；然后她捧了一盘饼干站在学校附近，将饼干售给正放学回家的学童，一块饼干一分钱。“明天多带点钱来，”她说，“我每天都会带着饼干在这儿。”第一周，她不只赚了 4.15 美元，同时也为生活带来乐趣。她为自己和孩子们带来了快乐，现在没有时间去忧愁了。这位来自伊州梅梧市的家庭主妇相当有野心，她决定向外扩展——找个代理人在芝加哥这样的大城市出售她的家制饼干。她胆怯而害羞地和一位在街头卖花生的意大利人说了自己的想法。他耸耸肩膀，说他的顾客要的是花生，不是饼干，第一天就为她赚了 2.15 元。四年后，她在芝加哥开了第一家商店，店面只八尺宽，她晚上做饼干，白天出售。这位以前相当羞怯的家庭主妇，从她厨房的炉子上开创饼干工厂，现在已拥有 19 家店铺——其中 18 家都设在芝加哥最热闹的鲁普区。

娜莉•史皮尔和娥拉•史令达，两个普通的家庭主妇，并没有为金钱而烦恼，反而采取积极的做法。她们以最小的方式从厨房出发——没有租金，没有广告费，没有薪水。在这种情况下，一名妇人几乎不可能被财务烦恼拖垮。

仔细观察你的周围，你将会发现许多尚未达到饱和的行业。例如，如果你自己是一名很优秀的厨师，你也许可开设烹饪班，就在你自己的厨房内教导一些年轻小姐，这也是赚钱之道。说不定上门求教的学生络绎不绝。

很多人由于对自己目前的薪水不满足，而将比薪水更重要的东西也丢弃了，到头来连本应得到的薪水都没有得到。这就是只为薪水而工作的可悲之处。也许是目睹或者耳闻父辈、他人被老板无情解雇的事实，现在的年轻人往往将社会看得比上一代更冷酷、更严峻，因而也就更加现实。在他们看来，我为公司干活，公司付我一份薪水，等价交换，相当公平。他们看不到薪水以外的价值，在校园中曾经编织的美丽梦想也逐渐破灭了。没有了信心，没有了热情，工作时总是采取一种应付的态度，宁愿少说一句话，少写一页报告，少干一个小时的活，少走一段路……他们只想对得起自己目前的薪水，从未想过是否对得起自己将来的薪水，甚至是将来的前途。

某公司有一位员工，在公司已经工作了十年，薪水却始终不见涨。直到有一天，他终于忍不住当面向雇主诉苦。雇主说："你虽然在公司待了十年，但你的工作经验却不到一年，能力也只是新手的水平。"这名可怜的员工在他最宝贵的十年青春中，除了得到十年的新员工工资外，其他一无所获。

这就是只为薪水而工作的结果！

从前在宾夕法尼亚的一个山村里，住着一位卑微的马夫，后来这位马夫竟然成了美国最著名企业家之一，他靠着惊人的魄力和独到的思想撑起了事业的大厦，他一生的成就为世人所景仰。他就是查尔斯•齐瓦勃先生。

年轻的朋友们很关心齐瓦勃先生为什么会获得成功，那么他成功的秘诀究竟是什么呢？齐瓦勃先生的成功秘诀就是：每谋得一个职位，他从不把薪水的多少视为重要的因素，他最关心的是新的位置和过去的职位相比较，是否前途和希望更为远大。他最初在一家工厂里做工，当时他就暗暗下定决心："终有一天我要做到本厂的经理，我一定要努力做出成绩来给老板看，使老板主动来提拔我。我不会计较薪水的高低，我只要记住：要拼命工作，要使自己工作所产生的价值，远超过我所得的薪水。"他下定决心后，便以十分乐观的态度，心情愉快地努力工作。在当时，恐怕谁也不会想到齐瓦勃先生会有今日巨大的成就。齐瓦勃的童年时代家境异常艰苦，家中一贫如洗，所以，他并没有受过很长时间的学校教育。齐瓦勃从 15 岁开始，就在宾夕法尼亚的一个山村里做马夫。两年之后，他又获得了另外一个工作机会，周薪为 2.5 美元。但他仍然无时无刻不在留心其他的工作机会，果然他又遇到一个新的机会，他应某位工程师之邀，去钢铁公司的一个建筑工场工作，工资由原来的周薪 2.5 美元变为日薪 1 美元。做了一段时间后，他就又升任技师，接着一步一步升到了总工程师的职位上。到了齐瓦勃 25 岁时，他晋升到房屋建筑公司的经理了。五年之后，齐瓦勃开始出任钢铁公司总经理。到 39 岁时，齐瓦勃接过了全美钢铁公司的权柄，出任总经理。如今，他是贝兹里罕钢铁公司的总经理。

齐瓦勃每当获得一个位置，就决心要做所有同事中最优秀的人。他决不会像某些人那样脱离现实胡思乱想。有些人经常会不守公司的纪律，常常抱怨公司的待遇，甚至于宁愿在街头流浪静待所谓的良机，也不愿刻苦努力。齐瓦勃深知，只要一个人有决心，肯吃苦，不畏难，必定可以成为生活的强者。从齐瓦勃一生的成功史中，我们可以看到努力劳动所具有的非凡价值。做任何工作，他都能非常乐观而愉快，同时在业务上求得尽善尽美、精益求精。所以，在他与同事们一起工作时，那些有难度、要求高的事情，都得请他来处理。齐瓦勃先生做事的态度是一步一个脚印，他从不妄想一步登天、一鸣惊人。所以，他地位的上升也是必然的。

如果一个人只是为着报酬而工作而没有更远大的目标，那么这实在不是一种好的想法。在这个过程中，深受其害的不是别人，正是他自己。他就是在日常的工作中欺骗了自己，而这种因欺骗蒙受的损失，即便他日后奋起直追，振作努力，也不能赶上。

如果要让我给刚跨入社会的年轻人们所遇到的切身问题发表一下自己的看法，那么我希望每个年轻人都牢记："在你们开始工作的时候，不必太顾虑薪水的多少。而一定要注意工作本身所给予你们的报酬，比如发展你们的技能，增加你们的经验，使自己更受人尊敬等等。"

许多年轻人认为，他们目前所得的薪水太微薄了，所以竟然连比薪水更重要的东西也宁愿放弃了，他们刻意逃避工作，在工作过程中敷衍了事，以报复他们的雇主给自己微薄的薪水。这样，他们就埋没了自己的才能，消灭了自己的创造力和发明才能，也就使自己可能成为领袖的一切特性都无法获得发展。为了表示对微薄薪水的不满，固然可以敷衍了事地工作，但长期地这样做，无异于使自己的生命枯萎，使自己的希望断送，终其一生，只能做一个庸庸碌碌、心胸狭隘的懦夫。

每个人对于自己的职位都应该这样想：我做这份工作是为了自己，固然，薪水要尽力地多挣些，但那并不是什么大问题，最重要的是由此获得踏进社会的机会，也获得了在社会阶梯上不断晋升的机会。通过工作中的耳濡目染获得大量的知识和经验，使自己的能力得以提升，这将是工作给予你的最有价值的报酬。你的雇主可以控制你的工资，可是他却无法遮住你的眼睛，捂上你的耳朵，阻止你去学习、去思考。换句话说，他无法阻止你为将来所做的努力，也无法剥夺你因此而得到的回报。

能力比金钱重要千倍万倍，因为它不会遗失也不会被偷。许多成功人士的一生跌宕起伏，有攀上顶峰的兴奋，也有坠落谷底的失意，但最终能重返事业的巅峰，俯瞰人生。原因何在？是因为有一种东西永远不会抛弃他们，那就是能力。他们所拥有的能力，无论是创造能力、决策能力、领导能力，还是敏锐的洞察力，绝非一开始就拥有，也不是一蹴而就，而是在长期工作中积累和学习得到的。一个人如果总是为自己到底能拿多少工资而大伤脑筋的话，他又怎么能看到工资背后的成长机会呢？他又怎么能理会到从工作中获得的技能和经验，对自己的未来将会产生多么大的影响呢？这样的人只会逐渐将自己困在装着薪水的信封里，永远也不会懂得自己真正需要什么。总之，不论你的老板对你多吝啬、多苛刻，你都不能以此作为放弃努力的理由。因为，我们不仅是为了目前的薪水而工作，我们还要为将来的薪水而工作，为自己的未来而工作。一句话，薪水是什么？薪水仅仅是我们工作回报的一部分。世界上大多数人都在为薪水而工作，如果你能为自己的成长而工作，为自己的将来而工作，那么你就超越了芸芸众生，也就迈出了成功的第一步。金钱只是工具而已。它能将你带到任何你想去的地方，但你却始终不是司机。它能提供满足你欲望的途径，但却不能直接为你提供欲望。金钱对于那些想颠倒因果关系——想通过掌握心智的产品来代替心智——的人来说是一种灾难。

适当享乐，不做葛朗台

有一句俗语说："人为财死，鸟为食亡。"这充分地说明了人们对金钱的渴望。我们的确应该努力去争取财富，但没有必要为了财富去"死"。事实上，人们往往因为钱财而漠视人生、情感等等。我们应该明白"钱财乃身外之物"，所以，人生切忌吝啬与贪婪。

我们崇尚节俭，同样我们也反对不恰当的节俭。

所罗门说过："普种广收"，"没有投资就没有回报"，"小处节省，大处浪费"，"省一分油钱，毁一艘轮船"。还有许多家喻户晓的谚语都反映了错误的节约不仅无益反而有害的常识。

美国作家约瑟•比林斯说："有几种节俭是不合适的，比如忍着痛苦求节俭就是一个例子。"我认识一个富人，他就成了一个节俭金钱的奴隶。比如，他老是为了节省10个美分而牺牲大好光阴，他常把半页未曾写过字的信纸撕下来，并裁下信的背面，作为稿纸。他这种浪费宝贵的时间去节省细小东西的做法，确实是得不偿失。他甚至在经营事业的时候，也有此种过度节省的吝啬精神。他对雇员们说，包扎时不论如何都要节约一些绳索，并把这一条作为公司的规定。即使由于这一条规定而浪费的时间要远远超过绳索的价值，但那位富人仍然坚持这样做。像这一类的节省，其实是极度愚蠢的做法。仅有少数人懂得节俭的真正意义。真正的节俭并非吝啬，而是经济的、有效率的节省用度，并非一毛不拔，而是用度适当。

所谓节俭，从广义上讲，包含了深谋远虑和权衡利弊的因素。最聪明的节省，有时却常需要过分的消费，比如做大生意使用交际费并不是一种浪费，乃是一种为未来投资的做法，是一种有用的投资。

善于节俭的人与不善节俭的人，其实有很大的不同。那不善节俭的人常常为了节省一分钱的东西，却费去价值一元钱的光阴。我从来没有见过斤斤计较的人成就了大事业。企图做大事业的人，一定要有度，切不可斤斤计较于一分一厘。只有靠理智的头脑、合理的处事，才能成功。

慷慨大度通常更能实现人的雄心，能够使人们获得多方面的收获，帮助我们在社会的阶梯中上升，这远比把金钱存入银行更有价值。因此，欲成大业者，应该做到深谋远虑，切勿因吝啬而妨碍自己希望的实现，丧失了到手的机会。节省的习惯，假如行之过度，反而得不到良好结果，非但不能成为进身之阶，反而常常成为绊脚的石头。商人吝啬得不肯多花资金来经营，同农夫吝啬得不肯在地里多播种是同样的道理。俗话说："种得少，收成也少。"

有一个人为了建造新房子而把旧房子拆掉了，但是他却把旧的地基留下了，因为他认为这样可以节省几百块的地基钱。新房子要比旧房子高好几层，仅仅几个星期的时间就完工了，但是房子由于地基不牢，看上去摇摇欲坠，人还没住进去，房子就已经倒塌了。这样的人不止他一个，到处都有为了节省地基费用而铸成大错的人。

过去有些年轻人吝啬个人的教育投资，认为花那么多钱就是为了找个好职业真是不值得，因为他认为即使读了许多书，自己也不会成为什么了不起的人。有些年轻人在校期间就只选容易的题目做，跳过难题，只要求自己达到一个基本的底线就行了，而且还经常因为自己逃学、考试作弊等等扬扬得意。还有的年轻人买东西不想给钱，不愿意为了提高自己的素养而牺牲暂时的娱乐。他们对工作敷衍了事，由于无知和缺乏必要的能力准备，他们在职业竞争中总是处于劣势，事业上难有发展。许多失败的人就是由于基础打得不牢，致使后来所做的努力都化为了泡影，整个人形销骨立。

在我们的社会中，居然还有那么多的父母为了增加家庭收入，剥夺了孩子上大学的权利，竟然让他们半路出去工作，妄图让他们抓住只有接受高等教育才有可能抓住的机会！居然还有那么多人为了在交友上省钱而忽略了朋友，为了在社交上省钱而借口没时间拜访别人，也没时间接待客人！我们省去了假期，直到工作太累而被迫休长假，而当我们那组织严密却脆弱无比的身体筋疲力尽时，任何关键部位出毛病都是很危险的。许多人总是恐惧“可怕的未来”而不敢享受现在。他们克制自己的种种欲望，声称掏不起那个钱；他们放弃了真正的生活；他们在今天活着，却渴望在明天来真正的生活和享受。如果他们出去休几天假，或者旅行一次，就好像有莫大的损失一样。他们连花一分钱都感到害怕，但实际上那是他们必须支出的费用和最起码的生活底线。

曾经有一个商人，他曾在一战前出国游览过很多名胜古迹，但是他太吝啬了，连去历史建筑物里面看一看的门票钱都舍不得花。例如，他去过很多名人故居所在的地方。在那些国家，那些名人故居被认为是但凡去过该国的人都要朝拜的圣地。但是他却因为舍不得买门票而从未进去过，他说在建筑物外面看看就足够了。所以，此人虽然去过相当多的地方，但他却不能颇有见地的谈论他所到过的任何一个地方。

还有一些人为了要节省些小钱，竟损坏了他们自己的健康。要想在职业上获得成功，必须防止不正确的节省。不论怎样贫穷，你可以在别的地方讲节省但却不可在食物上节省，由于食物是健康的基础，也是成功的基础。过度的、不当的节省，常常会消耗人的体力和精力。许多人身体患着疾病，但为了节省金钱竟不去求医，不但受着痛苦，并且由于身体的病弱，在自己的职业上也做不出出色的业绩来。

一个人是否能拿得出 10~15 元钱参加一次宴会，这本身并不是什么问题。他可能为此花掉了 15 元钱，但他也许通过与成就卓著的客人结交，获得了相当于 100 元钱的鼓舞和灵感。那样的场合常常对一个人的雄心壮志有巨大的刺激作用，因为他可以结交到各种博学多闻、经验丰富的人。在自己力所能及的情况下，对任何有助于增进知识、开阔视野的事情进行投资都是明智的消费。当然，我不鼓励任何人都将其知识商业化，或者以见不得人的方式出售其脑力，但我确实想给那些奋发向上的年轻人一些建议，建议他们尽可能结交那些能鼓励和帮助他们的人。与厉行节俭、精力充沛、事业有成的人建立亲密关系，对一个人的高远志向有着巨大的激励作用，我们由此可能做得更好，充分挖掘出自己的潜力。因此，与这样的人相识相知是年轻人最有利的投资。如果一个人要追求最大的成功、最完美的气质和最圆满的人生，那么他就会把这种消费当作一种最恰当的投资，他就不会为错误的节约观所困惑，也不会为错误的“奢侈观念”

所束缚。我认识一个年轻的商人，他总是在细微的地方过度吝啬，结果竟然使他的生意失败。他的一套衣服和一条领带，穿到破旧不堪也不肯丢掉。他从没想到过应该邀请一个有密切业务往来的客户吃一顿饭，在旅行时即便与熟悉客户偶然相遇，也从不替客户付一次旅费。于是，他落得个吝啬的名声，结果大家都不愿与他做交易。而他竟然还不知道，使他蒙受极大的损失的就是他那过度节省的习惯。

应当将增进我们的体力和智力作为目标。因此，凡可增加体力和智力的事情，不管要耗费多少代价，都要去做。那些可以促进我们成功、有利于我们事业的，我们在金钱方面一定不可吝啬。英国著名文学家罗斯金说："通常人们认为，节俭这两个字的含义应该是'省钱的方法'；其实不对，节俭应该解释为'用钱的方法'。也就是说，我们应该怎样去购置必要的家具；怎样把钱花在最恰当的用途上；怎样安排在衣、食、住、行，以及生育和娱乐等等方面的花费。总而言之，我们应该把钱用得最为恰当、最为有效，这才是真正的节俭。"总之，在金钱方面要节俭，但不可吝啬。

体味节省的乐趣

杰里·吉果斯在他所著的《钱爱》一书中提出的一种观点就是，你可以把借来的钱当作自己的收入。如果你一时还无法接受这种观点，是因为你觉得用自己的钱才能心安理得，才能真正轻松自在，那么你必须达到经济独立。要达到真正的经济独立以享受自在的生活，其实并不像人们通常想象的那么难，这并不是以庞大的财力为基础。要想过悠闲轻松的快乐生活，并不一定要住大厦、开名车、穿金戴银。重要的是，你拥有什么生活态度。如果有了健康正确的心态，你即使靠着借来的钱，也能舒舒服服、痛痛快快地享受人生。

要想达到经济独立，首先你就得明确经济独立的定义。你可以不用增加收入或财产就能达到经济独立，你所要做的只是改变自己的想法，重新想想什么是经济独立，什么不是经济独立。为了明确你对经济独立的认识，你可以看看下面的几项选择中哪一个是达到经济独立的重要因素。

1. 和有钱人结婚?

2. 找财务顾问来协助做正确的投资?

3. 有一大笔公司退休金再加上政府的养老金?

4. 中了百万元的奖券?

5. 继承有钱亲戚的巨额遗产?

我曾做过一项调查，发现将要退休的人最关心的事，以重要性依次排列是：财务保障、身体健康和可以共同分享退休生活的配偶或朋友。然而，有趣的是，通常退休之后不久这些人的想法就发生了改变。健康成为他们最关注的头等大事，而经济状况则下降到了第三位：很明显，虽然他们所预期的收入还是不变，但他们对经济的看法却已经改变了。

调查结果显示，人们退休之后实际生活所需比他们原先想象的少得多，钱对高品质的生活没有那么大的影响和作用。同时，这个结果也证明了上述的几项因素没有一个是真正经济独立的必要条件。

同时，人们那种追求金钱、炫耀金钱的虚荣心态实在该改一改了，疯狂地攫取金钱，买一些只能说是垃圾的东西，目的就是展现给别人看，以此来显示自己的价值，而实际上却失去了生命中更为宝贵的东西：本质、自尊以及真实的生活。住在阿巴达锁镇阿巴达街的莫瑞德夫妇有两个小女儿，他们是一个真正经济独立但并不富裕的家庭。他们靠着一份差不多只有一半的收入，就过着很好的生活。莫瑞德夫妇都是受过专业训练的学校老师，如果他们想，一年加起来可以挣十多万美元，可是只有丈夫布兰特在工作，而且是一份半职的工作，他们一家四口，一年只用不到三万美元就过得很舒服，因为他们学会了聪明地花钱，所以能够达到经济独立。莫瑞德一家过去十年来都过着简单的生活，他们说这种生活一点都不难过，他们觉得自己很好，因为他们对环保尽了一份力量。事实上，他们的哲学已经变成了“少就是多”。他们的收入虽然比一般人低，却买到了一个珍贵的东西，很多收入比他们高上十倍的人却还买不起这个东西。这个珍贵的东西就是大量的休闲时间，他们可以用来做自己想做的事情。

其实我们并不需要那么多物质和财富，对于金钱，只要使我们不饿肚子、有水喝、有衣服取暖，再加一个可以遮风避雨的地方足矣。现代人大都过着奢侈的生活却不自觉。两套以上的替换衣服便可以算得上奢侈，拥有一幢房子也是奢侈，一台电视机是奢侈品，一辆车也是奢侈品。很多人会大声疾呼这些都是必需品，其实并不是，如果它们是，在还没有这些东西出现的古代，人们是不是无法生活了，至少也是无法快乐。显而易见，事实并不是这样。

当然，我并不是要每个人的思想都必须有180度的大转弯，只维持最起码的需求，更不是要人们都去当清教徒、苦行僧。在过去的几年来我自己也时常收入低微，生活里还是保持着某些奢侈享受，而且不愿放弃。许多奢侈品其实没有任何意义，只能带给人们虚伪的自我膨胀。招摇阔绰地展示奢华和富有是一种浅薄的手段，想要借着炫人的财富——大过所需的房子、移动电话、豪华轿车以及最先进的音响——在别人面前，尤其是生活条件比较不好的人面前，证明自己高人一等。这种行为显示出缺乏自尊和内在本质。

只要稍微谨慎一点用钱，大多数人都能节省下一笔可观的花费，人们如果能充分运用创造力和机智，即便不花什么钱，也可以过上逍遥快活的生活。

人的内在真正价值是平稳的生活步调和较长的物质享受。

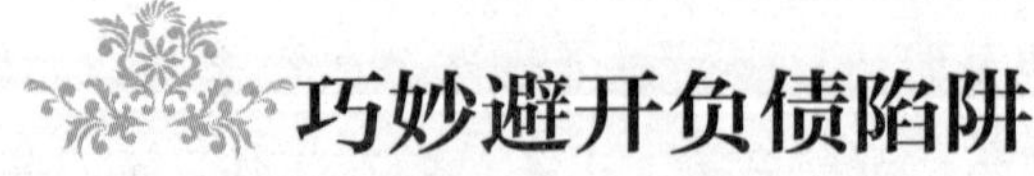

巧妙避开负债陷阱

如果你认为只要借得一笔资本，就能够创业了，那你就完全想错了。实际上，即使你已经借到了足够资本，你也未必会创业成功。因为据我所知，那些毫无商业经验的人靠借来的钱做生意而最后能成功的实在不多见。

一个毫无成功把握的人去创业，没有不遇到经济困难的。但是，假如他确实有相当能力和充分的成功把握，这样无形中就已经在别人面前树立了信用，那么即便他靠借来的本钱创业，也没有太大关系。

比彻教导他的儿子说："你得像逃避恶魔一样避免借债。"你要快下决心，不论你怎样急需金钱，也不要让你的名字出现在人家的账簿上！

富兰克林那"贫穷的查理"里有句话说得好："借钱等于自投苦恼的罗网。"是啊，法庭上每天又有多少的民事纠纷案都能够为这句话做证。

当然，这句话并不是对全部的情况都适用，也有一种例外。当一个人由于意外事件而陷入困境时，当遭遇从天而降的祸患时，往往很难靠自己的努力去避免，即便是满怀希望事业也难免遇到意外的困难和阻力，到了那时，不论你怎么小心谨慎，无论你思想上如何正确，无论你怎样想避免向人借钱，为了应一时之急，你都必须硬着头皮去向银行贷款。但就是到了那时，一定要谨记这一原则："借得慢，还得快。"

这一原则也适用于生意上的放账和借款，事实上放账和借款都是在所难免的，但你在两个方面都得有一个限度。一个下定决心想要创业的人，首先必须全面了解所要从事的业务范围的详细情况；其次，还要有挑选录用有能力的员工的眼力。假如这两点做不到，你对于所要进入的行业竟然毫无了解，在挑选录用员工方面也不谨慎，那么即便你做事很忠诚，待人很诚恳，当你向别人开口借钱以作为你的创业资本时，其他人也会毫不犹豫地一口回绝。

当你准备创业之时，最好不要心存太大的奢望，开始规模小些也不要着急，只要你确实是一个有着接触才能的人、一个努力奋斗的人，经过一段时间的筹划经营后，自然能发展得非常喜人。假如你能做到这一点，即使资本是借来的，倒也无妨。一个步入生活的正轨、沿着事业的健康道路前进的人，首先要注意的是，要在自己的才能、意愿、目标之间建立适当的平衡。不要因为野心太大，眼光太高，便走上举债经营的道路。

一些年轻人由于大意的缘故，经常因为借贷不立契约或不立书面的凭据而发生许多有损名誉的纠纷，给他们的前途带来了不利的影响，并且还使他们在道德与精神上受到极大的伤害。世界上每年有无数本来大有前途的年轻人由于借债而遭到了意外的失败。当他们刚跨入社会时，或许还没有染上借债这种恶习；他们原先或许非常看重名誉，也从不喜欢到处去借钱，那时他们的前途是非常光明的。但后来由于一点小小的用途无意中迈入了举债的大门之后，他们便渐渐陷入了难以自拔的危险境地。

每年因债务纠纷而丧生的人，比因战争而死的人要多出数十倍以上。现代的天才人物中，居然有 7 个人因举债而丢掉了性命，包括一个小说家、一个学者、两个法学家、两位政界名人和一个演讲天才。

美国的一位闻名人物斯蒂芬逊做人是特别小心谨慎的，这是大家都知道的，所以大家都很敬仰他。可是他在描述自己理想中的生活时，还战战兢兢地希望自己不要陷入借债的旋涡中去。斯蒂芬逊说："我们对他人必须示以爱和忠诚，平时应当量入为出。对于自己的家庭，应当保持快乐的气氛。对朋友，必须竭力避免仇恨，当然也决不可忍受无谓的屈辱。假如遇到蛮不讲理的人，最好还是早些避开为好——这是通向理想生活的捷径。"

纽维尔•希里斯博士也说："你要使自己过上一种安稳的生活，要保持自己良好的名誉，必须遵守一条规律：那就是赚得多花得少。"在这个随处布满陷阱的现代社会，好像没有什么比这件事更需要人们加以小心防范的。

有的人之所以喜欢向人借债，是由于他们没有看到借债背后所隐藏着的巨大危险。假如他们能够周全地考虑到万一不能还清债务的严重后果：包括丧失人格、迫不得已的撒谎、可能的营私舞弊、为逃避债务而东躲西藏等等，那么他们还会想要开启借债的大门吗？假如他们弄清了一旦戴上了债务的手铐无法挣扎的情形，他们一定会喊起来："宁可穷苦而死也不做债务的奴隶。"

负债是世界上最苦恼不过的事情。只要那些因债务缠身、时刻受着债主的要求与压迫、因债务而吃尽苦头的人，才了解负债是人生最大威胁。债务会把一个人的体力、气魄、人格、精神、志趣、雄姿消磨得一干二净；因为债务对人不仅是压迫，还会把一个人一生的希望全部毁灭。

为你的明天而储蓄

你童年时代是否拥有过储蓄罐呢？它是在金属盖上开一个小缝，有杯子做装饰的铁罐，还是底部有紫色墨水写着“Hechoen Mexico”，油彩斑斓的猪型石膏储蓄罐？那时候我们是储蓄的一代，每个家庭起码都会存一点钱。而在每个领薪水的日子，父亲都会留下一部分到银行存款，就是在最艰难的时候，每个家庭也总要在每个月存上一点。

现在时代改变了，美国比其他国家的储蓄率低，只不过隔了一代，我们的平均存款便较以往下跌了6%。相对于日本人平均每月储蓄薪水的19.2%，瑞士每月储蓄薪水的22.5%，美国人只存2.9%。你每月储蓄多少薪金呢？你的银行存款有多少足以用来度过危机？记住基本的储蓄原则：你至少需要有一个月的薪金存款，以保障你可以用它来度过危难时刻。根据这个标准，你是超过了还是仍然未及？

《我们在哪儿》（Where We Stand）的编辑总结道：“长期来说，不断下降的存款，不只极大地危害家庭安全，也严重削弱了国家未来的投资资金。”存钱对某些人来说是困难的，特别是在负债时和日常必须要有充裕资金来周转的情况下。但是长远来看，假如你每天存下一小部分钱，你会惊讶地发现，就是在生活最艰难的时期，你仍有可观的金钱可供使用。

记得那个做冰箱维修生意的伽纳吗？1929年股市崩溃时，他还是一个年轻的小伙子，他把宝贵的经验传授给了女儿。“家父教我对金钱要有责任感，”她告诉我们，“他这样说道：‘假如你还有钱可花，就该为明天而把这钱存起来！’”

美国节俭协会主席向全国教育协会所作的名为“伟大的节俭”的演讲中说：“法庭的记录显示，在去世的男人中，只有3%的人留下了10000美元以上的遗产，另有15%的人留下了2000美元到10000美元的遗产，而82%的男人根本就没有任何遗产。因此，这就造成了只有18%的寡妇良好舒适的生活条件，而有47%的寡妇被迫出去工作，35%的寡妇则一无所有。”

罗斯福上校说：“我鄙视那些不养家糊口的男人，每个男人都有责任拿出一定的收入来养家糊口。这不是一个生意上的投资问题，这是每个男人的责任！要他的亲人跟着他自己去冒险是很不公平的。就他个人的能力来说，让他自己独自去冒这个险还差不多。而且，想到自己去世，或发生变故，或由于种种原因经营不善造成生意失败以后，亲人们可以得到妥善安排安顿，这种感觉对任何男人来说，都是一种极大的满足。”在个人和国家财政赤字日益升高之际，大家不妨记住这句法国的古老格言：“远离债务就是远离危险”！前美式足球运动员布莱恩·布络辛曾如此说：“我这一生中，一直带着破口的钱袋，直到有一天，我才警觉自己要赶紧把它缝起来。”

我们花了一生都在追逐金钱，时常想象金钱用之不尽，如今钱没了，这岂不是一个大好时机。可以问一下自己：我真需要它吗？我很着急获得它吗？是否每次都有必要从皮夹掏出信用卡，或拿着存款簿提钱呢？直到现在，我一共存了多少钱？我们必须学习以所存的钱而非所花的钱来衡量成功。我认识一个非常有才气的年轻人，他挣了很多钱，对未来很有信心，所以他总是把钱花得精光。突然有一天，他年轻的妻子得了重病，为了保住妻子的生命，他不得已请了一位著名的外科医生为妻子做一个性命攸关的手术，但是医生要等他交足费用以后才能动手术。年轻人只好到处借钱，妻子的命终于保住了，也欠下了不少债务，但是妻子随之而来的疗养和孩子们接二连三的生病，加上饱受焦虑的折磨，终于使他积劳成疾，赚的钱一年比一年少。最后，这个人职业受挫，全家穷困潦倒，没有钱渡过难关。在妻子害病之前，他本可以在一年之中就轻而易举地存上千把元钱，但他当时认为没这个必要，相信以后挣钱也这么容易。

我不知道还有什么东西能在需要的时候代替存款，存款是我们为生活中的不幸购买的保险，否则，没有人能承受晴天霹雳。

一些年轻人经常向别人炫耀说，他们每月可以赚多少多少钱，但拿到之后总是一分不留花个精光。这种年轻人将来到了晚年，一定不会剩下几个钱，他们晚年的景象可能会很凄凉。

许多年轻人往往把他们本来应该用于发展他们事业的必备资本，用到雪茄烟、香槟酒、舞厅、戏院等无聊的地方。如果他们能把这些不必要的花费节省下来，时间一久一定大为可观，可以为将来发展事业奠定一个经济基础。不少青年一踏入社会就花钱如流水一般，胡乱挥霍，这些人似乎从不知道金钱对于他们将来事业的价值。他们胡乱花钱的目的好像是想让别人夸他一声“阔气”，或是让别人感到他们很有钱。

关于这个问题，有位作家的一段话说得特别好。他说，在我们的社会中，不知道有多少人因为“浪费”两个字失去了本应拥有的快乐和幸福。浪费的原因不外乎三种：一、对于任何物品都想讲究时髦，比如服饰、日用品、饮食都要最好的、最流行的。总之，生活的一切方面都愈阔气愈好。二、不善于自我克制，不管有用没用，想到什么就去买什么。三、有了各种各样的嗜好，又缺乏戒除这些嗜好的意志。总结起来就是一个问题，他们从来没有考虑过要修养自己的性格，克制自己的欲望。造成这种追求浮华虚荣的最大原因就是人们习惯于随心所欲、任性为之的做法。

当然，节俭不等同于吝啬。但是，即使是一个生性吝啬的人，他的前途也仍然大有希望；但如果是一个挥金如土、不知道珍惜金钱的人，他的一生可能将因此而断送。不少人尽管以前也曾经刻苦努力地做过许多事情，但至今仍然是一穷二白，主要原因就在于他们没有储蓄的好习惯。

我从来没有见过挥金如土的青年人最后竟能成就大业。有的年轻人从来不存钱，到中年以后仍然是不名一文。一旦丢掉了工作，又没有朋友去帮助他，那么他就只好整日徘徊于街头，没有着落。他要是偶然遇到一个朋友，就不断地诉苦，不断地抱怨，说自己的命运如何不济，希望那个朋友能借钱给他。这样的人一旦失业稍久，就容易落到饥肠辘辘、衣不遮体的地步。他所以落到这种地步，要吃这样的苦头，就是因为不肯在年轻力壮时储蓄一点钱。他似乎从来没有想到过，储蓄对他会有怎样的帮助，也从来不懂得许多人的幸福都是建立在“储蓄”这两个字之上的。

为什么有那么多人如今都过着勉强糊口的生活呢？因为这些人不懂得，以前少享些安乐、多过些清苦的日子，就会攒下将来的应急花销。他们从来不知道去向那些白手起家的伟大人物学一学；他们从来不懂得什么叫自我克制，无论口袋里有多少钱都要把它花得分文不剩；他们有时为了面子，即便债台高筑也在所不惜。

不要随便找人借钱，因为负债犹如下雨背稻草，越背越重，总有一天会把你压得苟延残喘的。

每个年轻人都应当有储蓄的远见和机智。这能使他在患病、面对死亡或紧急情况下镇定自若，而且万一遭受重大损失，也可以东山再起。没有储蓄，他可能许多年都不得翻身，尤其是在还有一大家子指望他供养的情况下。

在恐慌或危急情况下，少量的现金就可能带来许多的幸运。多数人通常都会碰到几次急需现金的情况，或许 1000 块钱就决定着人们是成功还是失败。但要是没有这一千块钱，他们也许就失败了，从此陷入绝望之中。

有些消费行为从表面上看起来似乎是浪费，但其实往往不是这样的。有许多家庭，特别是小城镇和农村的家庭拥有私人汽车，但是家里却没有浴缸，而他们又在考虑支付其他的昂贵开支。消费最重要的就是做到物有所值。有些人表面上穿的是绫罗绸缎，戴的是金银珠宝，坐的是豪华轿车，肚子里却是一包稻草，骨子里更是龌龊不堪，这是很为人所不齿的。要穿舒适的衣服，但同时也要给自己以自尊的品格、健康的头脑和乐观的性格。把金钱和时间花在更具有持久影响力的事情上，进行自我投资来提升自己，把钱花在追求更高的目标方面，不仅个人会获得极大的满足，而且素质的提高也有利于进一步创造更多的财富。

选择在最有价值的事情上进行投资，这是一种正确的消费观念和积极的生活方式，它将会使你活得诚实、质朴而有价值，最终得到你梦想的财富。有些人收入不高，但花起钱来可真是愚蠢之极。他们会为了买只有富人才买得起的小古玩和衣服，把所有的钱都花光，但等到想做点事情时却身无分文。

现在，在一些原本事业失败的人中，在一些贫穷的家庭中，在接受慈善组织救济的群体中，有相当一部分人已经学会了独立，他们懂得了理智消费的艺术。我们说“不恰当地花一分钱，就是浪费了一分钱”，那么，为什么不记住这句格言，并且从中获益呢？

人性的弱点 第六篇

微微一笑 幸福生活

提到微笑，大家首先想到的一定就是蒙娜丽莎了。蒙娜丽莎的微笑是经典的、永恒的，端庄美丽的蒙娜丽莎脸上那神秘的微笑使无数人为之倾倒。中国唐朝也有着杨贵妃（杨玉环）回眸一笑乱玄宗的故事，这也让她集三千宠爱于一身。国际著名影星奥黛丽·赫本也被人如此形容“她的微笑是上帝创造的，用来融化凡人的心”，用她的天使微笑征服了几代人。

微笑，是世上最美的语言。有时，也许只需要一个微笑，就能消除人与人之间的隔膜，拉近人与人之间的距离，仅仅，一个微笑而已。

微笑，是世上最美的符号。微笑就像是阳光，可以在人们压抑的时候驱散心头的尘埃，让人们觉察到一丝温暖。微笑可以化解生命里的很多仓促和不安，无形地拉近人与人之间的距离，微笑着度过每一天，会让自己的身心愉悦，也会让别人因为一份温暖而感动于瞬间。

很多时候你会发现，在一些情况下语言是苍白无力的、多余的，然而一个微笑就可以解决这种尴尬局面，双方会心的一笑足矣。

当我们对别人会心一笑的时候，也会换来自己的心情愉悦，为自己收获一份快乐，这是一件双赢的事情。高尔基曾经说过“赠人玫瑰，手留余香”，与这便是同样的道理。

生命的历程里，我们有太多的莫名感动。当刘翔受伤之后第一次夺冠的时候，他在镜头前面绽放了一个动人的微笑时，彼时，我们十几亿中国人为之动容，心中何止是兴奋和自豪？当汶川地震后，镜头里播放着废墟中绽放的一张一张笑脸时，那一个一个可爱的表情带给我们的何止是幸福和感动？

微笑是面对生活的一种积极的态度，它与贫富、地位和环境无关。即便是一个亿万富翁也有可能整天忧心忡忡，而一个穷人却有可能每天心情愉悦；一位诸事顺利的人可能愁眉不展，而一位身处逆境的人可能坦然面对……

相信拥有美丽笑容的人一定是善良的人，时常微笑的人一定是心中有爱的人。爱可以让微笑变得愈发动人，微笑可以使人变得愈发美丽，所有微笑之处，美丽绽放，快乐洋溢……

我们不能低估微笑的巨大力量，一个会心的微笑会带给他人些许安慰和感动，一个可爱的微笑会带给他人心动和喜悦。微笑能使许多困难迎刃而解，让生命里的每次悸动淋漓尽致地绽放芳菲。

朋友，给嘴角一个上扬的弧度吧，从这一刻开始！

生活总偏袒爱笑的你

微笑是世界上最美丽的表情，它不仅外在地表现了形象，而且也往往体现着人的内在精神状态。一个奋发向上、积极进取的人，一个对本职工作充满热情的人，总是面带着微笑走向社会、走向生活的。

我有这么一位朋友，他在一家报社任发行总监。每次他外出时，衣服口袋里一定会装着自己的名片。名片很别致，上面除了姓名和联系方式外，没有任何头衔，只印有一行醒目的字："你微笑，世界也微笑！"并且我注意到：他每次递出名片的时候，总能看到对方会心的微笑。这位朋友原先并不是做报纸发行的，而是一家印刷厂的厂长。当时，他的事业做得不错，在他所在的城市，一提到他的企业，同行中没有不知道的。这位朋友脑子灵活，颇懂经商之道，社交场合更是应付自如，左右逢源。但不管什么时候，他总是绷着一张脸，不苟言笑，对待员工更是如此。时间一长，员工们都给他起了外号叫"老虎"。在他的工厂办到第五个年头上时，企业出现了危机：厂里40%左右的技术骨干纷纷跳槽了！朋友发现了这一危机之后马上采取了一系列挽救措施，如提高员工的工资和福利待遇、改善食堂伙食等，可是一切努力并不见效。两年后，朋友经历了一生中最灰暗的日子，他不得不把自己辛辛苦苦经营了七年之久的企业抵押出去。朋友那些天一直保持沉默，常常是一个人面对着湖面痴痴地想。一个月后，朋友给我们打来电话，说他已经走出了破产的阴影，决定重新创业，并且成功地应聘到一家晚报做发行工作。朋友在电话里强调说，他终于找到了上次创业失败的关键所在——缺少微笑。于是，朋友特地印制了全报社独一无二的“微笑名片”，外出发行时也是春风满面，微笑，成了他给客户的第一印象。短短 8 个月之后，朋友就把业务搞得风生水起，发行报纸近 20 万份！对于竞争日益激烈的报纸行业来说，这个数目绝对是惊人的！报社老总慧眼识英才，破格提拔这位朋友为发行总监。

职场中往往有很多“创业诀窍”，这些都是密不外传的。而微笑，则是公开的、通用的。

加利福尼亚大学心理学教授詹姆斯•麦克尔教授表达了他对微笑的看法：微笑，魅力持久。当一个人在微笑时，他的精神状态是最为轻松的时候，全身的肌肉处于松弛状态，并且，他的心理状态也就极为稳定，当他那充满笑意的眼光与别人的目光相遇时，他的笑意会通过这道“无形的眼桥”传递给对方，而对方也会被你的快乐情绪所感染，你们之间的气氛自然也会变得和谐。你们相处得融洽，交流起来也容易多了。相反，如果你老是苦着一张脸，皱着眉头，那么没有人会欢迎你的：想获得交往的乐趣，首先就必须使对方和自己快乐才行。在交际中，微笑的魅力是无穷的。它就像巨大的磁铁吸盘一样，吸引着你周围的人们。查尔斯•哈里布曾说过，他的微笑可以值 100 万美元。为什么一个微会有这么高的价值呢？因为他掌握了微笑的秘诀，并恰当地把它运用于商场交际中，也因此使他的公司周旋于一些实力很强的大公司之间，不但挣了很多钱，而且还获得了好名声。

关于微笑艺术，我们应该懂得的是：

首先，应具备良好的心理素质，要对这个世界和世人关切。要想获得成功，就必须学会如此。但是即使是例行公事般的微笑仍是有益的，因为那会在别人心中产生快乐，并且会等价地回报你。使别人感到快乐了，你自己心中也会感到欣慰。久而久之，你就学会真心地微笑了。

而且，在微笑时，任何的不愉快或不自然的感觉都在你心中趋向静止和平衡。向别人微笑时，你是在向别人袒露你喜欢他的心迹，并且是以一种巧妙而高尚的方式，他会理解你的意思而去加倍喜欢你；微笑的习惯，带给你的是完美的个人形象和愉快的生活环境。最近我在纽约参加了一个宴会，其中有一位妇女刚刚获得遗产。她急于给每一个人留下良好的印象，于是在黑貂皮大衣、钻石和珍珠上面花费了很多心思，浪费了好多金钱。但是她在表情上却没下什么功夫，表情冷漠、尖酸、自私。她没有发现，事实上每一个男子注意一个女子面部的表情要远远多于她身上所穿戴的衣饰。

你喜欢接触性情乖戾、忧郁、不快乐的人，还是喜欢接触快乐而热力四射的人？这些神情和态度在人群中是有感染性的。因此，你应该用灿烂的笑来影响你周围的人。微笑是有巨大力量的，孩子们天真的微笑使我们想起了天使；父母的微笑让我们感到温情；祖父的微笑让我们感到慈爱。举个最常见的例子，小狗见到主人时，那副欣喜若狂的样子就让人觉得小狗是最忠实的伙伴了。

我曾向许多企业家建议，希望他们能够每天展现他们的笑脸，这样持续一个星期，再把结果拿到训练班上发表。其中有一个学员是纽约股票场外经纪人瓦利安•史达哈德。他说："我已经结婚 18 年了，以前在家中，基本没有对妻子展露笑容，可说是世上最难侍候的丈夫了。为了完成微笑的测试，我就试着笑一个星期看看。就在第二天的早上，我对着镜中板着脸孔的自己说：'比尔，今天收起这张苦瓜脸吧，让我看看笑容！'早餐的时候，我就一面对太太说早安，一面对她微微一笑。"我太太非常吃惊。事实上，不但如此，她简直是深受震撼。从此我每天都那样做。到目前为止，已经持续了两个月。

"这两个月以来，由于我态度的转变，前所未有的那种幸福感，使我们的家庭生活十分愉快。"

现在，每天走入电梯我会对服务生微笑道早安，对守卫先生也以微笑招呼，在地铁窗口找零钱也是这么做的。即使在交易所，对那些没看过我笑脸的人，也都报以微笑。

"不久我发现，大家也都对我微笑，而对于那些有所不满、烦忧的人，我也以愉快的态度与其相处。在带着微笑倾听他们的牢骚后，问题的解决也变得容易多了。

"我也不再责备员工，相反地，经常表扬他们；绝口不提自己所要的，而时时站在别人的立场体贴人。正因为如此，生活上也整个发生了变化。现在的我和以前的我完全不同，是一个收入增加、交友顺利的人了。我想，世界上没有比这更幸福的了。"

爱伦巴特•哈巴德的话同样能给人以启发："出门时做个深呼吸，呼吸一下新鲜空气，抬头挺胸。笑脸迎人，诚心和人握手，即使被误会也别担心，且不要浪费时间去设想你的敌人，认真为自己制定一个目标，然后朝着目标勇往直前。

并且把心放在那些伟大光明的工作上。心理的活动是微妙的。而正确的精神状态就是经常保持勇气、率直和明朗。正确的精神状态也具有优越的创造力。一切的事物都是由愿望所产生,而祈求者的愿望会得到回应。正确的思想就是创造,所有事情都来自欲望。所以，抬起你的头，向人展示出你自信的微笑吧！”

即使微笑并不是你所擅长的，也要强迫自己露出微笑。如果你是单独一个人，强迫自己吹口哨，或哼一支小曲，表现出你似乎很愉快，这就容易使你愉快。按照已故的哈佛大学威廉·詹姆斯教授的说法——“行动似乎是跟随在感觉后面，但实际上行动和感觉是几乎平行的。而控制行动就能控制感觉。因此，如果我们不愉快的话，要使自己愉快起来的积极方式是：愉快地行动起来，而且言行都好像是已经愉快起来……”弗莱奇在他的“奥本海默和卡林公司”的一则圣诞节广告中，为我们提供了一点实用的哲学。下面是这则广告的全文：微笑在圣诞节的价值它没有任何成本，但效果十分显著。它使接受它的人满足，而又不会使给予它的人贫乏。它在一刹那间发生，却会给人永远的记忆。无论对于多么富有的人来说它都是必需品，也没有人穷得不拥有它。它为家庭创造了快乐，在商业界建立了好感，并使朋友间感到了亲切问候。它使疲劳者得到慰藉，使沮丧者看到光明，给悲伤的人带来希望。但它却无处可买，无处可求，无处可偷，因为在你给予别人之前，它没有实用价值。假如在圣诞节最后一分钟的匆忙购物中，我们的店员累得无法给予你一个微笑时，我们能请你留下一个微笑吗？因为，不能给予别人微笑的人，最需要别人的微笑了。快乐的人并不是没有经历过痛苦，而是不会被痛苦所摆布。人生难免会和痛苦不期而遇，其实痛苦并不值得惧怕，值得惧怕的是我们的内心背叛我们自己，成为痛苦的帮凶。

整理一下自己的心情，忘记那些不愉快的事，带上自己的微笑，听听音乐，看看风景，说能说的话，做可做的事，走该走的路，见想见的人。

带上微笑，和快乐一起出发。

不做杞人忧天的傻子

底特律城已故的爱德华•依文斯在学会“生命就在生活里，在每一天和每一个时刻里”以前，差点因为忧虑而自杀。爱德华•依文斯从小成长在一个贫苦的家庭，开始是以卖报为生，之后在一家杂货店当店员。因为家里有 7 口人要靠他吃饭，于是后来他就谋到一个职位，当助理图书管理员，虽然报酬不高，他却仍然不敢辞职。直到 8 年以后，他才鼓起勇气开始他自己的事业。一开始，创业资金就只有借来的 55 元钱，结果发展成为一个大的事业，那一年他赚了 2 万美金。不料，厄运降临了，很可怕的厄运：他替一个朋友背负一张面额很大的支票，但那位朋友却破产了。祸不单行，灾难接踵而来，那家存着他全部财产的大银行垮了，他不但损失了所有的钱，而且还负债 1.6 万元。他受不住这样的打击病倒了。

“没有别的病因，只是因为担忧。有一天，我走在路上的时候，突然昏倒在路边，从那之后我就只能躺在床上，再也不能走路了。我的全身都烂了，连躺在床上都受不了。我的身体越来越弱，最后医生告诉我，我只能再活两个星期了。我大吃一惊，写好我的遗嘱，然后躺在床上等死。挣扎或是担忧已经都没有用了，我放弃了，也放松下来，闭目休息。连续好几个星期，我几乎没办法连续睡两个小时以上。可是后来，因为一切困难很快就结束了，我反而睡得像个小孩似的安稳。那些令人疲倦的忧虑渐渐地消失了，我的胃口恢复了，体重也开始增加。

“几个星期之后，我就能撑着拐杖走路。6 个星期以后，我又能回去工作了。我以前一年曾赚过两万块钱，可是现在每个星期只能挣到 30 元钱我就已经很满足了。我的工作是推销用船运送汽车时放在轮子后面的挡板。这时我已学会不再忧虑，不再为过去发生的事情后悔，也不再担心将来。我把所有的时间、精力和热诚都放在推销挡板上。”

不到几年，爱德华·依文斯已是依文斯工业公司的董事长。多年来，这个公司一直是纽约股票市场交易所业绩最好的一家公司。如果你乘飞机到格陵兰去，很可能降落在依文斯机场——这是为了纪念他而命名的飞机场。可是，如果他没有学会“生活在完全独立的今天里”的话，爱德华·依文斯绝不可能获得这样的成功。

1871 年春天，一个年轻人在一本书中看到了对他今后的前途有莫大影响的一句话。他是蒙特瑞综合医院的医科学生，他一直生活在忧虑之中，担心怎样通过期末考试，担心该做些什么事情，该到哪去，怎样才能开业，怎样才能过活。这个年轻人在看到那句话之后，成为了他那一代最有名的医学家，他创建了全世界知名的约翰·霍普金斯医学院，成为牛津大学医学院的钦定讲座教授——这是在大英帝国学医的人所能得到的最高荣誉，他还被英国皇帝册封为爵士。他死后，需要两大卷书——厚达 1466 页篇幅，才能记述他的一生。

这个年轻人就是威廉·奥斯勒爵士。他在 1871 年春天所看到的那句话就是——“最重要的就是不要去看远方模糊的，而要做手边清楚的事。”这由汤玛士·卡莱里所写的一句话，使他无忧无虑地过了一生。42 年之后，在一个温和的郁金香开满校园的春夜，威廉·奥斯勒爵士对耶鲁大学的学生发表了演讲。他对那些耶鲁大学的学生们说，像他这样一个曾经在四所大学当过教授，写过一本很受欢迎的书的人，似乎应该有“特殊的头脑”，但其实不然，他说他的一些好朋友都知道，他的脑筋其实与普通人无异。

那么究竟帮助他成功的秘诀是什么呢？他认为这完全是因为他活在所谓“一个完全独立的今天”里。他这句话是什么意思？在奥斯勒爵士到耶鲁去演讲的几个月前，他乘着一艘很大的海轮横渡大西洋，看见船长站在舵房里，按下一个按钮，船的几个部分就立刻彼此隔绝开来——隔成几个完全防水的隔舱。奥斯勒爵士对那些耶鲁的学生说：“你们每一个人，结构都要比那条大海轮精美得多，所要走的航程也更远得多，我要劝各位的是，你们也要学会控制一切的方法，而活在一个‘完全独立的今天’里面，才是在航程中确保安全的最好方法。到舵房去，你会发现那些大的隔舱至少都可以使用；按下按钮，注意听你生活的每一个层面，用铁门把过去隔断——隔断那些已经逝去的昨天；按下另一个按钮，用铁门把未来也隔断——隔断那些尚未到来的明天。然后你就保险了——你有的是今天……切断过去，让已死的过去埋藏掉；切断那些会把傻子引上死亡之路的昨天……明日的重担，加上昨日的重担，就会成为今日最大的障碍，要把未来像过去一样紧紧地关在门外……未来就在于今天……没有明天这个东西的，人类得到救赎的日子就是现在，精力的浪费和精神的苦闷，都会紧随着一个为未来担忧的人……那么把船后的大隔舱都关断吧，准备养成一个好习惯，生活在'完全独立的今天'里。"

奥斯勒爵士的意思是不是说我们应该为即将到来的明天做好充足的准备呢？不是的，绝不是这样。在那次演讲里，他就继续说道，为明日准备的最好方法，就是要集中你所有的智慧，所有的热忱，把今天的工作做得尽善尽美，这就是你能应付未来的唯一方法。

为明天计划是没有错的，要小心地考虑和准备，但是千万不要担忧。

在战争年代，军事领袖必须为将来计划，可是他们绝不能有任何焦虑。"我把我们最好装备，供应给最好的人手，"指挥美国海军的海军上将厄耐斯特•金恩说："再交给他们似乎是最聪明的任务，我所能做的就是这些。"不论是在战时或者是在平时，好主意和坏主意之间的差别是：好主意由于对原因和结果考虑周到，而产生很合逻辑的、富有建设性的计划；而坏主意通常会导致一个人的紧张甚至精神崩溃。

最近我很荣幸能去访问世界上最有名的《纽约时报》的发行人——亚瑟•苏兹柏格。苏兹柏格先生告诉我，当二战的战火烧过欧洲的时候，他很吃惊，对未来非常担忧，这使他几乎无法入睡。难以入眠的他常常在半夜爬下床来，拿着画布和颜料，望着镜子，想画一张自画像。他对绘画一窍不通，可是他还是画着，好让自己不再担心。苏兹柏格先生告诉我，最后，他用一首赞美诗里的一句话作为他的座右铭，终于消除了他的担忧，得到了平安。这一句话是："只要一步就好了。"带引我，仁慈的灯光……让你常在我脚旁，我并不想看到远方的风景，只要一步就好了。

大概在同一时期，有位叫泰德•班哲明诺的年轻军人也同样地学会了这种方法，他住在马里兰州的巴尔的摩城——他曾经忧虑得几乎完全丧失了斗志。

"1945 年 4 月，"泰德•班哲明诺写道，"我忧愁得患了一种医生称之为结肠痉挛的病，这种病使人很痛苦，若是战事持续下去的话，我想我整个人都会垮掉的。

“当时我筋疲力尽。我在第九十四步兵师担任士官的职务，职责就是建立和更新一份作战中死伤和失踪者的记录，还要帮忙发掘那些在战事最激烈的时候被打死的、被草草掩埋的士兵。我得收集那些人的私有物品，要确切地把那些东西送回到重视这些私有物品的家人或近亲手里。我一直在担心我们会造成那些让人很窘的或者是很严重的错误，我担心我是否能胜任这些任务，我担心是否还能活着回去把我的独生子抱在怀里——一个我从来没见过的 16 个月的儿子。由于担心和疲劳，我瘦了 34 磅，而且担忧得几近发疯。我眼看着自己瘦骨嶙峋的双手，一想到自己瘦弱不堪地回家，我就非常害怕，我崩溃了，哭得像个小孩，我浑身发抖……

“最后我住进了医院。一位军医给了我一些忠告，我的生活发生了翻天覆地的变化。在为我做完一次全身检查以后，他告诉我，我的问题纯粹是精神上的。”

他说：“泰德，生活就像是一个沙漏，在沙漏的上半部分，有成千上万粒的沙子，它们都慢慢地很平均地流过中间那条细缝。除了弄坏沙漏，没有办法使两粒以上的沙子同时通过那条窄缝。我们每一个人，都像这个沙漏。每一天早上开始的时候，我们就觉得我们有成百上千件的工作一定得在那天里完成。可是我们只能一次做一件，让它们慢慢平均地通过这一天，像沙粒通过沙漏的窄缝一样，否则肯定会损害到我们自己的身体或精神了。”

“从那个值得纪念的午后开始，当军医把这段话告诉我之后，我就一直奉行着这种哲学。‘一次只做一件事’这个忠告，战时在身心两方面都救了我。目前对我在手艺印刷公司的公共关系及广告部中的工作，也有莫大的帮助。我发现在生意场上，也有像在战场上的同样问题，一次要做完好几件事情——但没有多少时间可利用。我们的材料不够了，我们有新的表格要处理，还要安排新的资料，地址的变动，分公司的增开和关闭等等。我不会再紧张不安，因为我记得那个军医告诉我的话：‘一次只流过一粒沙子，一次只做一件工作。’我一再对自己重复地念着这两句话。我的工作比以前更有效率，做起来也不会再有那种在战场上几乎使我崩溃的、迷惑和混乱的感觉。”我们目前的生活方式中最可怕的事情就是，我们的医院里大概有一半以上的床位，都是保留给神经或者精神上有问题的人。他们都是被累积起来的昨天和令人担心的明天所加起来的重担所压垮的病人，而那些病人中，大多数只要能奉行耶稣的这句话“不要为明天忧虑”，或者是威廉·奥斯勒爵士的这句话“生活在一个完全独立的今天里”，今天就都能走在街上，过着快乐而有益的生活。

在目前这一刹那，你和我，都站在两个永恒交汇之点——已经永远永远地过去，以及延伸到无穷尽的未来，我们都不可能活在这两个永恒之中，甚至连一秒钟也不可能。如果真的如此，我们就会毁了自己的身体和精神，所以，我们就以能活在这一刻而感到满足吧。从现在一直到我们上床，“不论担子有多重，每个人都能支持到今晚的来临，”罗勃•史蒂文生写道，“不论工作有多么艰难，每个人都能做他那一天的工作，每一个人都能很甜美、很有耐心、很可爱和很纯洁地活到太阳下山，而这就是生命的真谛。”

不错，生命对我们所要求的也就是这些。可是住在密歇根州沙支那城的薛尔德太太，在领会到“要生活到上床为止”这一点之前，她一直感到极度的沮丧和担忧，甚至于几乎想自杀。

“1937 年我丈夫死了，”薛尔德太太把她的过去告诉我，“我觉得非常颓丧，我写信给我以前的老板李奥罗区先生，请求他让我重回原来的职位。我从前的工作是把世界百科全书推销给学校。两年前我丈夫生病了，我不得不把汽车卖了，于是我只好勉强凑足钱，分期付款买了一部旧车，又开始出去卖书。

“1938 年的春天，我到密苏里州的维沙里市去卖百科全书，那儿的学校都很不富裕，交通条件也很差，我一个人又孤独又沮丧，所以有一次我甚至想要自杀。我觉得成功是不可能的，活着也没有什么希望。每天早上我都很怕起床面对生活。我什么都担心：担心我付不出分期付款的车钱，担心我付不出房租，担心没有足够的东西吃，担心我的健康情形变坏而没有钱看医生。让我没有自杀的唯一理由是，我担心我的姐姐会因此而觉得很难过，而且又没有足够的钱来付我的丧葬费用。

“有一天，我读到一篇文章，正是这篇文章把我从消沉中拯救出来，使我有了继续活下去的勇气。我永远感激那篇文章，尤其是那篇文章里的那句很令人振奋的话：‘对一个聪明人来说，每一天都是一个新的生命。’我用打字机将这句话打下来，贴在我车子前面的挡风玻璃上，让我开车的时候每分钟都能看见。我发现每次只活一天并不困难，我学会忘记过去，也不想未来。每天早上我会对自己说：‘今天又是一个新的生命。’

“我成功地克服了对孤寂和需要的恐惧。我现在活得很快乐，也还算成功，并对生命抱着无尽的热诚和爱。我现在知道，不论在生活中遇到任何事情，我都不会再害怕了；我现在知道，我不必怕未来；我现在知道，我每次只要活一天——而‘对一个聪明人来说，每一天都是一个新的生命’。”

人性上最可怜的一件事就是，我们所有的人都拖延着不继续未来的生活，我们都梦想着在遥远的天边有一座宏伟的玫瑰园，而不去欣赏今天开放在我们窗口的玫瑰。

我们为什么会变成这种可怜的傻子呢？“我们生命的小小历程是多么奇怪啊，”史蒂芬·李高克写道，“小小孩说：‘等我长成一个大孩子的时候。’大小孩说：‘等我长大成人以后。’等他长大成人了，他又说：‘等我结婚以后。’可是结了婚，他们的想法又变成了‘等到我退休之后’。等到退休以后，他回头看看他所经历过的一切，他把所有的东西都错过了，而时光又一去不回头。我们总是无法及早领会到这一点：生命就在生活中，就在每一天和每一时刻里。”

就连蒙坦——那位伟大的法国哲学家，也犯过相同的错误。“我的生活中，”他说，“曾充满各种各样的不幸，而且大部分都是之前从来没有发生过的。”我的生活，和你的生活，也都一样。

昨天已经过去，时光不会因你后悔而倒流，后悔只会伤你的身体。明天还未到来，时光也不会因为你去想它而提前，忧虑也是空费其神。对于一个聪明智慧的人来说，每一个今天都是新的生命。

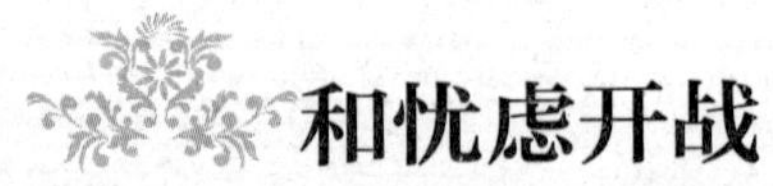

和忧虑开战

《马太福音》这么写道：不要为生命忧虑吃什么，喝什么，为身体忧虑穿什么。生命不胜于饮食吗？身体不胜于衣裳吗？ 你们看那天上的飞鸟，也不种，也不收，也不积蓄在仓里，你们的天父尚且养活它。你们不比飞鸟贵重得多吗？你们哪一个能用思虑使寿数多加一刻呢（注：或作“使身量多加一肘呢”）？何必为衣裳忧虑呢？你想：野地里的百合花怎么长起来；它也不劳苦，也不纺线；

然而我告诉你们：就是所罗门极荣华的时候，他所穿戴的还不如这花一朵呢！你们这小信的人哪！野地里的草今天还在，明天就丢在炉里，神还给它这样的妆饰，何况你们呢！

所以，不要忧虑说，‘吃甚么？喝什么？穿什么？’这都是外邦人所求的。你们需用的这一切东西，你们的天父是知道的。你们要先求他的国和他的义，这些东西都要加给你们了。所以，不要为明天忧虑，因为明天自有明天的忧虑；一天的难处一天当就够了。

时间可以解决很多事情，时间也能抚平你今天所担心的一切事情。忧伤的事情很多，遭受的挫折也很多，但是挫折也许是很有价值的，因为它让你知道自己为何失败。

有一个叫路易斯•蒙坦特的年轻人，是我的培训课上的一个学员，他以前曾经忧伤得不想继续活下去，后来，他说：“忧伤使我浪费了 10 年大好光阴。18 岁到 28 岁——这十年应该是生命中最丰富，生命力最强的时候。我现在体认到失去了这十年宝贵的光阴不能怪罪任何人，完全是我自己的错。”

那时他会担心所有的事：工作、健康、家庭及自卑感。他羞于见人，因为怕跟熟人打招呼，不惜绕道而行。真在街上遇到朋友，他也假装没有看见，因为他怕别人不屑理他。他恐惧与陌生人会面，怕得在两周内连连失去三个工作机会，只因为他没有勇气告诉这三位老板他有胜任的能力。

直到八年前某一天下午，他终于克服了他的忧虑，那之后他也很少再烦恼过。事情是这样的，他说：“那天下午我去一个朋友的办公室，那个人所遭遇的不幸比我多得多，也麻烦得多，但是他却是我所认识的人中最开心的一个。1929 年他发了财，不久又一贫如洗。1933 年，他又发了一笔财，可是又破产了。1939 年，他东山再起，却同样地没法保住财产。他经历了破产，并被债主、仇家追得无处容身。如果换成另一个人，这些打击足以令人崩溃，甚至于想不开自杀，但是他却不以为然。”

蒙坦特说：“八年前我坐在他的办公室里，我真羡慕他，希望自己也能有像他那样轻松的心态。”

“我们谈话的当儿，他丢过来一封他当天早上收到的信，并说：‘看看这封信。’

“那是一封愤怒的信，提出的都是一些令人难堪的问题，如果收到信的是我，那我一定如坐针毡了。我问：‘迈克，你打算怎么回这封信？’ “迈克说：‘让我来告诉你一个方法。下次你再有什么令人烦躁的事，拿起纸笔，坐下来把你忧虑的细节通通写在纸上。然后把这张纸放在你书桌抽屉的最下层。几个星期后，你再去看它。你看的时候，如果还是觉得很烦，就再把它放回抽屉；再过两个星期，它在抽屉里很安全，没有什么不妥。但同时，却可能有很多事影响到你所忧虑的事。我发现，只要有足够的耐心，那些想干扰我的烦恼，后来都会自动一一瓦解。'

"他的忠告给我留下深刻的印象。我按照迈克的做法做了，结果是，这些年来我真的很少再为什么事烦心过。"

1930年，约瑟夫•普拉特博士——他曾是威廉•奥斯勒爵士的学生——注意到一个严重的问题，很多病人来到波士顿医院求诊，这些病人的生理上根本没有任何毛病，但是他们却坚持认为自己有那种病的症状。有一个女人的两只手因为"关节炎"而完全无法使用,另外一个则因为"胃癌"的症状而痛苦不堪，其他有腿痛的、腰痛的，常年感到疲倦或疼痛。他们真的能够感觉到这些痛苦，可是经过最彻底的医学检查之后，却发现这些女人没有任何生理上的疾病。很多老医生都会说，这完全是出于心理因素——"只是病在她的脑子里"。

可是普拉特博士却发现如果单纯地告诉那些病人"回家去把这件事忘掉"，那么不会有一点结果。他知道这些女人大多数都不希望生病，要是她们的痛苦那么容易忘记，她们自己就这样做了。那么该怎么治疗呢？他开了一个班，虽然医学界的很多人都对这件事深表怀疑，但却有意想不到的结果。从开班以来，十八年里，成千上万的病人都因为参加这个班而"痊愈"。有些病人因为到这个班来上了几年的课——几乎就像上教堂一样地虔诚。我的助手曾和一位前后坚持了九年并且很少缺课的女人谈过话。她说当她第一次到这个诊所来的时候，她深信自己有肾脏病和心脏病。她既忧虑又紧张，有时候会突然看不见东西，担心失明。可是现在她却对未来、对生活充满了信心，每天都心情愉悦，而且身体也越来越健康。表面看起来她只有40岁左右，可是怀里却抱着一个睡着的孙子。"我以前总为我家里的问题烦恼得要死，"她说，"几乎希望能够一死了之。可是我在这里学到了忧虑对人的害处,学到了怎样停止忧虑。我现在可以说，我的生活真是太幸福了。"

这个班的医学顾问罗斯•希尔费丁医生认为，减轻忧虑最好的药就是"把你忧虑的问题向你最信任的人倾诉，我们称之为净化作用"。她说："病人到这里来的时候，可以尽量地倾诉她们的烦恼，一直到她们把这些烦恼从她们的脑子里完全抹去。一个人闷着头忧虑，不把这些事情告诉别人，就会造成精神上的紧张。我们都应该让别人来分担我们的难题，我们也得分担别人的忧虑。我们必须感觉到世界上还有人愿意听我们的话，也能够了解我们。"

我的助手就曾经亲眼看到一个女人在向医生说出她心里的问题之后，感到一种前所未有的解脱。她有很多家事的烦恼，而在她刚刚开始谈这些问题的时候，她就像一个压紧的弹簧，然后一面讲，一面渐渐地平静下来。等到谈完了之后，她居然能面露微笑。这些困难是否已经得到了解决呢？没有，事情当然没有这么容易解决。她之所以有这样的改变，是因为她能和别人谈一谈，得到了一点点忠告和同情。真正造成变化的，是具有强而有力的治疗功能的语言。

在某种程度上，心理分析就是以语言为基础的治疗方法。从弗洛伊德的时代开始，心理分析家就知道，一个病人只要能够说话——单单只要说出来，就能够解除他心中的忧虑。为什么呢？也许是因为说出来之后，我们就可以更深入地看到我们必须解决的问题，能够找到更好的解决方法。没有人知道确切的答案，可是我们所有的人都知道"吐露一番"'或是"发发心中的闷气"，就能立刻使人觉得心情舒畅多了。

所以，如果下一次我们再碰到什么情感上的困难的时候，为什么不试着去找朋友来聊一聊呢？当然我并不是说，随便到哪里抓一个人，就把我们心里所有的苦水和牢骚说给他听。我们要找一个能够信任的人，跟他约好一个时间，也许找一位朋友，一位司机，一位教师，一位教士，或是一个神父，然后对那个人说："我有个问题，我希望你能听我谈一谈，你也许可以给我一点忠告。也许旁观者清，你可以看到我自己所看不见的角度。可是即使你不能做到这一点，只要你坐在那里听我谈谈这件事情，也等于帮了我很大的忙了。"

如果你真觉得没有一个合适的谈话对象，那我要告诉你所谓的"救生联盟"——这个组织和波士顿那个医学课程没有任何联系。这个"救生联盟"是世界上最特殊的组织之一。它的组成是为了防止可能发生的自杀事件。可是多年之后，它的范围扩大到给那些不快乐或是在情感和精神方面需要安慰的人。把心事说出来，这是波士顿医院所安排的课程中最主要的治疗方法。下面是我们在那个课程里所得到的一些概念。其实我们在家里就可以做到这些事。

一、准备一本"供给灵感"的剪贴簿——你可以在上面贴上能够鼓舞人并且自己喜欢的诗篇，或是人生格言。之后，如果你感到精神忧虑，那么试着翻一翻这个剪贴簿，也许在本子里就可以找到治疗方法。在波士顿医院的很多病人都把这种剪贴簿保存好多年，她们说这等于是替你在精神上“打了一针”。

二、今晚上床之前，先做好明天的工作计划——在班上，他们发现很多家庭主妇，因为做不完的家事而感到很疲劳。她们好像永远也做不完自己的工作，老是被时间赶来赶去。为了要治好这种匆忙的感觉和忧虑，他们建议各位家庭主妇，在头一天就把第二天的工作安排好，结果呢？她们能完成许多的工作，却不会感到那么疲劳。同时还因有成绩而感到非常骄傲，甚至还有时间休息和“打扮”。每一个女人每一天都应该抽出时间来打扮，让自己看来漂亮一点。我认为，当一个女人知道她外观很漂亮的时候，就不会“紧张”了。

三、避免紧张和疲劳的唯一途径就是放松——再没有比紧张和疲劳更容易使你苍老的事了。也不会再有别的事物对你的外表更有害了。我的助手在波士顿医院思想控制课程里坐了一个钟点，听负责人保罗•约翰逊教授谈了很多很多我们在前一章已经讨论过的原则——那些能够放松的方法。在十分钟放松自己的练习结束之后，我那位和其他人一起做这些练习的助手几乎坐在椅子上睡着了。为什么生理上的放松能够有这么大的好处呢？因为这家医院——和其他医生一样——知道，如果你要消除忧虑，就必须放松。

四、要对你的邻居有兴趣——对那些和你在同一条街上共同生活的人，有一种很友善也很健康的兴趣。有一个很孤独的女人，觉得自己非常“孤立”。她一个朋友也没有。有人要她试着把她下一个碰到的人作为主角编一个故事，于是她开始在公共汽车上为她所看到的人编造故事。她假想那个人的背景和生活情形，试着去想象他的生活怎样。后来，她碰到别人就谈天，而今天她非常的快乐，变成一个很讨人喜欢的人，也治好了她的“痛苦”。

五、不要为别人的缺点太操心——不错，你的丈夫有很多的错误，但如果他是个圣人的话，恐怕他根本就不会娶你了，对不对？

在那个班上有一个女人，发现她自己变成一个专门对人苛刻、责备别人、爱挑剔，还常常拉着一张脸的妻子。当人家问她“要是你丈夫死了你怎么办”的问题时，她才发现自己的短处。她当时着实吃了一惊，连忙坐下来，把她丈夫所有的优点列举出来。她所写的那张单子可真长呢。所以下一次要是你觉得你嫁错了人，何不也试着这样做呢？也许在看过他所有的优点之后，会发现他正是你希望遇到的那个人哩。

人生活在世界上的短暂时光中，有一些特殊的时刻，诸如体验洞察自己的内心，发现真理的那一刹那以及生命中的转折点等等。而这些特别的经历多半源自于重大的失败，而非发自成功的时候。这是因为失败让我们这样的惊惶沮丧，学得的经验自然深铭于心。当你被迫接受真理降临的伟大时刻，努力撷取这宝贵一课的精华，其余就当作人生的插曲而将它遗忘吧。从挫折中学习，然后忘记沮丧，我们要继续前行。我们一定要学会战胜忧虑，忧虑是我们健康的大敌，很多年以前的一个晚上，一个邻居来按我家的门铃，他是这样和我说的，他要我和家人去种牛痘，种了牛痘有助于预防天花。他是整个纽约市几千名志愿者中去按门铃的人之一。还真的很多吓坏了的人都排了好几个小时的队来接种牛痘，他们害怕得天花。在所有的医院、消防队、派出所以及大工厂里都设有许多专业的接种站。大约有二千名医生和护士夜以继日地为来种牛痘的人种痘。那么到底为什么会这么热闹呢？其实，这是因为纽约市有 8 个人得了天花，得了天花的其中 2 人死了。我们可以一起来看一下，有800万纽约市民中死了2人。我在纽约市已经住了 37 年，但是，到目前为止，还没有一个人来按我的门铃，并且警告我预防精神上的忧郁症，忧虑症这种病症，在过去 37 年里所造成的损害，至少比天花要大 1000 倍。从来没有人来按门铃警告我：目前生活在这个世界上的人中，每 10 个人就有 1 个会精神崩溃，但是，这其中大部分都是因为忧虑以及感情冲突而引起的。所以我现在这一章，就等于来按你的门铃，来对你发出警告，你一定要警惕忧虑症的侵害。那么，精神失常的原因到底是什么呢？事实上，没有人知道这其中全部的答案。但是，在大多数情况下，精神失常是因为恐惧以及忧虑造成的。焦虑以及那些烦躁不安的人，多半是因为他们不能适应现实的世界，而跟周围的现实环境没有任何的联系，缩到他自己的梦幻世界，用这个来解决他所有的忧虑。如果你想看看忧虑对人会有什么影响，你不必到图书馆或者是医院去求证你想要的答案。只要从你现在坐着的家里望望窗外，就能够看到在不远的一栋房子里，有一个人因为忧虑而精神崩溃；另外一栋房子里面，有一个人因为忧虑而得了糖尿病，他的股票一下子跌了下去，他的血和尿里的糖分就升高。忧虑容易催人老，对女人来说更是这样的。忧虑就像是损花折枝的风雨一样，它会很快地摧毁一个女人的如花容颜。忧虑会使我们的表情难看，会使我们咬紧牙关，会让我们的脸上产生讨厌的皱纹，会让我们总是愁眉苦脸，会让我们头发灰白，甚至会让头发脱落。忧虑会让你脸上的皮肤发生斑点、粉刺甚至会发生溃烂。忧虑就像不停往下滴、滴、滴的水，而那不停地往下滴、滴、滴的忧虑，通常会使人六神无主而自杀。这里再重复卡瑞尔博士的话：不知怎样抗拒忧虑的人，往往会短命而死，根本就不会变成长寿的人。在几年前的一天，也是我在度假的时候，跟戈伯尔博士一起坐车经过得州以及新墨西哥州。戈伯尔博士是圣塔菲铁路的医务负责人，他的正式头衔是海湾－科罗拉多和圣塔菲联合医院的主治医师。当我们谈到忧虑对人的影响的时候，他是这样说的："在医生接触的病人中，有70%的人只要能够消除他们的恐惧以及忧虑，病就会自然好起来，不是别的原因。他们的病都像你有一颗蛀牙一样的实在，有时候还要比这严重一百倍。"我说的这种病就像神经性的消化不良，某些胃溃疡、心脏病、失眠症、一些头痛症和麻痹症，等等诸如此类的病出现。这些病都是真病，我这些话也不是乱说的，因为我自己就得过12年的胃溃疡。恐惧能够让我们忧虑，忧虑让我们紧张，并影响到我们的胃部神经，让胃里的胃液由正常变成不正常了，进而就产生了胃溃疡。约瑟夫·蒙塔格博士也曾经写过一本《神经性胃病》的书，他也说过类似于这样的的话，他说："胃溃疡的产生，不是因为你吃了什么而导致的，而是因为你忧愁些什么导致的。"梅奥诊所的阿尔凡莱兹博士说："胃溃疡通常根据你情绪紧张的高低而发作或者是消失。"他的这种说法在对梅奥诊所的15000名胃病患者进行研究后得到了证实的，是有事实根据的。每5个人里，有4个并不是因为生理原因而得了胃病。恐惧、忧虑、憎恨、极端自私，以及无法适应现实生活，才是他们得胃病和胃溃疡的原因。胃溃疡可以让你失去自己的健康甚至是丧命。我最近和梅奥诊所的哈罗德·哈贝恩博士通过几次信。他在全美工业界医师协会的年会上读过一篇论文，说他研究了176位平均年龄在44.3岁的工商界负责人。他报道说：大约有1/3的人因为生活过度紧张而引起下列三种病症之一，那就是最可怕的三种病，心脏病、消化系统溃疡以及高血压。我们试着想想看，在我们工商界的负责人中，有1/3的人都患着心脏病、溃疡以及高血压，但是，他们都还不到45岁。由此可见，成功的代价到底是多么高啊！但是，他们甚至都不是在争取成功，一个身患胃溃疡和心脏病的人能算是成功之人吗？就算他能赢得全世界的话，但是，他却损失了自己的健康，对他个人来说，又有什么好处呢？即使他拥有了整个世界，每次也只能睡在一张床上，每天也只能吃三顿饭，这和正常人也没什么两样。就是一个挖水沟的人，也能做到这一点，而且还可能比一个很有权力的公司负责人睡得更加的安稳，吃得更香。和这个比较的话，我情愿做一个在阿拉巴马州租田耕种的农夫，在膝盖上放一把五弦琴，也不愿意在自己不到45岁的时候，就为了管理一个铁路公司或者是一家香烟公司而毁了自己的健康。我的健康才是最重要的，是任何东西都代替不了的，是什么东西都不会交换的。说到香烟，一位世界最知名的香烟制造商，最近在加拿大森林里想轻松一下的时候，他因为心脏病突然发作而死了。他拥有几百万元的财产，但是却在 61 岁时就离开这个人世了。他也许是牺牲了好几年的生命换取了所谓的“生意上的成功”。但在我看来，这个有几百万财产的香烟大王，他的成功还不及我爸爸的一半。我爸爸只是密苏里州的一个普通的农夫，他一直是一文不名的，但他却活到了 89 岁。著名的梅奥兄弟宣布，我们有一半以上的病床上，躺着患有神经病的人。但是，在强力的显微镜下，用最现代的方法来检查他们的神经的时候，却发现大部分人都是十分健康的。他们“神经上的毛病”都不是因为神经本身有什么异常的地方，却是因为情绪上有悲观、烦躁、焦急、忧虑、恐惧、挫败、颓丧等等的诸如此类的情形。

柏拉图曾经说过：“医生所犯的最大错误是他们想治疗身体，但是他们却不想医治思想。可是精神和肉体是一体的，是不能够被分开处置的。”医药科学界花了 2300 年的时间才认清这个真理，认清楚这个事实。我们刚刚才开始发展一种新的医学，这门医学被称之为是“心理生理医学”，这门医学是专门用来同时治疗精神和肉体上的伤痛的。现在正是做这件事的最佳时机，这是因为医学已经大量消除了可怕的、由细菌所引起的疾病，例如说是天花、霍乱、黄热病，以及其他种种曾经把数以百万计的人埋进坟墓的传染病症。但是，医学界一直还不能治疗精神和身体上那些不是由细菌所引起、而是由于情绪上的忧虑、恐惧、憎恨、烦躁和绝望所引起的病症。这种情绪性疾病所引起的灾难正日渐增加，日渐广泛，而速度又快得惊人。医生们这样估计说：现在活着的美国人中，每 20 人就有 1 人在某一段时期得过精神病。第二次世界大战期间被征召的美国年轻人，每 6 人中就有 1 人因为精神失常而不能服役。精神失常的原因何在?没有人知道全部的答案。可是在大多数情况下，有很大的可能是由于恐惧以及忧虑造成的。那些焦虑以及烦躁不安的人，多半不能适应现实中的世界，而跟周围的环境隔断开了所有的关系，于是，他们缩到自己的梦想世界中，用来解决他面对的所有的忧虑的问题。在我写这一章的时候，我的书桌上就有一本书，是爱德华•波多尔斯基博士所写的《停止忧虑，换来健康》。这本书中就谈到了下面这几个问题：第一，忧虑对心脏会产生影响。第二，忧虑会造成高血压。第三，风湿症可能因忧虑而起。第四，为了保护你的胃，请少忧虑些。第五，忧虑如何让你感冒。第六，忧虑以及甲状腺。第七、忧虑以及糖尿病患者。

著名的法国哲学家蒙泰格被选为老家的市长的时候，他他对他的市民们说：

“我愿意用我的双手处理你们的事情，但是，不想把它们带到我的肝里以及肺里。”但是，我那个邻居却把股票市场带到他的血液里，差点送了他的老命。如果我想记住忧虑对人有什么影响，我不必去看我领导的房子，只要看看我现在坐着的这个房间，想想以前这栋房子的主人——他因为忧虑过度而进了坟墓。忧虑会使你患风湿症或者是关节炎而坐进轮椅。康奈尔大学医学院的罗素·塞西尔博士是世界知名的治疗关节炎权威，他列举了四种最容易得关节炎的情况，下面我们就把这四种情况一一列下来：第一，婚姻破裂。第二，财务上的不幸和难关。第三，寂寞和忧虑。第四，长期的愤怒。当然，上面的四种情绪状况，并不是关节炎形成的唯一的原因。而产生关节炎最“常见的原因”是西基尔博士所列举的这四点。我下面举个例子来说，我的一个朋友在经济不景气的时候，遭到非常大的损失。结果煤气公司切断了他的煤气，银行没收了他抵押贷款的房子，他太太突然染上关节炎，虽然经过治疗以及注意饮食营养，关节炎却一直等到他们的财务情况改善之后才真正痊愈。忧虑甚至会让你蛀牙。威廉·麦克戈尼格博士在全美牙医协会的一次演讲中说：“由于焦虑、恐惧等等原因产生的不快情绪，可能影响到一个人身体的钙质平衡，而让牙齿容易长蛀虫。”麦克戈尼格博士提到，他的一个病人起先有一口很好的牙齿，后来他太太得了急病，他便开始担心起来。就在她住院的三个星期里，他突然有了九颗蛀牙——都是由于焦虑引起的。你是否看过一个甲状腺反应过度的人？我看过。我可以告诉你，他们会浑身颤抖、会止不住地战栗，看起来就像吓得半死的样子，事实也差不多是这种情形。甲状腺原来应该能使身体规律化，一旦反常之后，心跳就会加快，让整个身体亢奋得像一个打开了所有风门的火炉，如果不动手术或加以治疗的话，就很可能死掉，甚至“把他自己都烧干”了。在不久之前，我和一个得这种病的朋友到费城去。我们去见伊莎瑞尔士内·布拉姆博士，他是一位主治这种病达38年之久的著名专家。在他候诊室的墙上挂了一块大木板，上面写着他给病人的一些忠告。我把它抄在一个信封的背面：轻松和享受最使你轻松愉快的是，健全的信仰、睡眠、音乐以及欢笑。

我们要对自己的前途充满信心，要能睡得安稳，喜欢好的音乐，从滑稽的一面来看待生活，健康和快乐就都是你的。

他问我朋友的第一个问题就是：“你的情绪是否已经让你影响了身体健康和心理平和？”他警告我的朋友说，如果他继续忧虑下去的话，就有可能会染上其他并发症、心脏病、胃溃疡，或者是糖尿病。“所有的这些病症，”这位名医继续说，“都互为亲戚关系，甚至是很近的亲戚。”一点都不错，这些疾病，它们都是近亲，由于忧虑所产生的病症。

心脏病是美国的第一号凶手。在第二次世界大战期间，有三十几万美国人死在战场上，但在这同一段时间里，心脏病却杀死了 200 万平民，这些平民中有 100 万人的心脏病是由于忧虑和过度紧张的生活引起的。不错，事实上就是这样的，就是因为心脏病，亚历西斯•戈锐尔博士才会这样说：“不知道怎么抗拒忧虑的商人都会短命而死的，普遍的都不会长寿的。”中国人跟美国南方的黑人却很少患这种因忧虑而引起的心脏病，这是因为他们都是处事沉着的人。死于心脏病的医生比农夫多 20 倍。因为医生过的普遍都是非常紧张的生活，所以才有这样的结果。“上帝可能原谅我们所犯的过错，”威廉•詹姆斯说，“可是我们的神经系统却不会原谅这些。”这是一件令人吃惊而难以相信的事实，那就是：每年死于自杀的人，比死于种种常见的传染病的人还要多。这到底是为什么呢？答案通常都是“因为忧虑”。在古时候，残忍的将军要折磨他们的俘虏的时候，就经常把俘虏的手和脚绑起来，放在一个不停地往下滴水的袋子下面，就这样水滴着，滴着，这样夜以继日的话，最后，这些不停滴落在头上的水，变得好像是用槌子敲击的声音，让那些人最后都精神失常。这种折磨人的方法，以前西班牙宗教法庭和希特勒手下的德国集中营都曾经使用过。其实，忧虑就像不停地往下滴、滴、滴的水，而那不停地往下滴、滴、滴的忧虑，通常会让人心神丧失而自杀。

当我还是密苏里州一个乡下孩子的时候，星期天听牧师形容地狱的烈火的时候，吓得我半死。但是，他从来没有提到，我们此时此地由忧虑所带来的生理痛苦的地狱烈火。举个例子说，如果我们长期忧虑下去的话，我们有一天就很可能得到最痛苦的病症：狭心症。狭心症这种病一旦要是发作起来，会让你痛得尖叫，跟你的尖叫比起来，但丁的《地狱篇》听来都像是“娃娃游玩具国”了。到时候，你就会跟你自己说：“噢，上帝啊！噢，上帝啊！要是我能好的话，我永远也不会再为任何事情忧虑，永远也不会了，我要的是健康。”如果你认为我这话说得太夸张的话，你不如去问问你的家庭医生吧，向他来求证这件事情。你热爱自己的生命吗？你想健康、长寿吗？下面就是你能做到的方法。我再引用一次亚历西斯•戈锐尔博士的话：“在纷繁复杂的现代城市当中，只有能保持内心平静的人，才不会变成经神病，会活得很快乐。”坚决抗拒忧虑。对待那些已成定局的事情，我们所要做的就是接受。

我们一定要彻底地和忧虑告别。

学会欣赏生命的悲喜乐章

悲观者说：“希望是地平线，即使看得到，也永远走不到。”

乐观者说：“希望是启明星，即使摘不到也能让人们看到曙光。”

悲观者说：“如果给我一片荒山，我会修一座坟墓。”

乐观者说：“如果给我一片荒山，我会种满山绿树。”

悲观者说：“风是浪的帮凶，会把你陷入无底的深渊。”

乐观者说：“风是帆的伙伴，会将你载到成功的彼岸。”

对于一些事物的看法，悲观者和乐观者有着截然不同的两种态度，一种是积极的，一种是消极的。面对人生，我们又该如何选择呢?

每个人都有自己的人生态度，每个人都在走自己的路，只是看你选择的方向是否正确，

看你付出的努力是否足够，我不求以后将有怎样的成就，只希望若干年以后，我不会因为自己失去了什么而去后悔，自己得到了什么而去炫耀，真正做到“不以物喜，不以己悲”。明知道有些东西不属于我，我就从不去奢求，有些东西我知道离我很近，所以我会用全力去追求，得到了我会倍加珍惜，就算得不到，也会因为曾经有这么一个追求的过程而感到快乐。

大音乐家奥尔•布尔有一个原则，那就是在他的提琴完全定弦之前，是不会在公众面前演奏的。在表演期间，如果一根弦松了一点儿，即使这种不和谐只有他一个人注意到了，他也必定会将提琴定弦之后再继续演奏，他可不管这需要多长时间，他也不管他的听众是如何地骚动不安。而一个蹩脚一些的音乐人是不可能这么精益求精的。他可能会对自己说：“即使一根弦松一点儿也无关紧要，我将弹完这支曲子。除了我自己，没有人会察觉出来的。”

一些伟大的音乐家说，演奏一件失调的乐器，或是与那些声音难听的人一起演唱，是最糟糕的事情了，没有比这更能迅速地破坏听觉的敏感性，更能迅速地降低一个人的乐感和音乐水准的了。一旦这样做以后，他就不会潜心地去区分音调的各种细微差异了，他就会很快地去模仿和附和乐器发出的声音。这样，他的耳朵就会失灵。要不了多久，这位歌手就会形成一种唱歌走调的习惯。人生就如一支大交响乐中，你使用的是哪种专门的乐器，无论它是提琴、钢琴，还是你在文学、法律、医学或任何其他职业中表现的思想、才能，这些都无关宏旨。但是，在没有使这些“乐器”定调的情况下，你不能在你的听众——世人面前

开始演奏你的人生交响乐。无论你干什么事情，都不要玩得走样，都不要唱得走调或工作失调，更不要让你失调的乐器弄坏了耳朵和鉴赏力。即使是波兰著名钢琴家、作曲家帕代莱夫斯基那样的人，也不可能在一架失调的钢琴上奏出和谐、精妙的乐章。我们大家都见过洗衣店里的转筒洗衣机，它刚开始旋转时，声音极为颤抖，似乎它要变得粉碎一般。但是，渐渐地，随着转速的加快，它的声音变得越来越细微，当它的转速达到最快时，这架机器的声音几乎为零。一旦它达到了完美的平衡，什么事情也扰乱不了它，而在它开始旋转之前，哪怕是一件极小的东西也能使它震颤、抖动不已。如果一个人思想状况不佳，那么一些鸡毛蒜皮的小事也能使这个人烦恼不已，若是一个人思想沉着、镇定自若，那么任何事都无法影响他。即使是出了大事，即使是恐慌、危机、失败、火灾、失去财物或朋友，以及各种各样的灾难，都不可能使他的心理失去平衡，因为他找到了自己生命的支点——心理平衡的支点，因此他不再在希望和绝望之间摇摆。他已经发现，自己是通行于整个宇宙的伟大法则的一部分，他是上帝的一部分，可以自己决定自己的一生。

心理失调对工作质量来说是致命的。这些极具毁灭性的情感，比如担忧、焦虑、仇恨、嫉妒、愤怒、贪婪、自私等等，都是工作效率的致命敌人。一个人受如果这些情感的困扰时，他就不可能将他的工作做得最好，这就好像具有精密机械装置的一块手表，如果其轴承发生摩擦就走不准一样。而要使这块表走得很准，那就必须精心地调整它。每一个齿轮、每一个轮牙、每一根石英轴承都必须运转良好，因为任何一个缺陷，任何一个麻烦，任何地方出现了摩擦，都将无法使手表走得很准时。人体这架机器要比最精密的手表精密得多。在开始一天的工作之前，人这架机器也需要调整，也需要保持非常和谐的状态，正如在演出开始以前需要将提琴调好一样。无论你干什么事情，都不要玩得走样，唱得走调。

像只旧袜子一样松弛

生活在大千世界里的人们，每天不可避免地会发生很多不尽如人意的事情，如果我们把它都记得清清楚楚，那么我们势必会身心疲惫。所以为了自己活得更加潇洒，就要学会遗忘。漫长的人生路上，如果我们把成败得失、功名利禄、恩恩怨怨、是是非非都牢记在心，让伤心事烦恼事无聊事在心中烙下不褪的痕迹，那无疑是背上无形的枷锁，生活会很累很苦的，以致精神不振，心力憔悴。哈德菲尔德在其《权力心理学》一书中写道："大部分疲劳的原因源于精神因素，真正因生理消耗而产生的疲劳是很少的。"美国著名的精神病理学家布利尔更加肯定地宣称："健康情况良好而常坐着工作的人，他们的疲劳百分之百是由于心理的因素，或是我们所谓的情绪因素。"这些久坐的工作者的情绪因素是什么？喜悦？满足？当然不是！而是厌烦、不满，觉得自己无用、匆忙、焦虑、忧烦等。这些情绪因素会消耗掉这些长期坐着工作的人的精力，使他们容易患感冒、精力衰退，每天带着头痛回家。不错，是我们的情绪在体内制造出紧张而使我们觉得疲倦。

有一个事实简直令人不可思议：单纯只是劳心的工作，并不会让人感到疲倦。这听起来似乎令人难以置信，但在几年前，科学家们就想找出一个问题的答案——人类大脑在不降低工作效率的情况下究竟能支持多久呢？令人奇怪的是，科学家们发现：血液通过活动的脑部时，一点都没有疲劳现象！如果你从正在劳动的工人血管中抽取血液样本，你就会发现里面充满了"疲劳毒素"，因而产生疲倦现象。但是，假如你从爱因斯坦身上取出一滴刚经过脑部的血液加以观察，就会发现里面根本没有任何“疲劳毒素”。

截至目前为止，我们知道，大脑的情况可以在工作了8—12个小时后仍然一样好。这个时候大脑是完全不会累的……那么，人为什么会经常感到劳累，是什么让你觉得劳累呢？

精神病理学家研究表明，大多数疲劳现象的来源都是精神或情绪的状态。英国著名的精神病理学家大多数保险公司在他们的宣传单上指出：“辛勤工作很少会导致疲劳，尤其是那种经过休息或睡眠之后都不能解除的疲劳——忧虑、紧张、心乱才是导致疲劳的三大因素，而我们却常常以为是身体或精神的操劳引起的——记住，紧绷的肌肉本身就在工作。所以，试着使自己放松一下吧！节省精力去做更重要的事。”

所以现在，请你暂时停下手中的工作，审视一下自己。当你读到这句话的时候，是否正对着书本皱眉？你有没有觉得两眼间的肌肉紧缩起来？你是否很轻松地坐在椅子上？还是紧绷双肩？你脸上的肌肉紧不紧张？除非你的全身像个旧布娃娃一样松散，否则你现在就是正在制造精神紧张和肌肉紧张。

那么在你从事脑力工作时，为什么会制造出这些不必要的紧张呢？丹尼尔•乔塞林说道：“我发现关键点在哪里了——几乎是所有人都认为，工作是否认真，在于你是否有一种努力、辛劳的感觉，否则就不算做得好。”于是，当我们聚精会神的时候，总是皱着眉头，紧绷肩膀，我们要肌肉做出努力的动作，其实那与大脑的工作没有一丁点联系。

还有另一个惊人又可悲的事实是，无数不会浪费金钱的人，却在毫无节制地浪费自己的精力。那么，什么才是解除精神疲劳的方法？放松！放松！再放松！要学会在工作的时候让自己放松！学会放松，是一件容易的事吗？你可能要花一辈子时间改掉目前的习惯。然而，这种努力是值得的，因为你的一生可能因此而发生很大的改变。威廉•詹姆士在一篇文章中写道：“美式的生活让人过度紧张，快动作、高节奏、强烈极端的表达方式……这或多或少是些坏习惯。”

紧张是一种习惯，放松也是一种习惯。坏习惯可以改正，好习惯可以慢慢培养。

那么，你应该如何使自己放松呢？既不是从大脑开始，也不是从神经开始，而是应该从肌肉开始放松。为了说得具体一点，我们假定由眼睛开始，先把这一段文字读完，然后向后靠，闭上眼睛静静地对你的眼睛说：“放松，放松，不皱眉头，不皱眉头，放松，放松……”你不停地慢慢地重复约一分钟……

著名小说家薇姬·鲍姆说，小时候，她摔跤伤了膝部和腕部，有个老人把她扶起，这老人当过马戏班的小丑，一面帮她掸掉身上的灰土，一面说："知道你为什么会受伤吗？就是因为你不懂得怎样放松自己，你要把自己当成一只旧袜子一样松弛。过来，我教你怎么做。"

老人教薇姬和其他小孩子怎么跌倒，怎么前翻滚、后翻滚。他不停地叮咛："把自己想象成一只松垮垮的旧袜子，你就一定会松弛下来！"

下面有四个建议，它们可以帮助你学习如何放松自己：

1. 每天自省四五次，并且自问："我做事有没有讲求效率？有没有让肌肉做不必要的操劳？"这样，会使你养成一种自我放松的习惯。

2. 尽量在舒适的情况下工作。记住，身体的紧张会导致肩痛和精神疲劳。

3. 随时保持轻松，让身体像只旧袜子一样松弛。我在办公桌上就放着一只褐色的袜子，好随时提醒自己。如果找不到袜子，猫也可以。你见过睡在阳光底下的猫吗？它全身软绵绵的，就像泡湿的报纸。懂得一点瑜伽术的人也说过，要想精通"松弛术"，就要学学懒猫。我从未见过疲倦的猫，或精神崩溃，因无法入眠、忧虑、胃溃疡而大受折磨的猫。

4. 每天晚上再做一次总的反省。想想看："我感觉有多累？如果我觉得累，那不是因为劳心的缘故，而我工作的方法不对？"丹尼尔·乔塞林说过："我不以自己疲累的程度去衡量工作绩效，而用不累的程度去衡量。"他说："一到晚上觉得特别累或容易发脾气，我就知道当天工作的质量不佳。"如果全世界的商人都懂得这个道理，那么，因过度紧张所引起的高血压死亡率就会在一夜之间下降，我们的精神病院和疗养院也不会人满为患了。

如果你是家庭主妇，下面是一些可以在你家里做的运动。

1. 只要你觉得疲倦了，就平躺在地板上，尽量把你的身体伸直，如果你想要转身的话就转身，每天做两次。

2. 如果你不能躺下来，因为你正在炉子上煮菜，没有这个时间，那么只要你能坐在一张椅子上，得到的效果也完全相同。在一张很硬的直背椅子里，像一个古埃及的坐像那样，然后把你的两只手掌向下平放在大腿上。

3. 闭起你的两只眼睛，像约翰逊教授所建议的那样说："太阳在头上照着，天空蓝得发亮，大自然非常沉静，控制着整个世界——而我，大自然的孩子，也能和整个宇宙调和一致。"

4. 用很慢很稳定的深呼吸来平定你的神经，要从丹田吸气，印度的瑜伽术做得不错，规律的呼吸是安抚神经的最好方法。

5. 现在，慢慢地把你的 10 个脚指头蜷曲起来——然后让它们放松；收紧你的腿部肌肉——然后让它们放松；慢慢地朝上，运动各部分的肌肉，最后一直到你的颈部。然后让你的头向四周转动着，好像你的头是一个足球。要不断地对你的肌肉说："放松……放松……"

6. 想想你脸上的皱纹，尽量使它们抹平，松开你皱紧的眉头，不要闭紧嘴巴。如此每天做两次，也许你就不必再到美容院去按摩了，也许这些皱纹就会从此消失了。

因此，无论你从事的是体力劳动还是脑力劳动，在你感到疲累时，你都会给自己放松一下。

当你在工地挥汗作业时，抬起头来，看一下天空，爽爽地喝口水；

当你在田头辛勤耕耘时，直起腰来，挥一把汗珠，朗朗地笑一声；

当你在院校研究课题时，站起身来，推一扇窗户，深深地望一眼；

当你在公司制定指标时，推开键盘，展一下身腰，轻轻地舒口气。

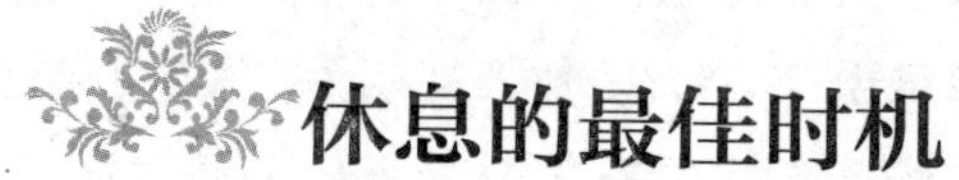

休息的最佳时机

在我的青年时期，就听说过这样一句话："学不会休息就没有工作效率。"在以后几十年的工作和生活实践中，越来越体会到这句话的重要性，深深感觉到如果学不会休息，就不能及时恢复体力，消除疲劳，这样势必影响工作效率，久而久之还会产生一些慢性疾病，对身体极为不利。近代有很多正在大展鸿图的科学家英年早逝，这恐怕与不会休息有着千丝万缕的联系。所以只有学会休息，才能使精力充沛，提高生命质量，这样既能延年益寿，又能提高工作效率。

在二战期间，丘吉尔已经六七十岁了，却仍然能够每天坚持工作 16 小时，一年一年地指挥大英帝国作战，实在是一件很了不起的事情。“他精力充沛的秘诀在哪里？”每天早晨在床上工作到 11 点，看报告、口述命令、打电话，甚至在床上举行很重要的会议。吃过午饭以后，再上床去睡一个小时。到了晚上，在 8 点钟吃晚饭以前，他要再上床去睡 2 个小时。他并不是要消除疲劳，因为他根本不必去消除，他事先就防止了。因为他经常休息，所以可以很有精神地一直工作到半夜之后也不觉得疲劳。

约翰•洛克菲勒也创造了两项惊人的纪录：他成为了当时全世界财富最多的人，同时也活到 98 岁。他如何做到这两点呢？其中一个原因当然是，他家里的人都很长寿，另外一个原因是，他每天中午在办公室里睡半个小时午觉。他会躺在办公室的大沙发上——而在睡午觉的时候，哪怕是美国总统打来的电话，他都不接。

由此可以看出防止疲劳的规则是：经常休息，并且一定要在你感到疲倦以前就休息。为什么这一点如此重要呢？因为疲劳增加的速度快得出奇。美国陆军曾经进行过好几次实验，证明即使是年轻人并且是经过多年军事训练而很坚强的年轻人，如果不带背包，每一小时休息十分钟，他们行军的速度就加快，也更持久，所以陆军强迫他们这样做。你的心脏也正和美国陆军一样的聪明。你的心脏每天压出来流过你全身的血液，足够装满一节火车上装油的车厢；每 24 小时所供应出来的能力，也足够用铲子把 20 吨的煤铲上一个 30 尺高的平台所需的能量。你的心脏能完成这么多令人难以相信的工作量，而且持续 50 年、70 年甚至可能 90 年之久。那么为什么你的心脏能够承受得了呢？哈佛医院的沃尔特•加农博士解释说：“绝大多数人都认为，人的心脏整天不停地在跳动着。事实上，在每一次收缩之后，它有完全静止的一段时间。当心脏按正常速度每分钟跳动 70 次的时候，一天 24 小时里实际的工作时间只有 9 小时，也就是说，心脏每天休息了整整 15 个小时。”

在一本名为“为什么要疲倦”的书里，丹尼尔提到过：“休息绝对不是什么事都不做，休息就是修补。”在短短的一点休息时间里，就能有很强的修补能力，即使只打 5 分钟的瞌睡，也有助于防止疲劳。棒球名将康尼•麦克告诉我，如果每次重大比赛之前他不睡一个午觉的话，那么到第五局他就会觉得筋疲力尽了。可是如果他睡午觉的话，哪怕只睡 5 分钟，也能够赛完全场，一点也不感到疲劳。 我最近到麦迪逊广场花园去拜访吉恩•奥特里，这位参加世界骑术大赛的骑术名将。我注意到他的休息室里放了一张简易的单人行军床，“每天下午我都要在那里躺着休息一下，”吉恩•奥特里说，“在两场表演之间睡一个小时。当我在好莱坞拍电影的时候，”他继续说道，“我常常靠坐在一张很大的软椅子里，每天睡两次午觉，每次只要十分钟就可以使我精力充沛。”

爱迪生认为他无穷的精力和耐力，都来自他能随时想睡就睡的习惯。

霍勒斯•曼被人们称为“现代教育之父”，在他年事稍长之后就一直是这样的。他曾经担任过安提奥克大学校长，那时候，他常常躺在一张长沙发上和学生谈话。我曾建议好莱坞的一位电影导演试试这一类的方法，他后来告诉我说，这种办法简直能够产生奇迹。我说的是杰克•切尔托克，他是好莱坞最有名的大导演之一。几年前他来看我的时候，他是 M-G-M 公司短片部的经理，他说他常常感到劳累和筋疲力尽。他什么办法都试过，喝矿泉水、吃维他命和其他药剂，但都对他没有丝毫帮助。我建议他每天去“度假”。怎么做呢？就是当他在办公室里和手下开会的时候，躺下来放松自己。两年之后，我再见到他的时候，他说：“简直太不可思议了，这是我医生说的。以前每次和我手下的人谈短片问题的时候，我总是坐在椅子里，非常紧张。现在每次开会的时候，我躺在办公室的长沙发上。我现在觉得比我 20 年来都好过多了，每天能多工作两个小时，却很少感到疲劳。”

如果你没有办法在中午睡个午觉，至少要在吃晚饭之前躺下休息一个小时，这比喝一杯饭前酒要便宜得多了。而且算起总账来，比喝一杯酒还要有效500倍。如果你能在下午 5 点、6 点或者 7 点钟左右睡 1 个小时，你就可以在你生活中每天增加 1 小时的清醒时间。为什么呢？因为晚饭前睡的那 1 个小时，加上夜里所睡的 6 个小时——共是 7 小时——对你的好处比连续睡 8 个小时更多。假如你是从事体力劳动的人，那么如果休息时间多的话，每天就可以做更多的工作。弗雷德里克•泰勒，曾经担任过贝德汉钢铁公司的科学管理工程师，那时他就曾以事实证明了这件事情。经过他的仔细观察，工人每人每天可以往货车上装大约 12.5 吨的生铁，而往往他们中午时就已经筋疲力尽了。他对所有产生疲劳的因素做了一次科学性的研究，认为这些工人不应该每天只送 12.5 吨的生铁，而应该每天装运 47 吨。照他的计算，他们应该可以做到目前成绩的 4 倍，而且不会疲劳，只是必须要加以证明。

泰勒选了一位施密特先生，让他按照马表的规定时间来工作。有一个人站在一边拿着一只马表来指挥施密特：“现在拿起一块生铁，走……现在坐下来休息……现在走……现在休息。"结果怎样呢？别的人每天只能装运12.5吨的生铁，而施密特每天却能装运到47.5吨生铁。而当弗雷德里克·泰勒在贝德汉姆钢铁公司工作的那三年里，施密特的工作能力从来没有减低过，他之所以能够做到，是因为他在疲劳之前就有时间休息：每个小时他大约工作26分钟，而休息34分钟。他休息的时间要比他工作时间多——可是他的工作成绩却差不多是其他人的4倍！

那么让我再重复一遍：试着按照美国陆军的方法执行，那就是常常按照你自己心脏做事的办法去做——在你感到疲劳之前先休息，这样你每天清醒的时间，就可以多增加一小时。

精神百倍的秘密假如驯马师不以严格的标准来对马进行训练，它就会懒懒散散，显现不出骏马的神采。人整天无精打采，只图安逸，就会和这样的马一样，变得懈怠，不想做任何事。假如人的思想也是这般没有活力，只会使身体也跟着陷入怠惰之中，甚至变得麻木不仁。

商人们整天沉溺于工作、赚钱，没有喘息的机会和时间去自顾自怜，还会神经兮兮，觉得自己这也不舒服那也不舒服吗？假如他想着："今年的某个某个月份我会得病，我得赶紧做最坏的打算，应该在办公室里放置一个躺椅，以便随时休息，还要买一些药备着，以防出现紧急情况。"这是不是显得有点荒唐？一个明白事理、讲究实际的商界精英深深地明白，如果那么做的话，整个公司就会变得一塌糊涂，混乱不堪。凭经验，他知道，并不是自己一觉得不舒服就要停止工作。

如果长官发现他的士兵在兵营附近游荡、闲逛，原因只是因为不喜欢军事训练，那么，长官是不是要等到士兵们对军训感兴趣了，再来训练他们呢？这会是一个什么样的军队？军风、军纪会变成什么样子？事实是，不管士兵们是否喜欢进行军事训练，他们都必须在规定的时间排好队列，认真操练。如果他真的病了，就要去医院治疗。除非是大病，否则不可随便就逃避训练。

当有人问一个著名的歌剧演唱家，她是否曾经因为身体不舒服而不能登台演出时，她回答道："不，我们歌唱家无法承受生病的开销，我们必须能随时上台，稍有小病就不演出、不工作，我们还没有富裕到那种程度。"演员和歌唱家一样，因为职业的需要，必须把私人的情感放在一边，绝对忠实于观众，即便是状态不佳时也是如此。他们并不是生病时真的无法承担药费，而是不管什么时候，都不让个人的情绪和小病与自己的工作相冲突。如果他们稍有不适就展现在观众面前，怎么能拥有名声和艺术成就呢?

我们生活的世界就好比一座大军营,我们都是最高统帅指挥下的士兵。每天，如果不是真正无法动弹，就必须按时出操。

如果你让不良情绪和臆想控制了自己，就等于为健康杀手打开了大门，它们也会扼杀掉你的成功和快乐。不要有一点不舒服的感觉和懒惰的思想，就觉得自己值得同情，放纵自己，任何情况下都不能这样。此时，只要你一松劲，就会使自己成为不良情绪的奴隶，任他摆布而一事无成。

有些人总感觉自己好像生病了，结果反而引病上身，如果自己的脚偶尔弄湿了，他们就会认为要得伤寒或感冒。如果不巧被风吹了一会儿，就觉得痛苦而可怕的病症会随之而来。如果感到身体寒冷，嗓子疼痛，并咳了几声，就会大动干戈，四处求医问药。这些情况在家庭生活中难道不常见吗? 他们头脑里的“顽症”减弱了对于疾病的抵抗力，使身体易受小毛病的影响。如果认为自己病了，也就真会生病。

所以，一定要用积极的心态和严格的标准要求自己。地球没你一样转!

许多现代人总是不停地烦躁和焦虑，以致于白白地浪费了宝贵的精力，更使得日常生活变得紧张异常，同时自觉度日如年。

其实，如果想使人生具有意义，就应该停止烦躁和焦虑，保持稳定和平的心境，然而怎样做才能达到这种静如止水的生活态度呢?

首先你应该减慢自己走路的速度。近年来由于科学发明,交通工具日益发达,人们的生活水平也愈来愈高，我们在不知不觉中过着超速的日子。许多人因此而损害了自己的身心健康，整个心灵也被日益繁重的工作及生活撕碎! 以普通的白领阶级为例，整日坐在办公室内，活动量并不大，但是心灵却每分每秒都在高速地运转着，有些人甚至拖着疲惫的身体过着高速运转的生活。在此种情况下，一旦发生弹性疲乏，势必造成精神上的崩溃。

为了避免造成这种不良结果，现代人亟须适量地减慢我们的生活的脚步。我们必须意识到，人体并非机器，如果日夜忙碌，不让身心有片刻的休息，不仅心智极易产生不平衡的状态，感情也容易失调，甚至一蹶不振。所以事情无论大小，从个人私事到国家和社会大事，如果在处理的过程中行动过于焦虑，便足以影响身心的平衡。

有这样一个医生，对他的病人提出了一个奇妙的忠告，这位病人是个很能干而且魄力十足的企业家，他并不信任这位医生的忠告，并且反驳说：他每天都有无数的工作要做，而且这些工作除了他本人之外，根本没人能胜任。

“每天晚上，我都要把公事包带回家，里面塞满了各种文件，所以，我非加班处理不可。”这位病人以高亢紧张的语调说。

“你为什么要带工作回家呢？晚上好好休息一下不是很好吗？”医师平静地问。

“不行，那些工作必须在当天完成！”病人毫不放松地说。

“你不能交给别人去做吗？你没有助手可以帮助你完成那些工作吗？”医师又问。

“一个也没有！只有我能处理那些问题！不管怎么说，都非我亲自去做不可，因为，只有我一个人，能够圆满解决那些困难，并且，那都是需要速战速决的，决不可拖延。所以，一切责任都在我的肩上，我怎能休息呢？”

“我替你写一张处方，你愿意照我的处方去做吗？”聆听完病人的叙述后，医师问了这一句话。

医师替他开的处方是：每天抽出两个小时来散步。其次是，每一个星期，抽出半天的时间来，单独一个人到墓园里走走。病人大吃一惊，立刻提出反问：“为什么要我到墓园里去过半天时光呢？

医师回答：“我自然有我的目的。我希望你在墓园里到处转一转，看一看长眠在地下的人，以及竖立在地面上的墓碑。那时候你将会发现，他们之中大多数人以前都和你一样，也许都以为所有事情离了他们就不能运作了，可是，我希望你仔细地想一想，他们现在都在地下长眠了，世界依然规律地活动着。我希望你能明白一个非常现实的问题，并且认真地思考一下：将来你总要长眠于地下的，那时的地球跟今天并无任何不同，仍然照着自己特定的轨迹运转，世界不致因此消失，你的工作也将会由其他人继续做下去、。我希望你站在墓碑前，反复念出下面这一句话：‘在你看来，千年如已过的昨日，又如夜间的一更。’”

听完医生的解释，这位自以为担负天下重任的病人，终于茅塞顿开，领悟了自己真正的价值。他降低了生活的节奏，也学会了把部分权限交给别人，他明白了自己真正的重要性，所以，他不再紧张、忧虑，他终于获得心灵的平和了。在此，我要再说一句：他表面上好像是减少了许多工作分量，可是，他的成就却比从前更大！他处理事情的能力也更高了！现在，他已经很高兴地承认：自从认清自己的价值后，他的事业更加蒸蒸日上，而且，他的精神也比以前快乐多了，紧张的生活已成为过去式。

那么我们究竟应该如何实践这个理论呢？那就是每天必须实行维持健康的步骤，无论是洗澡、刷牙、运动，都要以平和的心态完成。另一方面，不妨抽一些空闲的时间从事洗净心灵的活动，譬如放下手中的一切事情，静静地坐一个小时，这是相当好的洁净心智的做法，或者试着做做瑜伽，舒放你的心灵，让你的眼睛自由自在地飞翔四方，想想曾经欣赏过的高山峻岭、烟雾弥漫的峡谷、鲤鱼跳跃的河流、月光倒映的水面……慢慢地，你的心就会舒坦地沉醉其中。

每 24 小时做一次冥想，尤其是在繁忙的时刻，停下手边的工作，平静地遐想 10 分钟，让全身的神经及肌肉松弛下来，那么你的身心就会得到放松。人总是有搅乱步伐的时候，当心中充满焦虑紧张、不知所措时，最好的办法就是停止一切活动，适时地放松自己吧！

珍惜当下，认真感受生命带给我们的每一次喜怒哀乐，把感动贮藏，把仇怨摒弃，我认为，这便是我们终身所要追求的生活态度。

人性的弱点 第七篇

开阔眼界，走出孤独的人生

独木不成林。孤独是现代人的通病，许多寂寞孤独的人之所以会如此，是因为他们不了解爱和友谊并非是从天而降的礼物。一个人要想得到他人的欢迎，或被人接纳，一定要付出许多努力和代价。我们若想克服孤寂，就必须远离自怜的阴影，勇敢走入充满光亮的人群。我们要去认识人，去结交新的朋友。想要让别人喜欢我们，的确需要尽点心力。情爱、友谊或快乐的时光，都不是一纸契约所能规定的。让我们面对现实。幸福并不是靠别人来布施，而是要自己去赢取别人对你的需求和喜爱。

人，本身属于“群居动物”，家庭、团体和社会都是人类赖以群居的活动场所。人只有融入这个群体，适应群体生活，才会不感到孤独和寂寞，才会有持久的幸福感。特别是到了老年，更加害怕孤独、寂寞。因此，才有了要孩子“常回家看看”的强烈愿望。

孤独无时不在，它时刻困扰着我们，使我们的心灵限于空虚、无奈。因而，我们需要正确评估自己，试着努力和人交往，不要放过任何一个可能的交流机会。这样，你一旦进入到集体，你将会摆脱孤独，体会到与人同乐的趣味。

人天生是需要与人交往的，无论是贫困的人还是富有的人。封闭自己是很痛苦的，这种痛苦就是“孤独、寂寞、空虚、恐惧”这就是人的心理负担。在现实生活中，大多数人都体验过孤独的痛苦，贫困的人可能体会到这种痛苦更深刻。孤独无时不在。那么，我们要摆脱孤独，认识造成孤独的原因就十分必要了。产生孤独的原因是多种多样的，因人而不同。经过分析整理，造成孤独的原因大致有以下几方面的：

一些孤独的人可能更内向、焦虑，对拒绝反应更敏感，并且更容易抑郁。孤独的人在朋友身上花费更少的时间，不经常约会，也很少参加集会，没有什么亲密的朋友。在人际交往时，他们对自己和对方的评价极端消极。

一些孤独的人目空一切，非常自傲，认为别人都是低微平庸的，不愿与人交往，从而使自己陷入孤独的境地。一些孤独的人妄自菲薄，非常自卑，认为别人会因为自己的某些短处或缺陷而看不起自己，因此筑起“围城”自我封闭，与别人“断交”或尽可能少往来。许多孤独的人由于缺乏一些基本的社交技能，从而使他们无法与他人建立持久的关系。

有的人乐意与别人交往，但一旦进行比较重要的而且时间较长的交谈就会出现困难，缺乏基本的社交技能。在交谈过程中倾向扮演一个“被动消极的社交角色”，也就是说，在交谈中不愿付出太多努力。所以，难以有持久的朋友。他们对自己的伙伴不太感兴趣。一些孤独的人愤世嫉俗，追求完美的“理想世界”，而这种“理想世界”又无法与现实兼容，因此其所作所为常常不被多数人理解，从而造成孤独心理。

独处不同于孤独。有时，独处是需要，是一种智慧，比如现代生活中的策划、构思、创作等都需要静静地独处。一个人独处并不一定会产生孤独感。有的时候人们需要自己单独待着，与自己对话，例如作家在创作时，往往会找一个不受干扰的地方隐居一段时间，他们的精神世界是丰富而生动的，并不会感觉孤独。

人多未必不孤独。即使存在社会交往的现实条件，但是如果这种交往不能给人们带来思想沟通和情感交流的满足感，依然会感到孤独。最典型的例子是话剧《日出》中的陈白露，灯红酒绿、歌舞升平中无法得到慰藉的是她那颗渴望人间真情的孤独的心。因此，学会调试自己，融入社会，走出孤独，才会拥有健康幸福的美满生活。

演奏自己的乐器

如果一个人想要集他人所有的优点于一身的话是不可能的，这是非常愚蠢、荒谬的行为。

伊笛丝•阿雷德太太曾经在北卡罗来纳州艾尔山给我寄过一封信。她在信里说："我从小就特别敏感，特别腼腆，我的身体一直很胖，而我的一张脸让我看起来比实际上还要胖得多。我有一个非常古板的母亲，她认为把衣服弄得漂亮而整齐是一件很蠢的事情。她总是对我说：'宽衣好穿，窄衣易破。'而她总照这句话来帮我穿衣服。所以我从来不和其他的孩子一起参加室外活动，甚至不上体育课。我觉得我跟其他的人都不太一样，其他的人也完全不可能喜欢我。

"到了该结婚的年龄了，我嫁给一个大我好几岁的男人，可是我并没有改变自己的性格。我丈夫一家人都很好，对我也不错，他们一家人也都充满了自信。他们就是那种我一直想成为的自信的人。我尽最大的努力做到像他们一样，可是我办不到。他们为了让我变得更开朗而做的每一件事情，都只是令我更退缩到我自己的保护壳里去。我变得紧张不安，躲开了所有的朋友。情形坏到我甚至怕听到门铃响。我知道我是一个彻彻底底的失败者，但是又怕我的丈夫会发现这一点。所以每次我们出现在公共场合的时候，我都假装自己很开心，结果常常做得太过。我知道我做得太过分，事后我会为这个而难过懊恼好几天。最后不开心到使我觉得再活下去也没有什么意义了，我开始想自杀。"

出了什么事才改变了这个不快乐的女人的生活？答案只是一句随口说出的

话。阿雷德太太继续写道："这句随口说出的话改变了我的整个生活。有一天，我的婆婆和我谈论她是怎么教养她的几个孩子的，她说：'不管事情怎么样，我总会要求他们保持本色。''保持本色'就是这句话。一刹那之间，我才发现我之所以那么苦恼，就是因为我一直在试着让自己生活在一个并不适合我的模式里。

"在一夜之间我彻底地改变了。我开始保持本色。我试着研究我自己的个性，试着找出自己究竟是个怎样的人。我研究我的优点和缺点，尽我所能去学色彩和服饰上的问题，尽量按照能够适合我的方式去穿衣打扮。我主动地去结交朋友，我参加了一个社团组织。这个组织起先是一个很小的社团。是他们让我参加活动的，这使我吓坏了。但是，经过我每一次的发言，我就增加了一点勇气，自信心也增强了一些。这事花了很长的一段时间来进行，可是今天我所有的快乐，却是我从来都没奢望得到的。在教养我自己的孩子时，我也总是把我是如何从痛苦中走出来的经验教给他们：'不管发生什么事，都要保持本色。'"

詹姆斯·高登·季尔基博士说："保持本色的问题，像历史一样的古老，也像人生一样地普遍。"不愿意保持本色，就是很多精神问题和心理问题的潜在原因。安吉罗·帕屈在幼儿教育方面很有成就，他曾写过十三本书和数以千计的文章。他说："没有人比那些想做其他人和除他自己以外其他东西的人，更痛苦、更可悲的了。"

这种希望能做跟自己不一样的人的想法，在好莱坞特别流行。山姆·伍德是好莱坞著名的导演之一。他说在他启发一些年轻的演员时，碰到最头痛的问题就是：要让他们保持本色。他们都想做二流的拉娜透纳，或者是三流的克拉克盖博。"这一套观众早已受够了，"山姆·伍德说："最安全的做法是：要尽快抛开那些装腔作势的人，做最本色的自己。"

最近素凡石油公司的人事室主任保罗·鲍延登和我说，他们这来求职的人常犯的最大错误不保持本色。他们不以真面目示人，不能完全地坦诚，却只是给你一些他以为你想要的回答。可是这个做法一点用也没有，由于没有人要伪君子，就像从来没有人情愿收假钞票一样。

有一个电车车长的女儿通过非常辛苦的努力才悟透了这一点。她本来想要成为一位歌唱家的，但是由于她的脸长得不好看。嘴很大，龅牙。所以在每一次公开演唱的时候，她都一直想把嘴唇拉下来盖住自己的牙齿。她本来想要表演得更美，但最后呢，她却让自己出了洋相，她这样遮遮挡挡的行为注定了失败的命运。但是，在那家夜总会里听这个女孩子唱歌的一个人，却认为她唱歌很有天分。“我跟你说，”他很直率地说：“我一直在看你的演唱，我知道你想掩藏的是什么，你觉得你的牙齿长得很难看。”这个女孩子顿时觉得无地自容，可是那个男的继续说道：“这都没什么的，难道说长了龅牙就罪大恶极吗？不要想去遮掩，张开你的嘴，观众看到你不在乎，他们就会喜欢你的。再说，”他很犀利地说，“那些你想遮起来的牙齿，说不定还会带给你好运呢。”

凯丝•达莉觉得值得一试，便虚心的接受了他的忠告，不再去注意牙齿。从那时候起，她只想到她的观众，她张大了嘴巴，热情而高兴地唱着，使她成为电影界和广播界的一流红星。其他的喜剧演员如今都还希望能学她的样子呢。

威廉•詹姆斯曾经在他的著作中谈过一些一直没有发现他们自己的人。他说这些人只发挥了10%的潜能。“跟我们应当做到的来比较，”他写道：“我们等于苏醒了一半；对我们身心两方面的能力，我们只使用了其中很小的一部分。再扩大一点来说，一个人等于只活在他体内有限空间的一小部分。他具有多种的能力，却习惯性地不知道怎么去利用。”你和我也有这样的能力，因此我们不该再浪费任何一秒钟，去考虑我们不是其他人这一点。你是这个世界上的新东西，以前从没有过，从开天辟地一直到现在，从来没有任何人完全跟你一样；而将来直到永远，也不可能再有一个完完全全像你的人。“在每一个染色体里”，据阿伦•舒恩费说：“可能有几十个到几百个遗传因子——在某些情况下，每一个遗传因子都能改变一个人的一生。”一点也不错，我们是这样“既可怕又奇妙地”造成的——我们每个人都是独一无二的。

即便在你母亲和父亲结婚之后，生下的这个人正好是你的机会，也是三十万亿分之一。换句话说，即使你有30万亿个兄弟姐妹，也可能都跟你完全不一样。这是光凭想象说的胡话吗？不是的，这是最严格的科学事实。

如果你想了解的更多更详细的话，不妨到图书馆去看一本叫作“遗传与你”的书，这本书是阿伦•舒因费写的。我之所以和你深谈保持本色的这个问题，是因为我对这一点的感想非常深。我很清楚我自己所谈的问题，因为我有过代价相当大的痛苦经验。我在这里要说明一下，当我由密苏里州的乡下到纽约去的时候，我进了美国戏剧学院，希望能做一个演员。我当时有一个自以为非常聪明的想法，我以为这是一条通向成功之路的捷径，这个想法非常简单，非常完美，所以我不懂为什么成千上万富有野心的人居然没有发现这一点。这个想法是这样的，我要去学当年那些有名的演员是怎样演戏的，学会他们的优点，然后把每一个人的长处学下来，使我自己成为一个集所有优点于一身的著名演员。这是多么愚蠢，多么荒谬的行为啊，我居然浪费了那么多的时间去模仿别人，到最后，我才终于明白，我一定得维持本色，我不可能变成任何人。

这次痛苦的经验，应该能教给我长久难忘的一课才对，可是事实并不是这样的。我并没有学乖，应该是我太笨了。到后来，我希望写一本所有关于公开演说的书本中最好的一本。在写那本书的时候，我又有了和以前演戏时一样的笨想法。我打算把很多其他作者的观念，都“借”过来放在那本书里。使那一本书能够包罗万象。于是我去买了十几本有关公开演讲的书，花了一年的时间把它们的概念写进我的书里，可是最后我再一次地发现我又做了一次傻事：这种把别人的观念整个凑在一起而写成的东西非常做作，非常的沉闷无趣，肯定是没有一个人能够看得下去的。就这样，我又把一年的心血都丢进了纸篓里，完完全全的重新开始。这一回我对自己说：“我一定得保持我自己的本色，不论我的错误有多少，能力多么有限，我也不可能变成别人。”于是我不再试着做其他所有人的综合体，而从我自己自身出发，以我自己的实际情况为例：我写了一本关于公开演讲的教科书，这本书完全以我自己的经验、观察，以一个演说家和一个演说教师的身份来写。这次我成功了，我终于做了自己应该做的事。华特•罗里爵士，就是 1904 年在牛津大学当英国文学教授的那位，他曾经说过：“我没有办法写一本足以与莎士比亚媲美的书，可是我可以写一本由我写成的书。”我悟到了和他一样的道理。

欧文•柏林给已故的乔治•盖许文的忠告中也说到，让盖许文做最本色的自己。当柏林和盖许文初次见面的时候，柏林已经赫赫有名，而盖许文还是一个刚出道的年轻的作曲家小辈，一个星期只赚 35 美金的酬劳。柏林很欣赏盖许文的能力，就询问盖许文要不要做他的秘书，薪水大概是他当时收入的三倍。“可是不要接受这个工作，”柏林忠告说，“如果你接受的话，你可能会变成一个二流的柏林。但如果你坚持继续保持你自己的本色，总有一天你会成为一个一流的盖许文。”

盖许文注意到这个警告，他并没有接受这个工作，后来他慢慢地成为这一代美国最重要的作曲家之一。

卓别林、威尔•罗吉斯、玛丽•玛格丽特•麦克布蕾、金•奥特雷，以及其他好几百万的人，都学过我在这一章里想要让各位明白的这一课，他们也学得很辛苦，每个学习这个的人都会觉得辛苦，当然我也不例外。卓别林开始拍电影的时候，那些电影的导演都坚持要卓别林去学当时特别有名的一个德国喜剧演员，但是卓别林直到创造出一套自己的表演方法之后，才开始成名，有了自己的特色。鲍勃•霍帕也有相同的经验。他多年来一直在演歌舞片，结果毫无成绩，一直到他发现自己讲笑话的本事之后，功成名就。威尔•罗吉斯在一个杂耍剧团里，不说话光表演抛绳技术，持续了好多年，最后才发现他在讲幽默笑话上有特殊的天分，于是开始在耍绳表演的时候说话，并一举成名。玛丽•玛格丽特•麦克布蕾最初进入广播界的时候，想做一个爱尔兰喜剧演员，结果失败了。后来她发挥了她的本色，做一个从密苏里州来的、很平凡的乡下女孩子，最终成为纽约最受欢迎的广播明星。金•奥特雷刚出道的时候，企图改掉他克萨斯的乡音，想像个城里的绅士，自称是纽约人，结果大家只在他背后笑话他。后来他开始弹五弦琴唱他的西部歌曲，开始了他那了不起的演艺生涯，成为全世界在电影和广播两方面最有名的西部歌星。

你在这个世界上是个新东西，是独一无二的，你应当为此而感到庆幸，应当尽量利用大自然所赋予你的一切来创造自己的人生。归根结底说起来，全体的艺术都带着一些自传的性质。你只能唱你自己的歌，你只能画你自己的画，你只能做一个由你的经验、你的环境和你的家庭所造成的你。无论好坏，你都得自己创造一个自己的小花园，你都得在生命的交响乐中，演奏你自己的小乐器，不要被林林总总的乐器迷花了眼，乱了自己的本性。

就像爱默生在他那篇《论自信》的散文里所说的那样："在每一个人的教育过程之中，他肯定会在某个时期发现，羡慕就是无知，模仿就是自杀。不论好坏，他必须保持本色。虽然广大的宇宙之间充满了好的东西，但是除非他耕作那一块给他耕作的土地，否则他绝得不到好的收成。他所有的能力是自然界的一种新能力，除了他自己之外，没有人知道他能做出些什么，他能知道些什么，而这都是他必须去尝试求取的。"上面是爱默生的说法；下面是一位诗人——已故的道格拉斯•马罗区——所说的：假如你不能成为山顶的一棵青松，就做一丛小树生长在山谷中，但须是溪边最好的一小丛。假如你不能成为一棵大树，就做一丛灌木。假如你不能成为一丛灌木，就做一片绿草让公路上也有几分欢娱颜色。假如你不能成为一只麝香鹿，就做一条鲈鱼，但须做湖里最好的一条鱼。我们不能都做船长，我们得做海员。世上的事情，多得做不完，工作有大的，也有小的。我们该做的工作，就在你的手边。假如你不能做一条公路，就做一条小径。假如你不能做太阳，就做一颗星星。不能凭大小来断定你的输赢，无论你做什么都要做最好的一名。

顺应生命的节奏

焦虑紧张的生活会让自己活得很辛苦，当前最要紧的莫过于顺应生命的节奏。

当我们紧张时，身体上和情绪上通常就会有一种被耗尽、被吸干的感觉：嘴巴会觉得干，身体也会觉得衰弱，而且神经如我们所说的那样是绷紧的。只有当我们放松后或者是表达完情绪之后，才能得到一个比较平顺的状态。有时候我们甚至会被眼泪所淹没，或被溶于欲望当中，这些代表流动状态的隐喻并不是绝对的，它们和我们的身心状态有着最密切的关系。当我们处于休息和平静的状态时，我们的行为和感觉就不会杂乱无章地发生，而呈现一种和谐的流动。

古老的瑜伽文献就给人们这样的建议，让人们在靠近瀑布、河流和湖边做静心冥想。荣格有许多对湖的描述："那湖向远方一直延伸出去，那广博的水面给我一种令人难以置信的愉悦，令人无法抗拒的光彩。在这一刻我在心中有了一个想法，我一定要住在湖边。我想如果没有水没有人可以活下去。"我们从洗澡、游泳、海洋景观所得到的快乐证明了我们和水之间的深厚感情，或许这呼唤起我们在母亲子宫羊水的状态，或者也和潜意识自己有如海洋般深不可测的意象有关吧。

这样的想法指出了水在放松状态中的特殊价值，这是经由感官所得到的感受。当然，我们也应该考虑其他的因素，比如空气虽有较多限制，但是也可以被想象成和飞行以及云朵联系在一起；风或微风可以被用来作为感官练习的基础。 在一个安静的房间里舒适地躺下来。举起你的手臂，甩甩手，然后让手臂自然地在身体两侧垂下来。闭上眼睛，想象你正躺在海边一个空旷的沙滩上。

潮水正涌过来，小小浪花轻拍你的脚和脚踝，然后，慢慢地移动你的身体让它浸在浅水里。当海水继续上升时，让自己感觉漂浮起来，并被有节奏的海潮带入海里。感觉缓缓起伏的海浪在你身底下汹涌，你随着海潮的起伏而滑动。让你的身体正面朝上，想象你正在一个浪头上，当浪潮下降，你在明亮的海水隧道中翻滚着。现在你被浪冲回岸边，躺在舒服温暖的沙滩上。不要动，此刻享受一下在自由和兴奋交替之后的宁静吧。当你看到海洋的波涛、季节的变换和月亮的盈亏时，便看到了自然的节奏。

人的生命也同样有着一定的节奏：从出生，经过儿童期、青少年期到完全成熟、年老，最后又有新的一代诞生。光、能源和任何事物都有一定的波动起伏，这种起伏使它们偏离节奏，或者像中子一样永远围绕着原子核运动。正如哲学原理所说的，生命中的任何事物绝对不会静止，运动是持续不断而且有一定节奏的。这或许就是为什么我们喜欢听音乐的原因之一，因为音乐反映出的节奏类似于我们生命的节奏。我们必须学习随着生命的节奏摇摆，而不是站在那里以不动的姿态对抗它。沙岸随着波涛运动和变化而能够永远不灭，但防波堤很快就会被冲垮。

如果你注意观察你的生命，它也是有一定节奏的。例如，你在工作之后会娱乐，在劳心之后会从事劳力活动，在饮食之后会禁食，严肃之后会表现幽默，性交之后会把性交转变成具有创造性的努力等等……当你的意识处于休息状态时，就是你的潜意识发挥最大作用的时候，当你的潜意识承担任务的时候，而且你的意识被其他事物所占据的时候，就是出现真正起鼓舞作用的时候。

当阿基米德在努力寻求解决两个物体相对重量的复杂问题时，始终得不到解答，但当他决定放松自己并泡一下澡时，他的潜意识便被浴盆中的热水给激发了出来。于是，他立刻从浴盆中跳出来，并且大声叫着现在一个很有名的欢呼词：我找到答案了。现在就问问自己吧，你曾经给你的思想休息的机会吗？干扰正常节奏模式会造成许多问题，如果你在工作之后不给你思想休息的机会，你的身体就会一直处于一种被刺激的状态，这种情况可能会使你因为紧张而严重失调。

你不必希望永远做个快乐的人，因为如果真的是这样的话，那种快乐一定会变得很枯燥且很乏味。婚姻顾问的一项重要目的就是要让夫妻二人了解他们之间的爱不可能没有高低潮。他们必须学习了解生命中的波涛和节奏，并顺着生命的节奏表现出各自的爱，才能够和大自然和谐共处。大自然所传达的宁静感觉是无可替代的。凝视自然中的地形、色彩变化、地质构造、自然的香味以及声音，我们可以从中获得和大自然融合为一的感觉。让眼睛望向远方的地平线，我们就能放松生活压力的焦点。下次当你凝视天际时，想象你眼睛的肌肉已释放所有的紧张，想想如此一来对你是有多么多的好处啊。如同风景画中的人物，我们得以用更宽广的角度看待自己，并调整我们看事情的角度和态度。在古典浪漫时期，面对大自然的渺小感几乎是令人害怕的，唯一的感受就是我们是那么的渺小。今天我们对于戏剧性的瀑布或高耸的悬崖峭壁依然感到敬畏。即使在一个温和平静的风景中，我们看待自己的方式不同了，我们的问题似乎也变得比较简单易懂，或觉得昨天的事不过是幻象罢了。奇妙之事仍旧继续发生：我们花越多时间在大自然美景中，就有越多的焦虑消失掉。

自然宁静的效果部分是和绿荫有着重要的关系，心理作用上和休息联想在一起。如果你拥有一个小小的庭院，试着在院中种满各种各样的，颜色不同的植物。当然，花匠可以提供很好的服务，但是你可能宁愿自己修剪树叶，或自己动手采集果实和种子，做做园艺什么的。你可能放着花园某个角落不整理，作为鸟儿和昆虫的天堂。认识你种植的植物或花的名称，去认识它们个别的独特个性。同时学习它们的学名和俗名，并大声念出那些奇怪的音节，想象它们像种子一样躺在你心灵中的花园。从你的庭院或附近的公园树木收集不同种类的树叶。舒舒服服地坐下来并认真地研究它们的形状、颜色和纹理。压在手掌心里感觉它们的凉爽，用手指循着每片叶子的叶脉移动，然后闭眼冥想你所看到的叶子形态。闭上眼睛，感觉着手中的叶子。借由触摸和气味来分辨每一片的不同。让自己完全专注在树叶上，让所有的担心、焦虑和负面思想都从意识中消退。最后，把叶子作为一个美好的感觉保存起来。

这是一件多么美好的事情啊，切记凡事不要打破正常节奏模式。

多拿自己开开玩笑

人生的好运与挫折，除了来无影去无踪外，最为高深莫测的莫过于它毫无迹象地“了无缘由”；世事的无常、人情的冷暖，除了现实与无情以外，更为无奈的是它无法与人分担的“点滴心头知”的感触。

与其愤世嫉俗地抱怨，埋怨，自怨自艾，为什么不谈笑风生地自我解嘲，坚强振作地迎向挑战、面对挑战呢。愤世，无非是强化了命运的可怕，嫉俗，也不过是弱化了自我的信心。自我解嘲，则是以另一种坦然的心境向着光明走，永远把失败留在我们的脚后。

我妻子陶乐丝曾经给我讲过这样一个故事：那时，我在镇上的中学上八年级。在当年，各级的学生都必须选修工艺课。八年级的工艺课程上的是金工。我们每个学生都得在这学期课程结束以前，完成由一块生铁和一只木柄做的螺丝起子。工艺老师五十多岁，是个整天嘴角挂着烟斗终日不停地抽烟的小老头，他的烟让他的身上总是带着一股令人不甚愉快的强烈气味；他的外表很严肃，几乎从来没有露过笑容，训起话来又总是尖酸中带着几分刻薄。他在学校一向以“当人”为乐事，这更让我们每个学生上起课来个个如临深渊，如履薄冰。一开学，工艺老师就正式的宣布，金工是我们日后日常生活中经常使用的必需技巧，绝对不可等闲视之。学期结束的时候，我们每个人都必须学会做一个螺丝起子。他会一一公开地讲评给分，并择定最优和最劣的成果，分别加以适当的鼓励与惩罚；别看只是一门小小的工艺课，不及格的学生还是得老老实实地花上一年的时间重新补修过。我一向手很笨拙，对于像美术、劳作、工艺之类必须心灵手巧的课程，有着“心有余而力不足”的无奈，把它看作是我根本不可能完成的事。在结业课上，尽管费了九牛二虎之力，累得满头大汗，我精心创造的杰作，依旧不折不扣地只是个“略似螺丝起子形状的大型铁钉”。期末讲评的最后宣判终于到了。我们端正地坐在桌前，工整地将我们的作品放在桌上，静静等待着老师的检查。老师依旧以严肃的面容，不急不忙地端着手中的烟斗，来回穿梭在我们的座位之间。他仔细观察每一个人的成果，不时弯下身来慎重地打量一些造型突出、颇具创意的杰作，举止之间流露出了悠然自得的欣赏表情。

终于，他背着双手走回到了讲台，清清喉咙，开始讲评：“大家的作品各有千秋，颇具创意。只是，这么些年来，我从来没有看过像陶乐丝同学这么造型独特的成果了。”

忽然间，全班同学的目光都不约而同地望向了我，这让我羞愧地简直无地自容了。“陶乐丝，请你上来。”老师点头致意叫我前去，更使我慌乱地手足无措。他举起我偌大的“螺丝起子”，兀自上下不断地打量着，并且不时以诡异的表情展示给同学们观赏；全体同学爆笑如雷地看着我，以万分期待的心情等待着我上台接受老师的“表扬”。

我不得不承认我的“螺丝起子”确实做的有几分畸形，它扭曲的金属头即使在热胀冷缩之后，依旧显得硕大无比；它活生生地插在不相衬的狭小木柄上，更是十足地毫不搭调。“经过我仔细地评审，我决定将这学期的最高荣耀颁给陶乐丝同学，她得到了我们的‘金锉奖’，因为她做的根本就不是‘起子’，而是木工每日必备的‘锉子’……”

我羞赧地站在台上，望着笑得东倒西歪的全班同学，暗自愤恨着老师无情的奚落，我更加埋怨着自己的无能，怒视着全场幸灾乐祸的同学。“陶乐丝同学的作品确实‘别具创意’，我们请她解释解释她的创意，并请她发表一下她的‘得奖感言’。”

我一片空白的脑海，在这慌乱的一刻，突然灵机一动地体会到了我人生最为宝贵的第一个教训——“自我解嘲”。我为什么不利用这个难得的机会，自我解嘲地化解所有的危机与困窘，与其自怨自艾地等待失败的挑战，何不英勇果敢地迎向挑战、面对挑战呢?

于是我正经严肃地四顾环视了全场，模仿着电视上转播“奥斯卡金像奖”的情景，傲然自信地伸出了我的双手向老师握手致意，并且面对着全体同学，以极其感性的口吻说："谢谢，谢谢。首先，我得感谢我伟大的父亲，是他给了我如此的聪明才智，能够十足荣幸地来到这里上工艺课；其次，我更得感谢我可爱的母亲，是她给了我如此粗枝大叶的个性，使我随手就产生了这样美好的创意。当然，最后，我更得感谢谆谆教诲我们的工艺老师，如果没有他独特的眼光，又怎么会有我的作品问世呢。"

全场同学在经过短暂的错愕之后，后来完全笑翻了。"最后，我不得不说明，我其实一心只想做个'锉子'，但是由于老师英明的指导和全体同学协助的鼓励，我十分高兴它仍旧幸运地保留了'起子'的基本形象。然而，这是公平的'金锉奖'，确实是完完全全地'名副其实'，而我的得奖更是'实至名归'。"我在欢声雷动的掌声中，深深地鞠了一躬，然后自信满满地回到了我的座位。

这种"自我解嘲"的心态，化解了我妻子生涯中最为尴尬的一刻。正如人们喜欢谈论一些关于别人的笑话一样，在适当的时候，也要像我妻子那样拿自己开开玩笑，要善于自嘲。

美国著名的律师乔特是最善于讲自己笑话的人。有一次，在哥伦比亚大学做演讲的时候，那所学校的校长曾极力称赞他，说他是"我们的第一国民"。这实在是卖弄自己的一个绝好的机会，他完全可以自傲地站起来，一副得意扬扬的神气，仿佛是要对听众说："你们看，第一国民要对你们演讲了。"但是聪明的乔特并没有如此。他似乎对这种称赞是充耳不闻的，却转而调侃自己的"无知"。这种自嘲很快博得了听众的热情与好感。

他说："你们的校长刚才刚刚说了一个词，我没听懂是什么意思。他说'第一国民'，我想他一定是指莎士比亚戏剧里的什么国民。我想，你们的校长一定是个莎士比亚专家，研究莎士比亚很有心得。诸位都知道，在莎氏的许多戏剧中，'国民'不过是舞台的装饰品，如第一国民、第二国民、第三国民等等。每个国民都很少说话，就是说那一点点话，也说得不太好。他们彼此都差不多，就是把各个国民的号数彼此调换，其他的人也根本看不出有什么区别的。"

这是一种非常聪明的方法，它使自己跟听众居于同等的地位，拉近了自己与听众的距离。他不想停留在蒲特勒所抬举的那种高高在上的地位上。如果他换一种说法，用庄重一点的言词，比如，"你们校长称我为第一国民，他的意思不过是说我是舞台上的一个无用的装饰品而已"。虽然表达的意思是一样的，但是绝对不能把那种礼节性的赞词变为一种轻松的笑话，也绝对不会取得那样的效果。

所以，无论是在和朋友交谈中，或者是在一大群听众中，能够想出一些关于自己的笑话，能够适当地自嘲，是赢得别人尊敬与理解的重要方法，远远要比开别人的一个玩笑重要得多。

拿自己多开开玩笑，可以使我们对世事抱有一种健康的态度，因为如果我们能与别人平等地相待，就可让我们赢得不少的朋友。相反，如果我们为显示自己是怎样的聪明，而拿别人开玩笑，以牺牲别人来抬高自己，那我们一生一世也难以交到一个朋友，更不用说距离成功有多遥远了。

在美国的 20 世纪三四十年代，有位政界的风云人物叫凯升。凯升第一次在众议院里发表演说的时候，却打扮得很土，因为他刚从西部乡间赶来。一位善于挖苦讽刺的议员，在他演讲时插嘴说："这个伊利诺伊州来的人，口袋里一定装满了麦子呢。"这句话引起哄堂大笑。凯升并没有因此怯场，他很坦然地开了自己一个玩笑："是的，我不仅口袋里装满了麦子，而且头发里还藏着许多种子呢！我们住在西部的人，多数是很土的，不过我们虽然藏的是麦子和种子，但却能够长出很好的苗子来。"

凯升不以自己的土气为耻，而以自己艰难创业的西部为荣，因而拿自己开玩笑，不否认口袋里装满麦子，进而还说连头发里也藏着种子。他的自嘲非但没有招来其他议员的嘲笑，相反却赢得了他们的尊敬，其美名也传遍全国，人们亲切地送给他一个外号：伊利诺伊州的种子议员。

成功的人士从来不会试图掩饰自己的弱点。相反，有时他们会拿自己的弱点和缺点来开开玩笑。而在现实生活中，我们却经常可以遇到一些专喜欢遮掩自己弱点的人，他们也许脸上有些缺陷，也许所受教育太少，也许举止粗鲁，他们总要想出方法来掩饰，不让别人知道。但这样做以后，他们却于无形中背弃了诚恳的态度，毫无疑问，与之交往的朋友会对他们形成一种不诚恳的印象，使人们不敢再与他交往。这样就是一种失败的做法，聪明的人就会坦诚布公的与人交往。世界上最不幸的就是那些既缺乏机智又不诚恳的人。很多人常常自以为很幽默，经常喜欢拿别人开玩笑，处处表现出小聪明，结果弄得与他交往的人不敢再信任他，以前的朋友也会敬而远之，纷纷躲避。

适当地拿自己开开玩笑吧，这不仅是一种机智，更是驱散忧虑、走向成功的法宝。

吃亏即是福

吃亏是福，这话说得不错。

有一天我去芝加哥大学访问罗伯特•哈金斯校长，顺便请教他是如何解决忧虑问题的。他的回答是："我一直遵循已故的西尔斯百货公司总裁朱利斯•罗森沃德的建议：'如果你手中只有一个柠檬，那就做杯柠檬汁吧！'"

这正是那位芝加哥大学校长所采取的方法，但一般人却刚好反其道而行之。如果人们发现命运送给他的只是一个柠檬，他就会立即放弃的，并说："我完了！我的命怎么这么不好，一点机会都没有。"于是他与世界作对，并且陷于自怜之中。如果是一个聪明人得到了一个柠檬，他会说："我可以从这次不幸中学到什么呢，怎样才能改善我目前的处境，怎样把这个柠檬做成柠檬汁呢。"

伟大的心理学家阿德勒一生都在研究着人类的发展及其潜能，他曾经宣称他发现人类最不可思议的一种特性——"人具有一种反败为胜的力量"。

哈里•爱默生•佛斯狄克在 20 世纪再次重述它的定义："真正的快乐不见得是愉悦的，它多半是一种胜利。"没错，快乐来自一种特有的成就感，一种超越的胜利，一次将柠檬榨成柠檬汁的经历。

他曾造访过一位住在佛罗里达州的快乐农民，这位农民曾经把一个有毒的柠檬做成了可口的柠檬汁。当他买下农地时，他心情十分低落。土地贫瘠，非常不适合种植果树，甚至连养猪也不适合。这里除了一些矮灌木与响尾蛇之外，什么都生存不了。后来他忽然有了个主意，他决定将负债转为资产，他要利用这些响尾蛇。于是不顾大家的惊异，他开始生产响尾蛇肉罐头。几年后，每年有平均两万名游客到他的响尾蛇农庄来参观。他的生意好极了。我目睹毒液抽出后送往实验室制作血清，蛇皮以高价售给工厂生产女鞋与皮包，蛇肉装罐运往世界各地。蛇身上的所有东西都得到了利用，这是多么聪明的做法啊。于是，我买了一些当地的风景明信片到村中邮局去寄，发现邮戳盖着“佛罗里达州响尾蛇村”，可见当地人很是以这位把毒柠檬做成甜柠檬汁的农民为骄傲。

我旅行到全美国各个地方，常有幸见到一些懂得“反亏为盈”的人。

“人生最重要的不是以你的所得做投资，任何人都可以这样做。真正重要的是如何从损失中获得利益。这才是真正需要智慧，也才显示出人的上智下愚。”伯利梭写这段话时，他已经在一次火车意外中丧失了一条腿。

我在纽约市教授成人教育课程时，发现很多人都有一个很大的遗憾，是没有机会接受大学教育。他们似乎认为未进大学是一种缺陷。而实际上许多成功的人士都没上过大学，因此这一点并没有显得那么重要。

阿尔说，如果不是他一天勤读 16 小时，把他的缺失弥补过来，他绝对不可能有今天的成功。哲学家尼采认为，优秀杰出的人“不仅忍人所不能忍，并且乐于进行这种挑战”。

这还不只是人生，这是超越人生，是生命的凯歌!

如果我做得到的话，我觉得人生最重要的不只是运用你所拥有的，任何人都会这样做，真正重要的课题是如何从你的损失中获利，这才需要真智慧，也才显示出人的上智下愚。

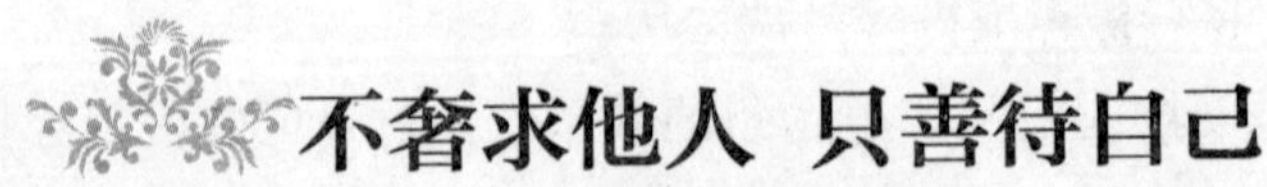

不奢求他人 只善待自己

奢求别人来善待自己是很愚蠢的问题，只有我们自己善待自己才是最正确的做法。

最近我碰到一个气愤填膺的人，有人警告我碰到他 15 分钟内他就一定会谈起那件事，果然如此。这件令他气愤的事发生在 11 个月前，可是他还是一提起就生气。他和别人在一起时简直都不能谈别的事，他为 34 位员工发了 10000 元圣诞节奖金——每人差不多300元——结果没有一个人谢谢他。他抱怨说："我很遗憾，我居然发给他们奖金。"

"一个愤怒的人，"孔子说，"浑身都是毒。"我衷心同情面前这位浑身是毒的人。他有 60 岁了。人寿保险公司统计我们还能活着的年数平均是目前年龄与 80 岁之间差数的三分之二。这位仁兄，如果他够幸运的话，大概还可以活十四五年。结果他浪费了有限的余生中的将近一整年，为过去的事愤恨不平。我实在同情他。他活得很不快乐，一生也就这样忙忙碌碌的在忧愁中度过了。

除了愤恨和自怜，他大可以自问为什么人家不感激他。有没有可能是因为工资待遇太低、工作时间过长，或是员工认为圣诞奖金是他们应得的一部分。也许他自己是个挑剔又不知道感恩的人，以致别人不敢也不想去感谢他。或许大家觉得反正大部分利润都要缴税，不如当成奖金。

相反，也可能员工真的是自私、卑鄙、没有礼貌。也许是这样的原因，也许是那样的原因。我也不会比你更了解整个状况。我倒是知道英国约翰逊博士说过："感恩是极有教养的产物，你不可能从一般人身上得到。"

我的重点是：如果他指望别人感恩乃是一项一般性的错误，他实在不了解人性。如果你救了一个人的生命，你会期望他感激吗？你也许会。可是塞缪尔·莱维茨曾是位有名的刑事律师，现在他是一名法官，他曾使 78 个罪犯免上电椅。你猜猜看其中有多少人曾事后致谢，或至少寄个圣诞卡呢，我想你猜对了，居然一个都没有。耶稣基督在一个下午使十个瘫子起立行走，但是有几个人回来感谢他呢？只有一位。耶稣环顾门徒问道："其他九位呢？"他们全跑了，谢也不谢就跑得无影无踪！让我来问问大家：像你我这样平凡的人给了人一点小恩惠，凭什么就希望得到比耶稣更多的感恩？

世间事就是这样。人性就是人性，你也不用指望别人会有所改变。何不干脆的接受这样的事实呢？

我们应该像一位最有智慧的罗马帝王马库斯·阿列留斯一样。他有一天在日记中说道："我今天会碰到多言的人、自私的人、以自我为中心的人、忘恩负义的人。我也不必吃惊或困扰，因为我还想象不出一个没有这些人存在的世界。"

他说得很有道理，我们每天抱怨别人不会感恩图报，那这到底该归咎于谁呢，这是人性呢，还是我们忽略了人性呢，不要再指望别人感恩了。要是我们偶尔得到别人的感激，就会是一件惊喜。如果没有，你也不至于难过。

我认识一位的老妇人，她住在纽约，她一天到晚抱怨自己很孤独。抱怨没有一个亲戚愿意接近她，而我也不怪他们。你去看望她，她会花几个钟头喋喋不休地告诉你，她侄儿小的时候，她是怎么照顾他们的。他们得了麻疹、腮腺炎、百日咳，都是她照看的，他们跟她住了许多年，还资助一位侄子读完商业学校，直到她结婚前，他们都住在她家。这些侄子回来看望过她吗？他们看她也完全是出于义务性的。他们怕回去看她，因为想到要坐几个小时听那些老调，无休无止的埋怨与自怜永远在等着他们。当这位妇人发现威逼利诱也没法叫她的侄子们回来看她后，她就剩下最后一个绝招——心脏病发作。

这心脏病是装出来的吗？当然不是，医生也说她的心脏相当神经质，常常心悸。可是医生也束手无策，因为她的问题是情绪性的。这位老妇人要的是关爱和注意，但是我以为她要的是“感恩”，可惜她大概永远也得不到感激或敬爱，因为她认为这是应得的，她要求别人给她这些。这是一种愚蠢的做法。

有多少人都像她一样，因为别人都忘恩负义，因为孤独，因为被人疏忽而生病。于是，他们便渴望得到爱，渴望被爱，但是在这世上只有一种方法能真正得到爱，那就是不索求，相反地，还要不求回报地付出。

这听起来好像有些不实际、太理想化了？其实不是这样的。这也是追求幸福最好的一种方法，我知道，因为我亲眼见到我家庭中发生的状况。我的父母乐于帮助他人，我们家里很穷，因此总是窘于欠债，可是虽然穷成那样，我父母每年总是能挤出一点钱寄到孤儿院去。他们从来没有去拜访过那家孤儿院，大概除了收到回信外，也从来没有人感谢过他们，不过他们已有所回报，因为他们享受了帮助这些无助小孩的喜乐，并从来不期望得到任何回报。

我离家外出工作以后，每年圣诞节，我都会寄张支票给父母，让他们买点自己喜欢的物品，可是他们总舍不得买。当我回家过圣诞时，父亲会告诉我，他们买了煤、日用品送给城里一个有很多小孩的贫苦妇人。施舍与不求回报的快乐是他们所能得到的最大的快乐。我坚信我父亲已符合亚里士多德所说的懂得享受快乐的理想人。亚里士多德说：“理想人会享受助人的快乐。”

要追求真正的快乐，就必须一直纠结在别人会不会感恩的念头，只享受付出的快乐就行了，何必计较那么多。为人父母者总是怨恨子女不知道感恩。即使莎剧主人翁李尔王也不禁叫道："不知感恩的子女比毒蛇的利齿更痛噬人心。"但是如果我们不教育他们，为人子女者如何会知道感恩呢？忘恩原本就是天性，它就像随地生长的杂草。感恩却有如玫瑰一样，需要细心的栽培以及爱心的滋润才可以。假如子女们不知感恩应该怪谁呢，可能该怪的就是我们自己吧。如果我们总是不教导他们向别人表示感谢，又怎么能期望他们来谢我们？

我认识一位住在芝加哥的朋友。他在一家纸盒工厂工作得非常辛苦，每周的薪水也不过区区的 40 美元。后来，他娶了一位寡妇，她说服他向别人借了钱送她第二个前夫的儿子上大学。他的周薪得用来支付食物、房租、燃料、衣服及缴付欠款。他像奴隶似的苦干了 4 年，而且从不埋怨。有人感谢他吗？答案当然是没有，他太太认为是理所应当的，那个儿子自然也是一样的想法。他们一点也不感到对这位继父有任何亏欠，即使只是道谢一声。他们从来就没有任何感恩的概念。

这该怪谁呢，该怪这家的儿子吗？但是这位母亲不是更应该懂得感恩吗，或许你认为这两个年轻的生命不应该有这种义务的负担，她不要她的儿子"由负债"开始他们的人生。所以她从没想到要说："你们的继父资助你们念大学，多好的人啊！"相反地，她的态度却是："噢，那是他起码应该做到的。"她认为没有加给他们什么负担，可是实际上，她让他们产生了一种危险的认识，认为这个世界有义务让他们活下去。果然后来，这位男孩想向老板"借"点钱，结果却身陷囹圄当中。

我们一定要记住，孩子是我们自己造就的，因此就应该做他们的好榜样，言传身教地教会他们学东西。举例来说，我的姨母就从来不抱怨儿女不知道感恩。在我很小的时候，我的姨母就把她母亲接去照料，同时也照料她的婆婆。我现在仍记得两位老人家坐在壁炉前的情景。她们有没有麻烦到我姨母呢？我想麻烦一定是不会少的，但是你从她的态度上一点也看不出来。她是真的很爱她们，经常向她们嘘寒问暖，让她们感受到家的温暖。而她自己还有 6 个子女，可她从不觉得自己做了什么伟大的事。对她来讲，这一切只不过是再自然不过的事，是正确的事，也是她愿意做的事。我这位姨母已经孀居了二十几年，她的 5 位成年子女都欢迎她，希望她到他们家去一起住。她的子女们都非常喜欢她，从不觉得厌烦。是由于"感恩"吗？当然不是啦。这是真正的爱。这几位子女从孩童时代就生活在慈善的气氛中。现在需要照顾的是他们的妈妈，他们回报同样的爱，是再自然不过的事。

我们都不要忘了，要想有感恩的子女，只有自己先成为感恩的人。我们的所言所行都非常重要。在孩子面前，千万不要诋毁别人的善意。也千万不要说："看看表妹送的圣诞礼物，都是她自己做的，连一毛钱也舍不得花！"这种反应对我们可能是件小事，但是孩子们却听进去了。因此，我们最好这么说："表妹准备这份圣诞礼物，一定花了不少时间，她真细心，真是太好了，我们得写信谢谢她。" 这样，我们的子女在无意中也学会养成赞赏感谢的习惯了。

善待他人，就是善待自己。

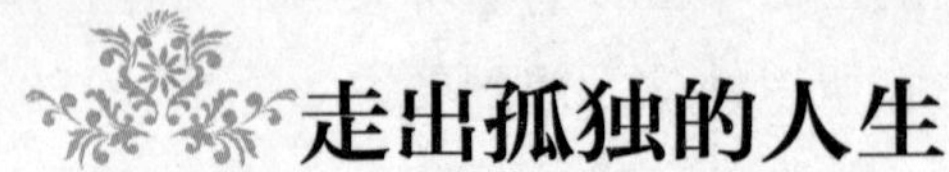

走出孤独的人生

如何走出孤独的人生呢，我们来看看下面的小故事吧。

曾有这样一位妇女，她失去了自己的丈夫，悲痛欲绝的她，自从那以后，她便和成千上万的人一样，陷入了一种孤独与痛苦之中。"我该做些什么呢？"在她丈夫离开她近一个月之后的一天晚上，她跑来向一位好友求助："我将住到何处，我还有幸福的日子吗？"她非常疑惑非常不开心。

她的朋友极力的向她解释，她的焦虑是因为自己身处不幸的遭遇之中，才50多岁便失去了自己的生活伴侣，这自然令人悲痛异常的事。但时间一久，这些伤痛和忧虑便会慢慢减缓消失，她也会开始新的生活，会从痛苦的灰烬之中建立起自己新的幸福。

"不是这样的，"她绝望地说道，"我不相信自己还会有什么幸福的日子。我已不再年轻，孩子也都长大成人，成家立业。我还有什么地方可去呢，我真的还会拥有幸福吗？"可怜的女人得了严重的自怜症，而且不知道该如何治疗这种疾病。好几年过去了，她的心情一直都没有好转。

有一次，她的这位朋友忍不住对她说："我想，你并不是要特别引起别人的同情或怜悯。无论如何，你都应该可以重新建立起自己的新生活，结交新的朋友，培养新的乐趣，千万不要沉溺在旧的回忆里。"当然，她并没有把这些话听进去，因为她还在为自己的命运而自艾自叹。后来，她觉得孩子们应该为她的幸福负责，因此便搬去与她的其中一个结了婚的女儿同住。

但事情的结果并不如意，她和女儿全都面临一种痛苦的经历，甚至她们的关系恶化到大家翻脸成仇的地步。这位妇人后来又搬去与儿子同住，但也好不到哪里去。后来，孩子们共同买了一间公寓让她独住，但是，这更不是真正解决问题的方法。

最后她觉得所有家人都弃她而去，没有人要她这个可怜的老太太了。这位妇人的确一直都没有再享受过快乐的生活，因为她认为全世界都是亏欠她的。她实在是既可怜，又自私的一个人，虽然现今她已 61 岁了，但情绪还是像小孩一样没有成熟，喜怒无常。

孤独是人生的一种痛苦，尤其是内心的孤寂更是可怕。而现代生活中很多人却深受这种痛苦的折磨，这种孤独感让他们远离人群，将自己的内心紧闭，过着一种自怨自艾的生活。甚至有些人因此而导致性格扭曲，精神异常，这当然更为不值。其实，每个人一生中都会遇到不幸和挫折，当你面临这种处境，应正视现实，积极解决，随着时间消逝，你就会走出困境与不幸，何必将自己那颗跳动的心紧闭，让自己的人生陷入痛苦与不安？

许多寂寞孤独的人之所以会这样，是因为他们还不了解爱和友谊都不是从天而降的。一个人要想受到他人的欢迎，或被他人接纳，一定要付出许多努力和代价。情爱、友谊或快乐的代价，都不是一纸契约所能规定的。让我们面对现实，无论是丈夫死了或太太过世，活着的人都有权利再继续的快乐地活下去。但是，前提是他们必须了解：幸福并不是靠别人来布施，而是要自己去赢取别人对你的需求和喜爱。

让我们再看另一个故事。有一艘正在地中海蓝色的水面上航行的旅游船，上面有许多正在外出度假中的已婚夫妇，也有不少单身的未婚男女穿梭其间，他们个个兴高采烈的，随着乐队的拍子起舞。其中，有位明朗、和悦的单身女性，60 来岁，也随着音乐陶然自乐。这位上了年纪的单身妇人，也和前面提到的太太一样，曾遭丧夫之痛，但她能把自己的哀伤抛开，然后毅然开始了自己的新生活，重新展开生命的第二度春天，这是经过深思之后所做的决定。

她的丈夫曾是她生活的全部重心，也是她最为关爱的人，但这一切全都过去了。幸好她一直有个嗜好，便是绘画。她十分喜欢水彩画，在她丈夫去世后，绘画便成了她精神的寄托。她忙着作画，哀伤的情绪逐渐平息。而且由于努力作画，她开创了自己的事业，使自己的经济能完全的独立。在这当中，其中有一段时间，她很难和人群打成一片，或是很难把自己的想法和感觉表达出来。这是因为长久以来，她丈夫一直是她生活的重心，是她的伴侣和力量。她知道自己长得并不出色，又没有万贯家财，因此在那段近乎绝望的日子里，她一再自问：如何才能使别人接纳她，需要她。因此，她就一直苦恼着。

后来，她找到了自己的答案，她得使自己成为被人接纳的对象。她懂得，如何把自己奉献给别人，而不是等着别人来给她什么。想清楚了这一点，她就擦干眼泪，换上了笑容，开始忙着作画。她也抽时间拜访亲朋好友，尽量制造欢乐的气氛，却绝不久留。不多久，她开始成为大家欢迎的对象，不但时有朋友邀请她共进晚餐，或参加各式各样的聚会，并且还在社区的会所里举办画展，处处都给人留下美好印象。再后来，她参加了这艘旅游船的“地中海之旅”。在整个旅程当中，她一直是大家最喜欢接近的目标。她对每一个人都非常的友善，但绝不紧缠着他人不放。在旅程结束的前一个晚上，她的舱旁是全船最热闹的地方。她那自然而不做作的风格，让每个人都留下深刻印象，并愿意和她交朋友。

从那时起，这位妇人又参加了许多类似这样的旅游。她知道自己必须勇敢地走进人群，并把自己贡献给需要她的人。她所到之处都留下友善的气氛，人人都乐意与她接近。

所以那些勇于克服孤寂的人，无论走到哪里，一定善于与人们培养出亲密的关系。就好像燃烧的煤油灯一样，火焰虽小，却仍能产生出光亮和温暖来。这是多么成功的例子啊，他们悟出了与人相处的精髓，那就是一定要保持快乐的心态，要让和你相处的人感觉到轻松。

我们若想克服孤寂，就必须远离自怜的阴影，勇敢走入充满光亮的人群中去。我们要去认识新的人，去结交新的朋友。无论到什么地方，都要兴高采烈，把自己的欢乐尽量与别人分享。

根据统计数据显示，大部分结过婚的妇女，都比先生活得长寿。但是，一旦先生过世之后，这些妇女都很难再活的快乐。而男性由于工作的关系，基于工作本身的要求，他们不得不驱使自己继续进步。

通常，夫妇二人中，先生要比太太更强壮，也更富有进取心。妻子则大部分以家庭为中心，并以家人为主要的相处对象。所以，她对必须独自生活或追求个人的幸福，并没有什么心理准备。但是，假如她决心摆脱孤独，追求幸福的话，应该是可以做得到的。

当然，孤寂也并不专属于丧偶人的痛苦。无论是单身男子或美丽的女人，无论是城市的异乡人抑或是村里的流浪汉，都一样会尝到孤寂的感觉。

虽然由于现在时代越来越进步，我们的社会却有一种疾病愈来愈普遍，那就是处于拥挤人群中的孤独感。

在加州奥克兰的密尔斯大学，校长林•怀特博士在一次女青年会的晚餐聚会上发表了一段极为引人注意的演讲，他说："20世纪最流行的疾病是孤独。"他是这样说的："用大卫•里斯曼的话来说，我们都是'寂寞的一群'。由于人口越来越多，增长速度又那么快，根本分不清谁是谁了。居住在这样一个'不拘一格'的世界里，再加上政府和各种企业经营的固定的模式，人们必须经常由一个地方换到另一个地方工作。于是，人们的友谊就无法持久，时代就像进入另一个冰河时期一样，使人的内心觉得冰冷不已。"

在几年以前，有个刚毕业的年轻人，独自来到纽约发展自己的事业，为这城市带来一点光彩。这位青年长得英俊潇洒，受过良好的教育，自己也很为自身的条件感到骄傲。安顿妥当之后的第一天，他在白天参加了一个销售会议，到了夜晚，他忽然感到孤单起来。他不喜欢独自一人吃饭，也不想一个人去看电影，更不认为应该去打扰一些在城市里的已婚朋友。或许，我们还可以再多添一个理由——他也不想让女孩缠上自己。

当然，他是希望能碰到一个非常好女孩，但那绝不是从酒吧或什么单身俱乐部一类的场所去随便挑的一个。结果，他只好在那个准备大展宏图的城市里，独自度过了寂寞凄凉的夜晚。

大城市的生活，有时是会比小镇更让人有孤寂感；要在大城市里生活，有时更得花点心神去结交朋友的，并让这些朋友慢慢的接纳你、需要你。在去一个大城市之前，要先想好以后的日子。尤其是下班后的时间你到底要如何打发。你当然是需要和兴趣相同的人在一起，但这之前，你得先伸出友谊之手。

初到一个陌生的城市，其实有很多事情可以做的。你可以上教堂或参加同好俱乐部，这些地方都可以增加认识人的机会。你也可以选修成人教育课程，这样不但可以自求进步，更可以得到同伴和友谊。但是，假如你只是默默一人在餐馆里吃饭，或在酒吧独自喝闷酒，那就无怪乎得不到什么情谊了。你一定得去安排或做些什么事。

有这样两个生活在大城市里的年轻女孩，她们在纽约东区合租了一间公寓同住。两个女孩都很漂亮，也都有一份待遇不错的工作，她们都希望自己有朝一日能够出人头地。其中一位聪明的女孩，她认为居住在大都会的女孩，尤其是单身女孩就一定要仔细安排自己的生活，并计划自己的未来。所以，她到一间教会去，积极参加各种活动。她还加入一个研讨会，甚至选修一门改进个性的课程。她把自己的薪水尽量用来与人交往，并开创出多彩多姿的生活内容。她有适度而愉快的休闲活动，但对于社交关系则相当谨慎，尤其尽量避免暧昧不清的男女关系。

记得她初到纽约的时候，也曾感到寂寞。但是，她不想像某些男性一样，在海底潜游了半天，却只寻得一块海绵。她知道，她自己得一定要有自己的计划。后来，她与一位聪明的年轻律师结了婚，婚后生活十分愉快。这便是她强调“要达到目标”的结果，她终于得到了幸福快乐的人生。

至于另外的那个女孩呢？她当初也很孤单寂寞，却没有真正找到摆脱孤单的正确方法。于是她四处到一些游乐场所或酒吧找寻朋友，结果，她最后也加入了一个俱乐部，那是协助酗酒者的“戒酒俱乐部”。

所以，如果你不想让自己孤独忧虑，就要明白：幸福并不是靠别人来施舍的，而是要自己去赢取别人对你的需求和喜爱。

人性的弱点 第八篇

和忧虑说再见

压力会引起我们的忧虑。很多的忧虑都是由于压力引起的。在我们的日常生活中，压力是无处不在的，当然，这其中包括工作压力、生活压力以及家庭压力等等诸如此类的压力。可以这样说，压力于我们来说，是如影随形的。那么到底什么是压力呢？其实，压力是分为精神和物理两个领域来定义的。物理定义的压力是指具有客观属性，垂直作用于流体或固体界面单位面积上的力。但是，从心理学角度看，压力是心理压力源和心理压力反应共同构成的一种认知和行为体验过程。我们通常所说的压力就是指心理层面的压力。社会经济的飞速发展也造就了压力的剧增，造成压力的主要原因有三个：第一，工作；第二，生活；第三，个人的性格。

压力的来源有很多，对工作的不满意以及工作量很大或对工作要求过高通常是造成工作压力的最主要因素，尤其当得到的报酬和个人的付出不成比例的时候，个人更容易觉得这是非常不公平的，于是，压力也会相对地增加。当然，人际关系也是导致工作压力的另一要素。我们生活环境中都会偶尔发生一些重大的事故，比如配偶的死亡、离婚、工作的变动、等等诸如此类的因素都是构成压力的重要因素。日常生活中也经常会面临一些小小的困扰，单一事件对个体并不会造成压力威胁，但如果这些困扰都在同一天发生，对个体而言可能就是不小的压力。外在的环境及事件确实会给个体带来压力。但是，同样的事情发生在不同人身上，却未必会构成同样的威胁。因此，个人如何看待压力事件，以及个人如何应对和调节压力。这些压力都有可能造成我们忧虑的产生。

在日常生活中，有很多的办法能够帮助我们战胜忧虑，比如我们可以让自己忙碌起来。忙碌起来，我们就没有时间来忧虑了。这是因为，我们需要做的事情已经让我们自顾不暇，何来时间浪费在忧虑上呢。在我们遇到很多非常麻烦的事情的时候，我们要学着先从改善最坏的事情，一步步地来解决问题，这样才会比较得心应手。而且，我们一定不要让一些很小的事情影响我们的心情，也不要为了那些已经发生的事情去浪费自己的精力。过去的事情就是过去了，我们再后悔也是无济于事，为什么不把时间花在有意义的事情上呢。

忧虑是个大问题，我们不要让忧虑有机可乘。

压力的源头

当今社会，压力其实是一个过度使用的字眼。我们常常为必须承受最大压力的角色而竞争，并且因为人们知道我们正处在压力之下而感到高兴。然而，事实上，我们倾向于夸大我们所承受的压力，却很少有人停下来思考压力从那里来，和它在我们的生活所代表的意义。

压力的起源跟我们的时代有关，我们的祖先不会像我们现在因堵车引发愤怒！研究资料结果显示，当工作环境有很大改善的时候，我们的工作时数增加，并且必须处理更多工作上和家庭生活中的压力。现代社会期望我们思考得更快、工作得更努力，并在每件我们着手进行的事情上表现非常的卓越。在文明的时代，我们带给自己一个现代的状况，称它为压力。 面对危险的时候，我们马上会有生理上的应变，荷尔蒙以及肾上腺素增加，输送更多。血液到大脑并提高感官的知觉。在每天压力的惯性之下，我们的身体会有类似的反应，但是警觉状态会被拉得很长，在缺少自我检视的情况下，可能就会导致身体以及心理上的功能失常。用医疗的看法，压力倒因于身体三种体液的不平衡。每一种体液如果过量的话，就会引发身体的某些不适应的症状。因此，倘若我们受苦于“破坏性的压力”，我们的肌肉就会感到紧绷；“不开心的压力”会带来没有耐性和易怒；“冷漠的压力”会引起沮丧以及疲惫。似乎很少人赞同这种观点，然而这体液的观念对身体平衡的重要却是非常有趣的。一旦我们失去平衡，这个时候，我们的压力就来了。

压力其实不是一种客观的事实，压力是一个主观感受。同样的事在不同的人眼中，会产生完全不一样的感受。同样的事在同一个人身上，也可以随着环境、时间转变，而产生不同程度的压力。打个比方，你第一次参加面试时，你会紧张得气也喘不过来，但当你第十次、第二十次的时候，你就仿佛如履平地，不费吹灰之力就可以安然度过了。

很多时候我们会发现不是事情本身令你烦躁不安，而是你对事情的看法和感受令你不快乐。以上面的例子来说，当你第一次去面试的时候，你的心会忐忑不安，你会对整个程序没有任何的把握，所以你会惧怕失败，担心被人羞辱，也可能缺乏自信，看轻自己。这些恐惧不安的感受，往往让你情绪紧张，压力重重。压力的另一个来源就是工作，据一份心理答卷调查结果显示，白领阶层认为工作是首个导致精神紧张的原因。报告指出办公室的压力主要源于工作的过量，被访者表示问题在于太忙碌或者是太少职员分担工作。

然而，事实上，不少人是工作狂，整天不停工作，一秒也不肯停下来。问题是人不是一部永不歇息的机器，长期接受重重的心理压力的结果就是我们的身心健康受损，并且出现各种症状，包括心跳、出汗、紧张、脾气急躁、头痛、肠胃出现问题、肌肉疼痛等等诸如此类的症状。一般人在这种情况下会自动自觉地休息一下，舒缓身心的压力。但是患上工作狂的人反而会因此而自夸，觉得这些是都市人必然的经历，相信这些就是成功人士的代价。于是，他们不但不会停下来休息一下，相反地，他们会更拼命地去追求成功、去发奋上进。但是，工作狂同时会抱怨自己的工作太多、自己太忙，没有人可以协助分担，这到底是为什么呢？我看主要的原因是因为他们太自信自负，觉得别人无论如何勤奋，也是能力不行，所以不能放心地把权力或者是工作下放给下属。另外一个因素就是他们有强烈的控制欲，觉得如果一切都在自己的控制下，他们才感到十分安全，感到一切都在掌握之中。如果有任何未知之数、任何预算之外或者是意料之外的事发生也可以令他们不安，因此他们要先天下之知而知，要掌握所有资料以及洞悉下属、对手的一切，这样做的代价，就是要下属执行他们的指示，要自己的下属详尽报告，而不愿意把工作过于放心地交付下属。

于是有一个恶性循环产生了，就是下属们只求无过不求有功的，不假思索地执行指示，依循惯例去进行自己的工作，绝口不提建议，不会带点创意去上班。就这样，日子一长，这群下属就变成一个个生产机器，没有任何的建议，不能发挥潜质，成为真正的庸碌之辈。压力的症状是变化多端的，每个人都是不一样的，一般而言，压力的表现常是某种形式的痛，我们可以思考痛带给我们什么样的讯息：可能是有些事需要改变。通常的情况，当我们有压力的时候，一个平常的小问题似乎都会令人感觉是难以克服的，最微不足道的工作都可能使我们畏缩。有人可能感觉到持续的疲倦，有人可能有幻想的痛，另外还有人可能突然地表现愤怒。我们不必是医生就能诊断出压力，也不需要特别的技巧去治疗压力。只要我们可以发现真正的原因，我们就可以治疗我们自己，只要我们不再视压力为每天自然生活的一部分，或者是将压力当成获取同情或者是奖励的手段。跟压力抗争的第一步是：接受它的存在是我们的生活形态或生活态度的结果——它并不是我们原有的失败或者是弱点的一种表示。渐渐地，我们会期望自己在每一方面都是好的，不只是在工作和家庭方面，在家庭园艺上、在假期规划上，甚至在放松方面也要做得非常好。我们期望自己这么多，有这么多地方要去，有这么多事情要做，它们便成为压力的来源。

我们常常听到人们说在压力下工作可以表现得更好。倘若我们看看肾上腺素分泌曲线，可能会发现其中某些事实。通常的情况，当压力逐渐增加时肾上腺素曲线会上升，表现可能会比较好。然而，一旦肾上腺素分泌值大到某一程度时,压力不可避免地就会转变成逐渐增加的紧张,分泌曲线就会开始往下陡降,直到最后到达崩溃点。如果我们在自我的极限范围内督促自己，我们可能会成功的；倘若我们逼迫自己到达极限，显然将面临压力。就在这时候，应该快快放一个大假，让身心舒展一下，并应该及早到医院治疗身体的毛病。这个阶段你自己的身体发出了警告信号，所以万万不能疏忽。这是因为，倘若你不理会这些信号，你的身体便会越来越差，精神萎靡，继续会有注意力不能集中、精神散漫、魂不守舍等等的现象，工作表现开始变差，生活感到紧张慌忙。如果你仍然不愿意休息的话，精神健康便会大受损伤。这个时候，休息和学习减压的方法是不能缺少的了。

最后，我们必须接受，虽然生活是有压力的，但是，这并不是它原有的特质。如果我们学着了解自己的需要以及能力，找到一些控制压力的方法。没有任何事可以让压力上身，我们可以让这种现代恶魔滚一边去。找到压力的来源，方能使你免于承受过大的压力。

我们要想不让压力影响我们的生活，就必须发现压力的源头。

让忙碌战胜忧虑

我永远也忘不了几年之前的一天夜里，我班上的一个学生道格拉斯告诉我们，他家里遭受了不幸，这种不幸不止一次，而是有两次的不幸。第一次他失去了自己 5 岁的女儿，一个他非常喜欢的女孩子。他和妻子都以为他们没有办法忍受这个打击。但是，就像他说的："10 个月以后，上帝又赐给我们另外一个小女儿——而她只活了 5 天就死了。"这接二连三的打击，对任何人来讲都是无法承受的。"我实在承受不了，"这个做父亲的告诉我们说，"我睡不着觉，吃不下饭，也没有办法休息或者是放松。我的精神受到了致命的打击，信心全部都消失了。"

最后，他去看医生。一个医生建议他吃安眠药，另外一个则建议他去试一下旅行。他两个方法都试过了，可是没有一样能够对他有所帮助。他说："我的身体好像被夹在一把大钳子里，而这把钳子越夹越紧，越夹越紧。"那种悲哀给他的压力，倘若你曾经因悲哀而感觉麻木的话，你就知道他所说的是什么了。

"不过，感谢上帝，我还有另外一个孩子，他是一个 4 岁的儿子，他教我们得到解决问题的方法。有一天下午的时候，我呆坐在那里为自己感到难过的时候，他问我：'爸爸，你肯不肯为我造一条船？'我实在没有兴致去造条船。然而，事实上，我根本没有兴致做任何事情。可是我的孩子是个很会缠人的小家伙，我不得不顺从他的意思。"

造那条玩具船大概花了我 3 个钟头，等到船弄好以后，我发现用来造船的那 3 个小时，是我这么多个月来第一次有机会放松我的心情的时候。这个大发现使我从昏睡中惊醒过来。它使我想了很多，这是我几个月来的第一次思想。后来，我发现，如果你忙着去做一些需要计划以及思想的事情的话，就很难再去忧虑了。对我来说，造那条船就把我的忧虑整个击垮了，所以我决定让自己不断地忙碌。"

第二天晚上的时候，我巡视了屋子里的每个房间，把所有该做的事情列成一张单子。有好些小东西需要修理，比方说书架、楼梯、窗帘、门锁、漏水的龙头，等等。叫人意想不到的是，在两个星期之内，我列出了 242 件需要做的事情。

"在过去的两年里，那些事情大部分已经完成。此外，我也使我的生活充满了启发性的活动：每个星期的时候，我有两天晚上到纽约市参加成人教育班，并参加了一些小镇上的活动。我现在是校董事会的主席，参加很多会议，并协助红十字会以及其他的机构募捐。我现在简直忙得没有时间去浪费在忧虑上了。"

是的，没有时间去忧虑，这正是丘吉尔在战事紧张到每天要工作 18 个小时的时候所说的。当别人问他是不是为那么重的责任而忧虑的时候，他是这样说的，他说："我实在是太忙了，我没有任何的时间去忧虑。"查尔斯•柯特林在发明汽车的自动点火器时，也碰到这样的情形。柯特林先生一直是通用公司的副总裁，负责世界闻名的通用汽车研究公司，最近他才退休。但是，当年他却穷到要用谷仓里堆稻草的地方做实验室。家里的开销，都必须靠他太太教钢琴所赚来的 1500 美金。后来，他不得不用他的人寿保险抵押借了 500 美金。我问过他太太，在那段时期她是否十分的忧虑？"是的，"她回答说，"我一直担心得睡不着，可是柯特林先生一点也不担心。他却整天埋首于工作中，没有任何的时间去忧虑了。"

伟大的科学家巴斯特曾经谈到"在图书馆和实验室中所找到的平静"。平静为什么会在那儿找到呢？这是因为在图书馆和实验室的人，常常都埋首于工作中，不会为他们自己担忧。做研究工作的人很少有精神崩溃的现象，因为他们没时间来享受这种"奢侈"。

这是为什么呢，为什么"让自己忙着"这么一件简单的事情，就能够把忧虑赶出去吗？有这么一个定理，这是心理学上所发现的最基本的一条定理。这条定理就是：不管一个人多么聪明，人类的思想，都不可能在同一时刻想超过一件以上的事情的。让我们来做一个实验：如果你现在靠坐在椅子上，闭起双眼，试着在同一个时刻去想：自由女神和你明天早上打算做什么事情。这个时候，你很快地发现你只能轮流地想其中的一件事，而不能同时想着两件事情，对不对呢？在你的情感上来说，也是这样。我们不可能既激动、热诚地想去做一些让人很兴奋的事情，同时又因为忧虑而拖累下来。一种感觉会把另一种感觉赶出去，就是这么简单的发现，让军方的心理治疗专家们，能够在战时创造出这一类的奇迹。当有些人因为在战场上经历受到打击而退下来的时候，他们都被称为“心理上的精神衰弱症”。军方的医生都以“让他们忙着”为治疗的方法。除了睡觉的时间之外，每一分钟都让这些在精神上受到打击的人充满了活力。举个例子，钓鱼、打猎、打球、打高尔夫球、拍照片、种花以及跳舞等等诸如此类的活动，根本不让他们有时间去回想那些可怕的经历。“职业性的治疗”是近代心理医生所用的名词，也就是拿工作来当治病的药。这并不是新的办法，在耶稣诞生500年之前，古希腊的医生就已经使用过了。

而且，在富兰克林那个时代，费城教友会教徒也用这样的办法。1774年有一个人去参观教友会的疗养院的时候，他看见那些精神病人正忙着纺纱织布，让他大为震惊。他觉得，那些可怜的不幸的人，在被压榨劳力，最后教友会的人才向他解释说，他们发现那些病人只有在工作的时候病情才能够真正地有所好转，这是因为工作能安定神经。

随便哪位心理治疗医生都能告诉我：工作，让你忙着，这是精神病最好的治疗剂。著名的诗人亨利•朗费罗在他年轻的妻子去世以后，他发现了这个道理。有一天，他太太点了一支蜡烛，来熔一些信封的火漆，结果她的衣服烧了起来。朗费罗听见她的叫喊声，就赶过去抢救，可是她还是因为烧伤而死去。有一段时间，朗费罗没有办法忘掉这次可怕的经历，几乎快要发疯。幸好他三个幼小的孩子需要照料。虽然他十分悲伤，但是他还是要父兼母职。他带他们出去散步，讲故事给他们听，跟他们一同玩游戏，还把他们父子间的亲情永存在《孩子们的时间》一诗里。他还翻译了但丁的《神曲》。这些工作加在一起的话，让他忙得完全忘记了自己，也重新得到思想的平静。就像班尼生在最好的朋友亚瑟•哈兰死的时候曾经说过的那样，他说：“我一定要让我自己沉浸在工作里，否则我就会在绝望中苦恼了。”

对大部分人而言，在集中主要精力于工作或者是被工作忙得团团转的时候，“沉浸在工作里”大概不会有多大问题。但是，在下班以后，就在我们能自由自在享受悠闲和快乐的时候，忧虑的魔鬼就会来攻击我们。这个时候，我们时常会想，我们的生活里有什么样的成就，我们有没有走上轨道，老板今天说的那句话是不是“有什么特别的意思”，或者是我们的头是不是秃了。

其实，我们不忙的时候，脑筋时常会变成真空。每一个学物理的学生都知道“自然中没有真空的状态”。打破一个白炽灯的电灯泡空气就会进去，充满了理论上说来是真空的那一块空间。我们的脑筋一旦空出来，同样的道理，也会有东西进去补充。那么，到底是什么呢？通常都是你的感觉。这是为什么？这是因为忧虑、恐惧、憎恨、嫉妒和羡慕等等诸如此类的情绪，都是由我们的思想所控制的，这种种情绪都十分的猛烈，会把我们思想中所有的平静的、快乐的思想和情绪都赶出去。

詹姆士•穆歇尔是哥伦比亚师范学院的教育学教授。他在这方面说得十分清楚：“忧虑最能伤害到你的时候，不是在你有行动的时候，而是在一天的工作做完了之后的时候。在那个时候，你的想象力会混乱起来，使你想起各种荒诞不经的可能，把每一个小错误都加以夸大。在这样的时候，”他继续接着说道，“你的思想就像一部没有载货的车子，乱冲乱撞，撞毁一切，甚至自己也变成碎片。消除忧虑的最好办法，就是要让你自己忙碌起来，去做一些有用的事情。”

其实，不见得只有一个大学教授才能懂得这个道理，才能付诸实行。在战争的时候，我碰到一个住在芝加哥的家庭主妇，她告诉我她如何发现“消除忧虑的好办法，就是让自己一直保持忙着，去做一些有用的事情”。当时我正在从纽约回密苏里农庄的路上，在餐车上碰到这位太太跟她的先生。这对夫妇告诉我，他们的儿子在珍珠港事件的第二天加入陆军。那个女人那个时候因担忧她的独子，而几乎让她的健康受损。那么，他在什么地方？他是不是安全呢？这个时候，正在打仗？他会不会受伤、死亡？我问她，后来她是怎么克服她的忧虑的。她回答说：“我让我自己一直忙着。”她告诉我，最初她把自己的女佣辞退了，希望能靠自己做家务来让自己忙着，但是，这没有多少用处。“问题是，”她说，“我做起家事来几乎是机械化的，完全不用我的思想，所以当我铺床以及洗碟子的时候，还是一直担忧着。我发现，我需要一些新的工作才能使我在一天的每一个小时，身心两方面都能感到十分的忙碌，于是，我到一家大百货公司里去当售货员。”“这下可好了，”她说，“我马上就发现自己好像掉进了一个大漩涡里，顾客挤在我的四周，问我这些东西的关于价钱、尺码、颜色等等诸如此类的问题。没有一秒钟能让我想到除了手边工作之外的事情。到了晚上的时候，我也只能想，怎样才可以让我酸痛的双脚舒服一点。吃完晚饭以后，我倒在床上，立刻就睡着了，既没有时间也没有任何体力再去忧虑。”她所发现的这一点，就像约翰 • 考伯尔 • 波斯在他那本《忘记不快的艺术》里所说的：“一种舒适的安全感，一种内在的安静，一种因为欢乐而反应迟钝的感觉，都能让人类在专心工作时精神镇静。”而能做到这一点是多么有福气的事情啊。世界最有名的女冒险家奥莎 • 强生最近告诉我，她怎样从忧伤中解脱出来的。也许你读过她的自传《与冒险结缘》这本书。如果真有哪个女人能跟冒险结缘的话，也就只有奥莎 • 强生了。马丁 • 强生在她 16 岁那一年里，把她从堪萨斯州查那提镇的街上一把抱起，到婆罗州的原始森林里才把她放下。他们结婚了。25 年以来，这对来自堪萨斯州的夫妇踏遍了全世界，拍摄逐渐绝迹的野生动物的影片。九年以前他们回到美国，到处的做演讲，放映他们那些有名的电影。在丹佛城搭飞机飞往西岸的时候，他们乘坐的飞机撞了山，马丁 • 强生当场死亡，医生们都说奥莎永远不能再下床了。可是他们对奥莎 • 强生并不了解，3 个月之后，她就坐着一架轮椅，在一大群人的面前发表演说。在那段时间里，她发表过 100 多次演讲，她都是坐着轮椅去的。当我问她为什么这样做的时候，她回答说：“我之所以这样做，是为了让我没有任何的时间去悲伤以及忧虑。”

奥莎 • 强生发现了上一世纪的但尼生在诗句里所说的同样的一个真理：“我必须让自己沉浸在工作过程中，否则我就会挣扎在绝望中。”海军上将拜德也发现了这一点，他在覆盖着冰雪的南极小茅屋里单独居住了 5 个月，在那冰天雪地里，藏有大自然最古老的奥秘，在冰雪覆盖下，是一片无人知晓的、比美国以及欧洲加起来还要大的大陆。在拜德上将独自度过的 5 个月里，方圆 100 英里内没有任何一种生物存在。天气奇冷，当风吹过他耳边的时候，他能听见他的呼吸被冻住，冻得像水晶一样。在他那本名叫“孤寂”的书里，拜德上将叙述了在既难过又可怕的黑暗里所经过的那 5 个月的生活。他一定得不停地忙碌才能不至于让自己发疯。“在夜晚，”他这样说，“当我把灯吹熄之前，我养成了分配第二天工作的习惯。就是说，为我自己安排下一步应该如何去做。打个比方，一个钟点去检查逃生用的隧道，半个钟点去挖横坑，一个钟点去弄清那些装燃料的容器，一个钟点在藏飞行物的隧道的墙上挖出放书的地方，再花两个钟点去修拖人的雪橇……”“能把时间分开来，”他说，“是一件十分有益的事情，让我有一种可以主宰自我的感觉……”他又说：“要不是这样做的话，那日子就过得没有目的。而没目的的话，这些日子就会像平时一样，最后弄得分崩离析。”

要是我们为什么事情担心的话，我们始终要记住，我们可以把工作当作很好的古老治疗法！已故的哈佛大学医学院教授李察 • 柯波特博士这样说："我非常高兴看到工作可以治愈很多病人。他们所感染的，是由于过分迟疑、踌躇和恐惧等等所带来的病症。工作所带给我们的勇气，就像爱默生永垂不朽的自信一样。"要是你和我不能一直忙着，倘若我们闲坐在那里发愁——我们会产生一大堆达尔文称之为"胡思乱想"的东西，而这些"胡思乱想"就像传说中的妖精，会掏空我们的思想，摧毁我们的行动力以及意志力。萧伯纳把这些总结起来说："让人愁苦的原因就是，有空闲来想想自己到底快不快乐。"所以不必去想它，摩拳擦掌地让自己忙起来，我们的血液就会加速循环，我们的思想就会开始变得敏锐。

告别抑郁的良法

有许多的告别忧虑的良法。在《人性奥秘》这本书中，有一篇标题为"无名病"的文章，作者格莱姆论到现今世界愈来愈多妇女所面临的苦境，她们对生活感到厌烦不满，她们压根儿就没有任何的快乐，更谈不上精力充沛，活力四射。一位 24 岁的母亲这样自述：我身体健康，孩子们都十分的活泼可爱，家庭舒适，经济上也算不上宽裕。我的丈夫是一个电子工程师，他的前途无量，但是，不知为何我总觉得不满足，我常问自己为什么会这样。我的丈夫认为我可能需要度假休息一阵子，但是我需要的并不是休息，这是因为我根本就不能独自坐下来看书。孩子们午睡的时候，我就会在房间里走来走去，等着去叫醒他们。有的时候，早晨醒来，我会觉得一点盼望也没有。

一个名叫布鲁诺的医生在《读者文摘》上写道：现今世界的文明以及优越的物质生活是前所未有的，然而，现今一代的人却越来越厌倦生活。我们寻求娱乐却常常觉得索然无味，甚至在剧院上演一幕精彩的戏剧的时候，也常常出现幕还没拉上就走了好几批观众的现象。我们坐在电视机前，看着一出又一出的电视剧、电影，但是我们的脑子里却不知道看了些什么。我们看报章杂志的时候也是心不在焉，大多数人在说“我累了”的时候，实际上，这是指他们对自己所做的事情厌倦了，对自己的生活感到十分索然无味。

布鲁诺所讲的“无名病”就是厌烦病。各个行业跟各个阶层的人都会患这种病。无论你有什么，抑或你没有什么，都不能保证你不会患上这种厌烦病。无论是富人抑或是穷人，聪明的还是愚拙的，知识分子还是文盲，都同样会患上这病的。厌烦病不仅是妇女特有的病症，男人也同样会有的。有一个商人到医院看病，但是他却说不清自己有什么不妥。于是，他的医生给他做了彻底的检查，结果找不到这个商人有任何的毛病，于是这人再往医生处做进一步查询。经过一段轻松的谈话之后，医生就对他这样说：“我有一个好消息要告诉你的，你的体格检验完全正常的，我不用在你的病历卡上写任何东西，你的身体没有任何的问题。”商人听了并显得十分不高兴，他说：“医生，我从早晨起床到晚上睡觉，没有一刻不觉得疲倦的。”这时，医生才意识到他的病人患的是“厌烦病”，并不是一般的身体不适。于是医生就开始指出这个商人所拥有的一切：兴隆的生意、舒适的家庭、漂亮的妻子、可爱的孩子以及其他能用金钱买到的许多东西。但是，这个商人听了以后却说：“让别人把这些东西都拿去吧，我对这些简直厌透了。”

那么，为什么会出现这种现象呢？难道患这种病的人大多不是生活一帆风顺的吗？难道他们不是处于别人不能奢望的“顺境”之中吗？这还是跟我们的心理习惯有关。这个世界上，可以说除了圣人以外，没有人能随时感到非常的快乐。一位哲人曾经说道：“如果我们感到非常可怜，很可能会一直感到可怜。”对于日常生活中让我们不快乐的那些众多琐事与环境，可以由思考使我们感到快乐，这就是：大部分时间想着光明的目标与未来。而对小烦恼、小挫折，我们也很可能习惯性地反应出暴躁、不满、懊悔以及不安，这样的反应我们已经“练习”了很久，所以成了一种习惯。这种不快乐反应的产生，大部分是由于我们把它解释为“对自尊的打击”等这样的原因。司机没有必要冲着我们按喇叭；我们讲话时某位人士没注意听甚至插嘴打断我们；认为某人愿意帮助我们而事实却不是这样的；甚至个人对于事情的解释，结果也会伤了我们自己的自尊；我们要搭的公共汽车竟然迟开；我们计划要郊游，结果下起雨来；我们急着赶搭飞机，结果交通阻塞……这样，我们的反应是生气、懊悔、自怜，或者是换句话说，会变得闷闷不乐。

抑郁就好像透过一层黑色玻璃看一切事物。无论是考虑你自己，还是考虑世界或者是未来，任何事物看来都处于一样的阴郁而暗淡的光线之下。“没有一件事做对了”；“我真的是彻底完蛋了”；“我无能为力，因此也不值一试”；“朋友们给我来电话仅仅是出于一种责任感罢了”。当你工作中出了一点毛病，或者是思想开了小差，你就认为“我已经失去了干好工作的能力”，好像你的能力已经一去不回了。回想过去的时候，你的记忆中充满着一连串的失败、痛苦以及亏损，而那些你曾经认为是成就或成功的事情，以及你的爱情跟友谊，现在看来都一文不值了。你的回忆已经染上了抑郁的色彩。一旦戴上这副黑色的滤光镜，你就再也不能在其他的光线下观察任何事物。消极的思想跟抑郁相伴：情绪低落导致消极的思想和回忆。反过来，消极的思想和回忆又导致情绪低落，如此反复下去，形成一个持久而日益严重的恶性循环。

而且，在某种程度上，你对你的抑郁是有责任的。你可以采取许多办法来控制它，甚至还能控制它的某些起因。你肯定能改变它的，倘若你真的想要克服这种习惯，你就必须改变自己对待抑郁的态度。然而人们对于抑郁症的感受程度是各不一样的。我们每个人的情绪都会有一定程度的波动，有所摇摆的，看来这部分是由于我们大脑中的生物化学精密结构之差异所致，而这种生物化学结构是不能随意控制的。因此，把你的抑郁症看成是超出你控制能力的事情，就像你自己患感冒一样，不要看得过于严重，有时候也许对你是有帮助的。用这种体贴的态度对待自己，反而能帮助你摆脱抑郁，不至于被忧虑控制。

先改善最坏的事情

我们要学会克服生活中那些最坏的事情，从改善最坏的情况开始。预见困难，并在它到来之前做好充分的心理准备，才能在困难发生之时得到一份难得的平静。

其实，忧虑是成功的杀手。这套消除的万灵公式，曾经让一个带着棺材航海旅行的垂死病人胖了40公斤。你是否想得到一个快而有效的消除忧虑的办法，那种在你不必再多往下看以前，就能马上应用的方法呢？那么，让我告诉你威利·卡瑞尔所发明的这个办法。卡瑞尔是一个非常聪明的工程师，他开创了空气调节器制造业，现在是纽约州瑞西的世界闻名的卡瑞尔公司的负责人。我所知道的解决忧虑困难的最好办法，是我跟卡瑞尔先生在纽约的工程师俱乐部吃中饭的时候亲自从他那里学到的。

“年轻的时候，”卡瑞尔先生这样说，“我在纽约州水牛城的水牛钢铁公司做事。我必须到密苏里州水晶城的匹兹堡玻璃公司，一座花费好几百万美金建造的工厂，去安装一架瓦斯清洁器，这样做的目的是清除瓦斯里的杂质，让瓦斯燃烧时不至于伤到引擎。这种清洁瓦斯的方法是新的方法，以前只试过一次，而且当时的情况是非常不一样的。我到密苏里州水晶城工作的时候，很多事先没有想到的困难都发生了。经过一番调整以后，机器可以使用了，但是，成绩并不能好到我们所保证的程度。

“我对自己的失败十分的吃惊，觉得好像是有人在我头上重重地打了一拳。我的胃和整个肚子都开始扭痛起来。有好一阵子，我担忧得简直没有办法睡觉。

“最后，我的常识告诉我忧虑并不能够解决问题，于是我想出一个不需要忧虑就可以解决问题的办法，结果十分有效。我这个反忧虑的办法已经使用 30 多年了。这个办法非常的简单，任何人都可以使用的。其中共有三个步骤：

“第一步，我先毫不害怕而诚恳地分析整个情况，然后找出万一失败可能发生的最坏的情况是什么。没有人会把我关起来，或者把我枪毙，这一点是十分肯定的。不错，很可能我会丢掉我的差事，也可能我的老板会把整个机器拆掉，让投进的两万块钱泡汤。

“第二步，找到可能发生的最坏情况以后，我就让自己在必要的时候能够接受它。我对自己这样说，这次的失败，在我的纪录上会是一个十分大的污点，可能我因此而丢差事。但是，即使真是这样的，我还是可以另外找一份差事。事情可能比这更糟；至于我的那些老板——他们也知道我们现在是在试验一种清除瓦斯新法，如果这种实验要花他们两万美金，他们还付得起。他们可以把这个账算在研究费用上，因为这只是一种实验。发现可能发生的最坏情况，并让自己能够接受以后，有一件十分重要的事情发生了，我马上轻松下来，感受到几天以来所没体验过的一份平静。

“第三步，从这以后，我就平静地把我的时间和精力，拿来试着改善我在心理上已经接受的那种最坏情况。

“我努力找出一些办法，让我减少我们目前面临的两万元损失。我做了几次实验，最后发现，如果我们再多花 5000 块钱，加装一些设备，我们的问题就可以迎刃而解了。我们照这个办法去做之后，公司不但没有损失两万块钱，反而赚了 1.5 万元钱。”

如果我那个时候一直担心下去的话，恐怕永远不可能做到这一点。因为忧虑的最大坏处，就是会毁了我集中精神的能力。在我们忧虑的时候，我们的思想会到处乱转，而丧失所有做决定的能力。然而，当我们强迫自己面对最坏的情况，而在精神上接受它以后，我们就能够衡量所有可能的情形，让我们处在一个可以集中精力解决问题的地位。

“我刚才所说的这件事情，它发生在很多年之前，因为这种做法十分好，我就一直使用着。但是，结果呢，我的生活里几乎完全不再有烦恼了。”

如果你认为运用威利・卡瑞尔公式也有烦恼，那请听下面这则故事吧。

这则故事发生在艾尔・汉里身上。他在 1948 年 11 月 17 日于波斯顿斯泰勒大饭店亲口告诉我的：二十几年之前，我因为时常发愁，得了胃溃疡。有一天晚上，我的胃出血了，被送到芝加哥西北大学的医学院附属医院里。我的体重从 175 磅下降到 90 磅。我的病情严重到医生警告我连头都不许抬。这三个医生中，有一个是十分有名的胃溃疡专家。他们说我的病是“已经无药可救了”。我只能吃苏打粉，每小时吃一大匙半流质的东西，每天早上跟晚上都要护士拿一条橡皮管插进我的胃里，把里面的东西洗出来。这种情形熬了好几个月了……最终，我对自己说：“你睡吧，汉里，倘若你除了等死之外没有什么别的指望了，你不如好好利用你剩下的一点时间。你一直想在你死以前环游世界，所以如果你还想这样做的话，只有现在就去做了。”

当我对我的这位医生说，我要去环游世界，我自己会一天洗两次胃，他们全部都大吃一惊。这是不可能的，他们从来都没听说过这种事。他们警告我说，如果我开始环游世界，我就只有葬在海里了。

“不，我不会的。”我回答说，“我已经答应过我的亲友，我要葬在莱布雷斯卡州我们老家的墓园里，所以我打算把我的棺材随身带着。”

于是，我去买了一具棺材，把它运上船，然后，我委托轮船公司安排好，万一我去世的话。就把我的尸体放在冷冻舱里，一直等我回到自己的老家。就这样，我开始踏上了我自己的旅程。我从洛杉矶登上了“亚当斯总统”号轮船向东航行的时候，就觉得好多了，渐渐地不再吃药，也不再洗胃了。这不久之后，任何食物都能吃了，甚至包括许多奇怪的当地食品以及调味品。这些都是别人说我吃了一定会送命的。几个星期过去以后，我甚至可以抽长长的黑雪茄，喝几杯老酒。这么多年来我从来没有这样享受过。我们在印度洋上碰到季风，在太平洋上碰到了台风。这种事情就只因为害怕，也会让我躺进棺材里的，但是我却从这次冒险中得到很大的乐趣。我在船上和他们玩游戏、唱歌、交新朋友；晚上聊到半夜。

我们到了中国以及印度之后，我发现我回去之后要料理的私事，跟在东方所见到的贫穷跟饥饿比起来，简直像是天堂跟地狱之比。我中止了我自己所有无聊的担忧，觉得非常的舒服。回到美国以后，我的体重增加了 90 磅，几乎忘记了我曾经患过胃溃疡。我这一生中从没有觉得这么舒服。我回去做事，这之后一天也没再病过。

后来，艾尔·汉里告诉我，他发现自己下意识地应用了威利·卡瑞尔的征服忧虑的办法：首先，我问自己：“所可能发生的最坏情况是什么？”答案是：死亡。第二，我让自己准备好接受死亡，我不得不这样，这是因为别无其他的选择，几个医生都说我没有希望了。第三，我想办法改善这种情况。办法是，“尽量享受我所剩下的这一点时间”……

如果我上船之后还继续忧虑下去，毫无疑问，我一定会躺在我自备的棺材里，完成我的这次旅行了。但是，我放松下来，忘记了所有的忧虑。于是，这种心理平静，让我产生了新的体力，救了我的性命。所以，如果你有担忧的问题，就做到下面三件事情：问你自己：“可能发生的最坏的情况是什么呢？”如果你必须接受的话，就准备接受它。然后镇定地想办法改善最坏的情况。

做事情，要从改善最坏的事情开始。

不要让琐事影响我们的心情

人生苦短，如白驹过隙，我们却经常浪费时间在一些小事上，甚至是不到一年就会被忘却的小事。

下面这个富有戏剧性的故事也许会使你终生难忘。

1945 年 3 月，我在中南半岛附近 276 英尺深的海底下经历了一生最重大的一课，这个故事的主人叫罗勒・摩尔。当时我和其他 87 个人一起在“贝雅”号潜水艇上。通过雷达我们发现，一个小型的日本舰队正朝我们的方向驶来。我们在黎明时分升出水面发动了攻击。通过潜望镜我发现一艘日本的布雷舰、一艘油轮和一艘驱逐护航舰。我们朝那艘驱逐护航舰发射了三枚鱼雷，但是没有一枚击中。那艘驱逐舰并没有发现它正受到攻击，仍然继续向前驶去，我们准备攻击另外的一条船——那条布雷舰。它却突然调转方向，直朝我们开来（一架日本飞机，看见我们在 60 英尺深的水下，把我们的位置用无线电通知了那艘日本布雷舰）。为了避免被它侦测到，我们潜到了 150 英尺深的地方，同时准备好应付深水炸弹。我们在所有的舱盖上都多加了几层栓子，同时我们关掉了所有的电扇、整个冷却系统和所有的发电机器，以便能使我们的沉降保持绝对的静默。

三分钟以后，突然天崩地裂。6 枚深水炸弹在我们的四周爆炸开来，把我们直压到深达 276 英尺的海底。我们都吓坏了，在没到 1000 英尺深的海水里受到攻击是非常危险的，尤其是假如不到 500 英尺的话，差不多都在劫难逃。而我们却在不到 500 英尺一半深的水里——水深等于只到膝盖部分受到了攻击。那艘日本布雷舰不停地往下丢深水炸弹，连续攻击了 15 个小时，如果深水炸弹和潜水艇的距离不到 17 英尺，爆炸的威力足够在潜艇上炸出一个洞来。有十多个深水炸弹就在离我们 50 英尺左右的地方爆炸，我们奉命"固守"，也就是意味着我们要静静地躺在床上，保持镇定。我吓得呼吸困难："这回死定了。"电扇和冷却系统都关闭以后，潜水艇的温度 37.8℃，可是我却因为恐惧而全身发冷，穿上了一件毛衣，又穿上一件带皮领的夹克，可还是冷得发抖。我的牙齿不断地打颤，全身冒着一阵阵的冷汗。连续攻击了 15 个小时以后，终于停了下来。应该是那艘布雷舰把它所有的深水炸弹都用光了，然后就开走了。这 15 个小时的攻击，感觉上就像过了 1500 万年。我过去的生活都一一浮现在我眼前，我想起了以前做过的所有的坏事，所有我曾担心过的一些小事情。我在加入海军以前，是一个银行的职员，曾经为工作时间太长、薪水太少又没有多少升迁机会而发愁。

我曾经忧虑过，没办法买自己的房子，没有钱买部新车子，没有钱给我太太买好的衣服。我曾经无比讨厌我以前的老板，因为他经常找我的麻烦。我还记得，那时候每天回到家里之后，我总是又累又难过，经常和我的太太为一些鸡毛蒜皮的小事吵架。我也为我额头上的一次车祸所留下的小疤发愁过。

这些事在多年前看起来都是令人发愁的大事，可是在深水炸弹威胁要把我送上西天的时候，这些事情又显得那么微不足道。就在那时候，我告诫自己，如果我还有机会再看见太阳和星星的话，我永远永远不会再忧愁了。永远不会！永远不会！永远也不会！在潜艇里面那可怕的 15 个小时里，我在生活所学到的，比我在大学念了四年的书所学到的还要多得多。

人们往往都能很勇敢地面对生活里面那些大的危机，但是却会被一些小事搞得唉声叹气。白布斯在他的"日记"里谈到他看见哈里·维尼爵士在伦敦被砍头的情景：在维尼爵士走上断头台的时候，他没有请求别人饶他的性命，却要求刽子手不要一刀砍中他脖子上那块伤痛的地方。这也是拜德上将在又冷又黑的极地之夜里所发现的另外一点——他手下的人常常为一些小事情而难过，却不在乎大事。“他们能够毫不埋怨地面对危险而艰苦的工作，在零下 26.7℃度的寒冷中工作，可是，”拜德上将说，“我却知道他们中好几个室友彼此不讲话，因为他们怀疑对方把东西乱放，占了他们自己的地方。我还知道，队上有一个家伙讲究所谓空腹进食、细嚼健康法，每吃一口必须嚼过 28 次才吞下去；而还有另外一个人，一定要在大厅里找一个看不见这家伙的位子坐着，才能吃得下饭。”“在南极的营地里，”拜德上将说，“像这一类的小事情，都可能把最训练有素的人逼疯。”而拜德上将，你还可以加上一句话：“小事”如果发生在夫妻生活里，也会把人逼疯，还会造成“世界上半数的伤心事”。

至少，说这话的人也是权威人士。比方，在仲裁过 4 万多件不愉快的婚姻案件之后芝加哥的约瑟夫•沙巴士法官说道：“婚姻生活之所以不美满，最根本最常见的原因通常都是一些小事情。”而纽约郡的地方检察官法兰克•霍根也说：“大部分的刑事案件都起因于一些很小的事情：比如在酒吧里逞英雄，为一些小事情吵吵闹闹，讲话侮辱了人，措辞不当，行为粗鲁——就是这些小事情，最后大打出手发展为刑事案件。很少有人真正天性残忍，大多数犯了大错的人，都是因自尊心受到小小的损害。一些小小的屈辱使虚荣心不能满足，结果造成世界上半数的伤心事。”

很多时候，我们要想避免被一些小事困扰，只要把着重点转移一下就可以了——让你有一个能够使你开心一点的全新看法。我的朋友荷马•克罗伊是个写过好几本书的作家。他为我们举了一个好例子来说明怎么能够做到这一点。以前他伏案写作的时候，常常被纽约公寓热水灯的响声给吵得苦不堪言。蒸汽会砰然作响，然后又是一阵噪音——而他会坐在书桌前气得哇哇大叫。

“后来，”荷马•克罗伊说，“有一次我和几个朋友一起出去露营，当我听到木柴烧得啪啪作响时，我突然想到，这些声音多么像热水灯的响声，然而我却不讨厌这个声音，为什么对那个声音感到厌烦呢？回到家以后，我和自己说：‘木材燃烧的爆裂声，是一种很美好的声音，热水灯的声音和它相差无几，我该埋头大睡，不要去理会这些噪音。’结果，我果然做到了。刚开始的几天我仍然会感觉热水灯的声音，可是不久我就把它们全部忘了。

“很多其他的小忧虑都是一样，我们不喜欢那些，结果搞得整个人很颓丧，都是因为我们夸张了那些小事的重要性……”

狄士雷里说过：“生命是如此的短暂，不能再只顾小事。”安德烈•摩瑞斯在《本周》杂志里说，“这些话曾经使我坚持熬过许多很痛苦的经历。我们常常让自己因为一些应该不屑一顾的小事情给弄得烦躁不堪……我们活在这个世上只有短短的几十年，而我们浪费了无比宝贵的时间，去愁一些一年之内就会被所有的人忘了的小事。不要这样，让我们把我们有限的时间只用在值得做的行动和感觉上，去思考伟大的思想，去经历真正的感情，去做必须做的事情。因为生命太短促了，不该再顾及那些马上就会被忘记的小事。”

接受已经发生的事情

当我还是一个小孩的时候，有一天，我和几个朋友一起在密苏里州西北部的一间荒废的老木屋的阁楼上玩。之后我想从阁楼爬下来的时候，先在围栏边上站了一会儿以后才往下跳。我左手的食指上带着一个戒指，在我跳下去的过程中那个戒指钩住了一根围栏上突起的钉子，把我整根手指拉脱了下来。我吓坏了，惊声尖声，还以为自己一定会死，可是当我的手康复了之后，我就再也没有为这个烦恼过，因为再烦恼也没有什么用，我接受了这个已经发生了的事实。现在，我几乎根本就不会去想，我的左手只有四个手指头。几年之前，我碰到一个在纽约市中心一家办公大楼里开货梯的人。我注意到他的左手齐腕砍断了。我问他少了那只手会不会觉得难过，他说：“噢，不会，除了要穿针的时候我根本就不会想到它。”

令人惊讶的是，在不得不如此的情况下，我们差不多都能很快接受任何一种情形，如使自己适应，或者整个忘了它。

我常常想起一家 15 世纪的老教堂，它建在荷兰的首都阿姆斯特丹，废墟上留有一行字：事情既然如此，就不会另有他样。在漫长的岁月中，我们必定会碰到很多令人烦恼的情况，它们既是这样，就不可能是他样。我们也可以有所选择。我们可以把它们当作一种不可避免的情况加以接受，并且适应它，或者我们可以用忧虑来毁了我们的生活，甚至最后可能会弄得精神崩溃。

我最喜欢的心理学家、哲学家威廉•詹姆斯给人们提出了忠告：要乐于接受无法避免的情况，接受所发生的事实，是克服随之而来的任何不幸的第一步。住在俄勒冈州波特兰的伊丽莎白•康奈利，却经过很多困难才学到这一点。下面是一封她最近写给我的信：

在美国庆祝陆军在北非获胜的那一天，我接到了一封国防部送来的电报，我的侄儿——我最爱的一个人——在战场上失踪了。过了不久，又来了一封电报，说他已经死了。我悲伤得无可抑制。在这之前，我一直觉得生命对我来说是如此美好，我有一份自己喜欢的工作，凭借自己的努力养大了这个侄儿。

在我眼里，他代表了年轻人美好的一切。我觉得我以前的努力，现在都有很好的收获……然后却收到了这些电报，我的整个世界都砰然倒塌了，觉得再也没有什么值得我活下去。我开始忽视自己的工作，忽视朋友，我抛开了一切，既冷淡又怨恨。为什么我最疼爱的侄儿会离我而去？为什么一个这么好的孩子，他的精彩人生还没有真正开始，就死在战场上？我没有办法接受这个事实。我伤心欲绝，决定放弃工作，离开我的家乡，每天沉醉于眼泪和悔恨之中。

就在我清理桌子、准备辞职的时候，突然看到一封我已经忘了的信——一封从我这个已经死了的侄儿那里寄来的信。是几年前我母亲去世的时候，他写来给我的一封信。“当然我们每个人都十分怀念她，”那封信上说，“尤其是你。不过我知道你会坚持下去的，以你个人对人生的看法，就能让你撑得过去。我永远也不会忘记那些你教我的美丽的真理：不论活在哪里，不论我们分离得有多么远，我永远都会记得你教我要微笑，要像一个男子汉一样有担当，承受已经发生的无可挽回的一切。”

我把那封信读了一遍又一遍，觉得他似乎就在我的身边，正在向我说话。他好像在对我说：“你为什么不照你教给我的办法去做呢？撑下去，不论发生什么事情，用你的微笑掩盖悲伤，继续过下去。”

于是，我重新开始原来的工作。我不再对人漠不关心。我一再对我自己说：“事情到了这个地步，我没有能力去改变它，不过我能够像他所希望的那样继续活下去。”我把所有的思想和精力都用在工作上，我写信给前方的士兵——给别人的儿子们。晚上，为了培养新的兴趣，结交新的朋友，我参加成人教育班。

我几乎不敢相信这种种变化真实地发生在我身上，我不再为已经永远过去的那些事伤感，我现在每天的生活都充满了快乐——就像我的侄儿要我做到的那样。伊丽莎白•康奈利经过了千辛万苦学到了我们所有人早晚都要学到的道理——我们必须接受和适应那些不可避免的事情。这一课并不是那么容易就能学会的，就连那些在位的帝王也要常常提醒他们自己这样做。已故乔治五世在他白金汉宫的房里墙上挂着下面的这句话：“教我不要为月亮哭泣，也不要为过去的事后悔。”叔本华也曾说过：“能够顺从，就是你在踏上人生旅途中最重要的一件事。”

很显然，环境本身并不能影响我们的心态，使我们高兴或不高兴，只有我们对周围环境的反应才能决定我们的感觉。必要时我们都能忍受灾难和悲剧，甚至战胜它们。在坚持下来之前我们也许会以为我们一定办不到，但我们内在的力量却坚强得惊人，只要我们肯加以利用，就能帮助我们克服一切。

已故的布什•塔金顿总是说：“人生加诸我的任何事情，我都能接受，只除了一样，就是瞎眼。那是我永远也没有办法忍受的。”然而，在他 60 多岁的时候，有一天他低头静静地看着地毯，突然间满眼模糊，他无法看清楚地毯的花纹。他去找了一个眼科专家，发现了一个不幸的事实：他的视力在迅速减退，有一只眼睛几乎全瞎了，另一只离瞎也差不多了。发生在他身上的是他唯一最害怕的事情。然而塔金顿对这种“所有灾难里最可怕的事”有什么反应呢？他的第一反应会不会是“这下完了，我这一辈子到这里就结束了”呢？没有，他自己也没有想到他还能活的如此愉悦，甚至还能善用他的幽默感。以前，浮动的“黑斑”令他很难过，它们会在他眼前游过，遮断了他的视线，可是现在，当那些大面积的黑斑从他眼前一晃而过的时候，他却会微笑着说：“嘿，又是老黑斑爸爸来了，不知道今天这么好的天空，它要到哪里去。”当塔金顿终于完全失明之后，他说：“我发现我视力丧失的痛苦是完全可以承受的，就像一个人能承受别的事情一样。要是我五种感官全丧失了，我想我仍然能够继续生存在我的思想里，因为我们只有在思想里才能够看，只有在思想里才能够生活，不论我们是不是知道这一点。”

接下来为了恢复视力，塔金顿在一年之内接受了 12 次手术，为他动手术的是当地的眼科医生。他有没有害怕呢？他知道这都是必要的，他知道这些是避无可避的，所以唯一能减轻他痛苦的办法，就是痛痛快快地去接受它。他拒绝在医院里用私人病房，而住进大病房里，和其他的病人在一起。他试着去使大家高兴起来，而在他必须接受好几次手术时——而且他很清楚地知道在他眼睛里动了些什么手术——他只尽力让自己去想他是多么的幸运。“多么好啊，”他说，“多么妙啊，现在科学的发展已经达到了这种程度，能够为人的眼睛这么纤细的东西动手术了。”一般人如果要忍受 12 次以上的手术和不见天日的生活，恐怕早就变成精神病了。可是塔金顿说：“我可不愿意把这次经历拿去换一些不开心的事情。”这件事使他学会了如何去接受已经发生的事实，使他了解到生命所能带给他的没有一样是他能力所不及而不能忍受的，这件事也使他领悟富尔顿所说的：“瞎眼并不令人难过，难过的是你不能忍受瞎眼。”

有一次我拒绝接受我所碰到的一个无法逃避的情况，我做了一件傻事，想去反抗它，结果使我失眠好几夜，并且痛苦不堪。我让自己想起所有不愿意想的事情，经过了一年的自我虐待，我终于接受了事实，并且我早就知道这些事实是不可能发生任何改变的。我应该在好几年前，就会吟诵沃尔特·惠特曼的诗句：噢，要像树木和动物一样，去面对黑暗、暴风雨、饥饿、愚弄、意外和挫折。

我与牛打了 12 年的交道，但是从来没有看到哪一头母牛因为草地缺水干枯，天气太冷，或是哪头公牛追上了别的母牛而大为恼火。动物都能很平静地面对夜晚、暴风雨和饥饿，所以它们从来不会精神崩溃或者是得胃溃疡，它们也从来不会发疯。这是不是意味着在碰到任何困难的时候，都应该低声下气呢？并不是这样的，那样就成为宿命论者了。不论在哪一种情况下，只要还有一点挽救的可能，我们就要用尽全力去试一试。可是当常识告诉我们，事情不可能再有任何转机时，也就是不可避免的时候，为了保持我们的理智，让我们不要“左顾右盼，无事自忧”。已故的哥伦比亚大学的迪安·霍克斯告诉我，他曾经作过一首打油诗当作他的座右铭：天下疾病多，数也数不了；有的可以医，有的治不好。如果还有医，就该把药找；要是没法治，干脆就忘了。

在写这本书的过程中，我曾经访问过好几位在美国很有名的生意人。令我印象最深刻的是，他们大多数都能接受那些无法逃避的已经发生的既定事实，过着自己无忧无虑的生活。他们说，因为如果他们不这样的话，就会被过大的压力压得喘不过气来。下面就是几个很好的例子：彭尼，一位创设了遍及全国的彭尼连锁店的老板，他告诉我：“哪怕我所有的钱都赔光了，我也不会焦虑，因为我不知道焦虑能够使我得到什么。我尽自己最大的努力把工作做好，至于结果就要看老天爷了。”亨利·福特也告诉我一句类似的话。当我问克莱斯勒公司的总经理凯勒先生，他如何避免忧虑的时候，他回答说：“要是我碰到很棘手的情况，只要想得出办法解决的，我就去做。要是干不成的，我就干脆忘了它。我从来不担心将来，因为，没有人能够预知将来究竟会发生什么事情，影响未来的因素难以预料，也没有人能说出这些影响都从何而来，所以何必为它们担心呢？”如果你说凯勒是个哲学家，他一定会觉得非常困窘，他只是一个很成功的生意人。可是他的想法，正和19世纪以前，罗马的大哲学家依匹托塔士的理论有异曲同工之妙。“快乐之道无他，”依匹托塔士告诉罗马人，“只有一点，只要是我们的意志力所不及的事情就不要为之忧虑。”

莎拉 • 班哈特可以算是最懂得怎么去适应那些不可避免的事实的女人了。50年来，她一直是四大洲剧院里独一无二的皇后——是全世界观众最喜爱的一位女演员。后来，她在71岁那年破产了，而此时她的医生——巴黎的波基教授告诉她必须把腿锯断。因为她在横渡大西洋的时候碰到暴风雨，摔倒在甲板上，使她的腿受了很重的伤，她从此患上了静脉炎、腿痉挛，为了避免那种剧烈的痛苦，医生觉得她的腿一定要锯掉，这位医生不敢把这个消息告诉莎拉——因为她的脾气坏透了。他简直不敢相信自己的眼睛，莎拉看了他一阵子，然后很平静地说：“如果非这样不可的话，那只好这样了。”这就是命运。当她被推进手术室的时候，她的儿子站在一边哭，她朝他挥了下手，微笑着说：“不要走开，我马上就回来。”在去手术室的路上，她一直背着她演过的一出戏里的一幕。有人问她这么做是不是为了提起她自己的精神，她说：“不是的，是要让医生和护士们高兴，他们受的压力可不比我的小呢。”手术完成，健康恢复之后，莎拉 • 班哈特还继续地环游世界，使她的观众又为她疯迷了7年。“当我们不再反抗那些不可避免的事实之后，”爱尔西 • 迈克密克在《读者文稿》的一篇文章里说，“我们就能节省下精力，创造出一个更精彩的未来。”没有人能有足够的情感和精力，既抗拒不可避免的事实，又创造一个新的生活。你只能二者选其一。你可以在生活中那些无可避免的暴风雨之下卑躬屈膝，或者你可以因抗拒它们而被摧折。

我生活在密苏里州的农场上的时候发现了这样的事情。我在农场上种了几十棵树，它们长得非常快，后来下了一阵冰雹，每根细小的树枝上都堆满了一层厚厚的冰。这些树枝在重压之下并没有顺从地弯腰，而是骄傲地反抗着，终于承受不了重压而折断。这些树可远没有北方的树木那样聪明，在加拿大的时候我看过长达好几百里的常青树林，但却从来没有看见有哪一棵柏树或是松树被冰雪或冰雹压垮，因为这些常青树清楚地知道怎么去顺从重压，知道怎样弯垂枝条，怎么适应不可避免的情况。

日本的柔道大师曾经教导他们的学生“要像杨柳一样柔顺，不要像橡树一样挺拔”。你知道汽车轮胎为什么能在路上跑那么久，能忍受那么多的颠簸吗？起初，轮胎的制造者想要制造一种能够抗拒路上颠簸的轮胎，结果轮胎不久就被压成了碎片。然后他们又做出一种能够吸收路上所碰到的各种压力的轮胎来，这样的轮胎可以“接受一切”。人生的道路充满曲折，如果我们也能够承受所有的挫折和颠簸，我们就能够活得更加长久，我们的人生之旅就会更加顺畅！

如果我们不吸收这些曲折，而是与生命中所遇到的挫折硬碰硬的话，我们会发现什么样的事实呢？答案非常简单，这样就会产生一连串内在的矛盾，我们就会忧虑、紧张、急躁而神经质。“对必然之事，且轻快地加以承受。”这几句话是在耶稣基督出生前 399 年说的。但是在这个充满忧虑的世界，今天的人比以往更需要这句话：“对必然之事，且轻快地加以承受。”在忧虑强大到足以摧毁你以前，请先改掉这个讨人厌的习惯：不要试图改变那些不可避免的情况而应去尽力接受它、适应它。

好的工作习惯至关重要

第一个良好的工作习惯就是：清除你桌上与你正要处理的问题有关的东西之外的所有的纸张。

芝加哥与西北铁路公司的总裁罗兰德•威廉姆斯说：“一个桌上堆满很多文件的人，如果能及时把他的桌子清理干净，只留下正在处理的一些文件，就会发现他的工作进行起来更容易，也更速度。我称之为家务料理，这是提高效率的第一步。”如果你走进坐落于华盛顿区的国会图书馆，你就可以看到天花板上悬挂着著名诗人波普曾写过的一句话：秩序，是天国的第一条法则。

秩序也应该成为商界的第一条法则。但是否真的是这样呢？一般生意人的桌上，都堆满了可能几个礼拜都不会看一眼的文件。有一次，一家新奥尔良的报纸发行人告诉我，他的秘书帮他清理了一张桌子，结果找到了一部两年来一直在寻找却没找到的打字机。

光是看见桌上堆满了还没有回的信、报告和备忘录等等，就足以让人产生混乱、紧张和忧虑的情绪。更糟糕的是，这样的桌子会使你感觉“有一百万件事情需要做，可自己就是抽不出这些时间”，这样不但会使你忧虑得感到紧张和疲倦，也会使你忧虑得患高血压、心脏病和胃溃疡。

宾州大学药剂研究教授约翰·斯脱克博士在美国药剂协会宣读过一份报告《机能性神经衰弱所引发的器官疾病——病人的心理状态需要什么？》，这份报告共列举了 11 种情形，其中第一项是：“履行义务的压迫感，一大堆待办事项。”但是，这种“没有尽头，做不完也要硬着头皮做”的感觉，又怎么可能凭借清理桌面这种如此简单的方法而消除呢？对“连续不断的待办事件”，真的必须处理完毕吗？著名的精神病医师威廉·萨德勒提起过这么一件事，他有一个病人，就是用了这个简单方法而免除了自己走上精神崩溃的道路。这位病人在芝加哥一家大公司任高级主管一职，第一次去见萨德勒的时候，他精神高度紧张，整个人充满了焦虑和郁闷不乐。他工作繁忙，并且知道自己状态不佳，但他又不能停下来，他需要帮助。

“这位病人向我陈述病情的时候，电话铃响了，”萨德勒医师说道，“因为是医院的电话，我丝毫没有迟疑地做出了决定。只要条件允许的话，我一向速战速决，马上解决问题。这个电话刚挂上不长时间，电话铃又响了，又是紧急事件，颇费了我一番唇舌去解释。接下来又有位同事进来询问我有关一位重病患者的种种事项。等我说明完毕，我向这位病人道歉，让他久候。但是这位病人精神愉快，脸上流露出一种特殊的表情。”“不要对我感到抱歉，医师。”这位病人说道，“在这 10 分钟里，我好像发现自己错在什么地方了，我必须马上回去改变一下我的工作习惯……但是，在我临去之前，可不可以看看您的办公桌？”萨德勒医生拉开桌子的抽屉，除了一些文具外，没有其他东西。“告诉我，你要处理的事项都放在什么地方？”病人问。“都处理了。”萨德勒回答。“那么，有待回复的信件呢？”“都回复了。”萨德勒告诉他，“不积压信件是我的原则之一，我一收到信，便交代秘书处理。”

一个半月之后，这位公司主管邀请萨德勒去参观其办公室，令萨德勒吃惊的是，他也改变了——当然首先改变的是桌子，他打开抽屉，里面没有任何待办文件。“6 个星期以前，我有两间办公室，三张办公桌，”这位主管说道，“到处堆满了有待处理的东西。直到上次去你那里就诊之后，我一回来就清除了足有一货车的报告和旧文件。现在，我只留下一张办公桌，文件一来便当即处理妥当，不会再有堆积如山的待办事件让我精神紧张烦躁，最奇怪的是，我已不药自愈，再不觉得身体有什么毛病啦！”

查理•伊文凡——联邦最高法院前院长——他说：“人不会因为过度劳累而死，却会因放荡和忧烦而去。”不错，放荡会消耗人的精力，而忧烦——因为这些人不曾把工作做完——确实为害最烈。

第二个良好的工作习惯就是：做事分清轻重缓急。

遍布全美的都市服务公司创始人亨利•杜赫提说过，人有两种能力是千金难求的无价之宝——一是思考能力；二是分清事情的轻重缓急，并妥当处理的能力。查理•鲁克曼可以说是白手起家的，经过 12 年的努力，升任为派索公司总裁，年薪 10 万美元，另有上百万美元其他收入。他把成功归功于杜赫提谈到的两种能力。鲁克曼说：“就以能记起来的事情举例，我每天早晨 5 点起床，因为这一时刻我的思考力达到一天的顶峰。接下来，我把当天要做的事一一计划好，并按事情的轻重缓急做好安排。”

全美最成功的保险推销员之一弗兰克•贝特格，每天早晨还不到 5 点钟，便把当天要做的事安排好了——是在前一个晚上预备的——他定下每天要做的保险数额，如果没有完成，便加到第二天的数额，以后以此推算。

数年的长期经验积累告诉我，没有人能永远按照事情的轻重程度去做事。但我知道，按部就班地做事，总比想到什么就做什么效果要好得多。

假使萧伯纳没有为自己订下严格的计划，并按照计划保持每天写出 5 页稿子的习惯，他也许到现在也还只是个普通的银行出纳员。他度过了 9 年艰苦的岁月，9 年总共才赚了 30 元稿费，平均下来每天才一分钱！由于他一直把写作当成最重要的事去做，终于成了世界著名的作家。甚至连漂流到荒岛上的鲁宾逊也坚持着每天定下一个作息表的习惯呢！

良好的工作习惯之三：当你碰到问题时，如果必须做决定，就果断解决，不要犹豫不决。

前面曾经提过世界著名的亚历西斯•卡锐尔博士的话：“不知道怎样抗拒忧虑的生意人都会短命而死。”已故的 H.P. 豪威尔是我以前的一个学生，他告诉我，他生前在担任美国钢铁公司董事的时候，开始董事会总要花费他很长的时间，因为在会议过程中要讨论的问题非常多，但是达成的决议却很少。这种做法的结果就是，每一位董事会的成员都得带着一大包的报表回家去继续看。

良好的工作习惯之四：学会如何组织、分层负责和监督。

很多生意人替自己挖下了个坟墓，因为他们不知道如何把责任下放到各个级别的管理者，而坚持事必躬亲。其结果是，很多细枝末节的小事使他非常混乱。他总觉得很匆促、忧虑、焦急和紧张。要学会分层负责并不是一件容易的事情。我知道，我以前就觉得这个很难，非常困难，经验告诉我，如果找来负责的人不对，也会产生严重的后果。可是分层负责虽然不简单，但是作为一个上级主管，如果想要避免忧虑、紧张和疲劳，就必须这样做。

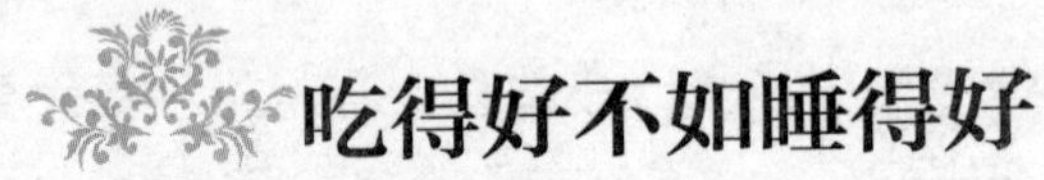

吃得好不如睡得好

充足的睡眠，不但可以给第二天的活动“充电”，而且是保证身心健康的一个重要环节和基础。千万不要为了留出时间工作和学习而克扣用来睡眠的时间，这种做法是非常不明智的，往往会得不偿失，因为这是以牺牲健康为代价的。睡眠是否充足，不但是指形式上的睡眠时间够不够，更重要的是指睡眠质量的高低。为了提高睡眠的质量，一定不要失眠。只有高质量的睡眠，才可以使你很快恢复消耗的精力，让你第二天神采奕奕，焕然一新。

如果你能听从下面的建议，相信你会获得高质量的睡眠：

第一，睡觉之前切勿生气发怒。情绪的大幅度变化，对人体的影响不同。“怒伤肝，喜伤心，思伤脾，悲伤肺，恐伤肾”。睡前生气愤怒，会加速人的心跳，呼吸急促，思绪万千，以致难以入睡。

第二，饱餐之后不要立刻躺下睡觉。睡前吃得过饱，胃肠需要一定时间来进行消化，装满食物的胃会不断刺激大脑，大脑有兴奋点，人便不会安然入睡。

第三，睡觉前不要饮用茶叶或咖啡。茶叶和咖啡中含有咖啡碱等物质，这些物质会刺激人的中枢神经，容易引起人的精神兴奋。如果睡觉前喝茶或咖啡，特别是很浓的茶或咖啡，那么人的中枢神经就会更加兴奋，使人不易入睡。

第四，睡觉前不要进行过度剧烈的运动。如果睡觉前进行过度剧烈的运动，那么大脑控制肌肉活动的神经细胞就会呈现极其强烈的兴奋，这种兴奋在短时间里不可能平静下来，人想要尽快入睡就是不可能的。因此，睡觉前应尽量保持身体平静，但也可以做些轻微活动，如散步等。

第五，不要使用高度过高的枕头。枕头过低，容易造成“落枕”，或因流入大脑的血液过多而引起第二天大脑发胀、眼皮浮肿等情况；而枕头过高，则会影响呼吸道畅通，易打呼噜，而且长期使用高枕头睡觉，也会导致颈部不适或造成驼背。从生理角度上说，枕头以 8~12 厘米高为最适宜的高度。

第六，不要枕着手入睡。睡觉时把两手枕在头下，不仅会影响手臂血液循环、引起上肢麻木酸痛等症状外，还容易使腹腔内的压力升高，长此以往还会引发“返流性食道炎”。

第七，睡觉时不要用被子蒙面。以被蒙面入睡，容易引起呼吸困难，而且自己呼出的二氧化碳被再次吸入对健康也是不利的。

第八，睡觉时不要用口呼吸。闭口入睡是保养元气的最好方法，张口呼吸，不但容易吸进灰尘，而且极易使气管、肺和肋部受到冷空气的刺激。因此，最好用鼻子呼吸，这样不但鼻毛能阻挡部分吸入的灰尘，而且鼻腔能对吸入的冷空气进行加温，有益健康。

第九，不要在风口睡觉。在睡眠状态中，人体对环境变化的适应能力不如清醒的时候，容易受凉生病。因此，睡觉的地方应避开风口，使床与窗口、门口保持一定距离为最佳。

人性的弱点 第九篇

营造美满家庭 拥有完美人生

怎样才能拥有最令人羡慕的婚姻？婚姻有苦有乐，有顺利的时候，就会有有困难的时候，遇到矛盾，与其唠叨，不如从容面对。

有婚姻就意味着拥有一个真正的“家”。“‘家’这个词包含着很多内容，”一位作家说，“家可以唤醒我们心中最美好的情感，不仅仅是给予你‘家’的亲人们才会使你感到亲切，而且居住地周围的小山、岩石、小溪也会使人迷恋。弹起悠扬的竖琴，唱起‘家，甜蜜的家’，这是多么自然而然的感觉。”路德在说到他的妻子时说：“只要和她在一起，即便再怎么清贫，我也甘之如饴；如果失去她的话，万贯家财对我也毫无意义。”如果你要想有一段幸福的婚姻，夫妻两个人必须有共同的兴趣，有共同的追求。如果丈夫是一个粗俗的男人，而妻子是一个有教养的女人，他们在一起就很不合适。他们连最基本的沟通和交谈也会出问题。恋爱总离不开交谈，这对于初次相见的男女来说尤其重要。我认为已婚夫妇更需要交谈，虽然说情感的交流是多渠道的，但语言的交流是到什么时候也不会被淘汰的。甜言蜜语永远不嫌多。都说情人之间的话既是最不值钱的，又是最值钱的。无论是第一次约会的少男少女，或者是风雨同舟的老夫老妻，绵绵的情话总是讲了又讲，说了又说。约翰逊博士说："在男女恋爱期间，双方竭力掩盖自己的弱点，常常会成为他们相互了解的障碍，他们通过刻意的顺从和有意的伪装，掩饰他们本来的样子和真实的欲望。从他们开始恋爱起，他们就常常在对方面前戴着面具，但后来一旦有些东西被揭穿，每个人便都会觉得有理由怀疑对方是否发生了变化，如果发生一次严重的争吵或者冲突，就容易导致两人劳燕分飞，各奔东西。"对于将要进入婚姻殿堂的恋人们，我想说："要互相坦诚，保持平和的心态，在热恋的时候就应该让对方知道你的缺点。如果在婚前有所隐瞒的话，婚后一旦发现对方的性格存在某种缺陷，就会对婚姻生活产生很大的负面影响。坦诚一些总比隐瞒要好得多，因为缺点和优点一样，终归会在婚姻生活中显现出来。自然一些，一开始就表现出你的本色！"做最本色的自己。

对于婚姻的忠告就是，一个好的妻子是一笔巨大的财富。如果你想要的是一个妻子，而不仅仅是一个保姆的话，你必须睁大你的眼睛，仔细寻找那种温柔体贴的女性特质。正如冬日里熊熊火焰可以为你驱走寒冷一样，这种女性特质就像一股温暖宜人的微风抚慰着你的灵魂，并使得你的生活融洽和睦，夫妻两个人才能一起面对人生的各种挑战。

这就是婚姻的真谛。

对婚姻的忠告

有这样一种说法，婚姻是一座围城，外面的人想进去，里面的人想出来。想进去的人当然是因为对婚姻的憧憬，想出来的说法自然是源于婚姻的琐碎和现实。婚姻和恋爱根本不是一回事，它每天面对的是实实在在的柴米油盐酱醋茶，而不是浪漫的花前月下；面对的是孩子的哭闹，而不是让人心醉的情侣耳边的柔情蜜语。但是婚姻又是每个人的最终归宿，人人都在追求的一个可靠的港湾，它是幸福的最可靠的来源。

在现代社会中，有人说婚姻也是一场“战争”，一场只属于男人和女人的“战争”。幸福美满的婚姻是人人都想要的，但是想要维持婚姻的美满，有些忠告是必须遵守的。西奥多•帕克先生和他的太太在结婚时进行了新婚旅行。在这期间，帕克先生对婚姻中可能出现的问题和矛盾列出了一些解决措施：第一，除非有特殊的理由，决不要违背妻子的意愿；第二，按照妻子的意愿，相互履行义务；第三，从来不要责备妻子；第四，从来不要轻视妻子；第五，从来不因为妻子的要求而抱怨；第六，鼓励妻子柔顺的品质；第七，分担妻子的压力和负担；第八，宽恕妻子的缺点；第九，永远珍爱妻子，保护妻子；第十，记住，永远为妻子祈福，这样上帝就会为我们赐福。

帕克为自己列出的这些解决措施都无不体现了一个字——爱。帕克先生把这十条措施当作人生信条一样在遵守着。爱无处不在，爱也贯穿于整个婚姻过程中。 萨克雷对他的儿子说：“在所有的事情中，最为重要的就是找一个快乐的妻子，我亲爱的孩子。”他说得很对。

拥有一个幸福快乐的家的重要前提就是夫妻两个必须兴趣爱好一致，有共同的目标和追求，只有这样，他们的婚姻才能有所保障，感情才会长久。“一个在男友追求她时就不断挑剔缺点的女孩，婚后会变本加厉地责怪他；而一个婚前就努力讨人欢喜的女孩，婚后会更加努力地做到这一点。”约翰逊博士说：“在男女恋爱期间，双方竭力掩盖自己的弱点，常常会成为他们相互了解的障碍，他们通过刻意的顺从和有意的伪装，掩饰他们本来的样子和真实的欲望。从他们开始恋爱起，他们就常常在对方面前戴着面具，但后来一旦有些东西被揭穿，每个人便都会觉得有理由怀疑对方是否发生了变化，如果发生一次严重的争吵或者冲突，就容易导致两人劳燕分飞，各奔东西。”对即将走入婚姻殿堂的恋人们，我想说：“你们一定要互相坦诚，保持平和的心态，在热恋的时候就应该把缺点和不足告诉对方。如果在婚前隐瞒的话，婚后一旦发现对方的性格或条件让自己很不满意，就会对婚姻生活产生很大的不好的影响。坦诚一些总比隐瞒要好得多，因为缺点和不足终归会在婚姻生活中显现出来。我们要自然一些，做最真实的自己。从某种程度上讲，年轻人应该从实用的角度看待婚姻。一个好的妻子是一大笔财富。她无形中使你拥有比以前多得多的东西。为了使你更加精力充沛、迅捷高效地工作，她会表现出你所需要的品格。

我们要做的就是将爱贯穿于整个婚姻过程中，牢记这些对婚姻的忠告。

爱就给他自由

如果你爱一个人就该给他自由。这句话不管对伟人抑或是普通人来说，都是非常重要的。

英国伟大的政治家狄斯瑞利说过：“我一生或许会犯许多错误，但我永远在打算为爱情而结婚。”事实证明他在 35 岁以前果真没有结婚。后来，他向一位非常有钱的、头发都白了而且比他年长 15 岁的寡妇求了婚。说到这里，也许我们都会问：他们之间真的存在爱情吗？她如果足够聪明的话，就该知道他不爱她，知道他为她的金钱而娶她。所以她只要求给她一年的时间来研究他的品格。一年时间到了，她很满意，就答应和他结婚了。这个寡妇名字叫恩玛莉。他们的故事听起来有些好笑，也有些矛盾的。狄斯瑞利所选择的有钱寡妇不年轻，不美貌。她说话时常发生文字性或历史性的错误，非常可笑。例如，她永不知道希腊人和罗马人哪一个在先。她对服装的兴趣怪异，她对房屋装饰的兴趣也同样怪异。但她是一个天才，一个确实的天才，在婚姻中最重要的事情——对待丈夫的艺术上。她没有用她的智力与狄斯瑞利对抗。相反，她用她的温柔来感化他。当他劳累了一天精疲力竭的回家以后，她的轻松闲谈使他感到愉快，这份愉快让他获得心神的安宁，让他沐浴在她的温柔中难以自拔。他说，这些年他与她妻子在一起的时光是他一生最快乐的时光，她是他的伴侣，他的亲信，他的顾问，他一生最挚爱的人。他们婚姻的 30 年中，恩玛莉一直都为狄斯瑞利而活着，她懂得尊重自己的财产，因为这些财产能使他的生活更加安逸，让他们不必为生计忧愁。无论她在公众场所显示出多么的缺乏常识和思想，他永远不会责备她。相反的是，如果有人敢来嘲笑她，他会非常勇敢地保护她，斥责他们。恩玛莉不是最完美的，但30年来，她从未厌倦称赞她的丈夫。而狄斯瑞利也说过：“她从来没有使我厌倦过。”“谢谢他的恩爱，”恩玛莉习以为常地告诉他与她的朋友们，“我的一生简直是一幕很长的快乐。”在他俩之间有一句笑话。“你知道的，”狄斯瑞利会说，“无论怎样，我不过为了你的钱才同你结婚。”恩玛莉笑着回答说：“是的，但如果你再重选择一次，你就要为爱情而与我结婚了，是不是？”而他承认那是对的。

正如詹姆士所说的：“与人交往，第一件应学的事情就是不要干涉他们自己快乐的特殊方法，如果那些方法与我们不相冲突的话。”

如果你要你的家庭生活快乐，第二件事是：不要试图改造你的配偶。

解读婚姻的真谛

美好的婚姻的真谛是什么呢？许多人尝试回答这个问题，关于这个问题也有众多的答案。在回答什么是美好的婚姻这个问题时，我们通常会犯这样的错误，就是将婚姻中的问题归结于我们的配偶。我们将目标集中在他们的性格、习惯和行为上。实际上，美好婚姻的真谛在于我们自己——我们是什么样的，我们做什么或不做什么，我们有着什么样的习惯、品格和特质等等。

有爱情的婚姻是生活，没有爱情的婚姻是凑合。勉强凑合一段没有质量的婚姻，对双方无论从精神上还是精力上都是一种消耗和折磨。欣赏、信任、理解、宽容是婚姻的基础，更是维系婚姻的精神纽带和链条。

没有不变的感情，没有不变的人。每个人都处于变化当中，爱情也一样。若要爱情天长地久，绝对需要两个人认真经营、细心经营。因为，真爱也是培养起来的。唯有不断培养真爱，才能形成婚姻中的那种亲密关系。信任的基础是欣赏，婚姻当中的爱情若要长久，必须双方相互欣赏。如果一个人很欣赏配偶，就会信任、理解、宽容对方。有人说，结婚是错误，离婚是觉悟，再婚是执迷不悟，单身是大彻大悟。那是因为他忽视了，婚姻既然是一种选择，那同时就是一种放弃。没有一个完全契合你的人，没有一段完美无缺的感情。婚姻合不合适，完不完美，都需要双方有所付出，有所牺牲，彼此去创造。两个人相处长了，必然会出现冷局。如果你想永远保持爱情的新鲜感，最好的方法是，两个人都有自己的空间，而且两个人都在不断地往前走，提升自己，永远保持一种为对方所欣赏的魅力。

两个人如果在一起，其实都会或多或少地为对方做出某种牺牲与改变，只是，千万不要勉强。他首先是他，一个独立的、有着鲜活个性的他。婚姻就像是一根绳子，是束缚自己的，而不是束缚他人的。遗憾的是，人们往往把婚姻当成了束缚伴侣的枷锁，结果适得其反。婚姻中的浪漫是可以制造的。浪漫存在于人的想象之中，一个热爱生活、有浪漫情怀的人，只要与相爱的人在一起，哪怕是在一个寂静、无味、陌生的地方，不管在一起干什么，不管条件多么艰苦，多么狼狈与尴尬，都会以不同的形式产生浪漫，从而使他们感到十分充实。婚姻不可没有浪漫。婚姻是两个人生命的奔流，浪漫是飞扬的浪花。再浪漫的婚姻都是建立在现实的基础上。只有掌握好婚姻与浪漫之间的辩证关系，才会有一个幸福美好的家庭。婚姻是现实的，爱情是浪漫的；没有浪漫的婚姻还可以维持，而没有爱情的婚姻迟早会解体。感情如同金钱，要能挣会花。其实婚姻就这么简单，如果只是消费而不再继续投资，感情必然会空耗至尽。

女人是白开水，男人是茶叶。再好的茶叶泡在再好的水里，都只能是一杯开始浓香四溢而后滋味逐渐淡淡的茶水，只是茶和水早已各自浸了彼此的成分，融为一体。婚姻就像淡淡的茶水。要学会在淡了的茶水中品一种淡然的清香，学会在平淡的过程中品味婚姻的馨香。每个人应该对自己的婚姻负责。最重要的是要有抵制刺激、诱惑的能力。

婚姻对于两个真心相爱的人，绝对是一件美好的事情。因为这意味着他们可以在一起了。但需要警惕的是，这并不意味着永远在一起。对婚姻来说，精神和物质是缺一不可的，爱情是精神的，婚姻是现实的，经济问题处理不好会影响感情。曾经，离婚被视为是一种奇耻大辱，离婚的人一生都背着陈世美或者潘金莲这个耻辱的标记。现在，人们在谈到这个话题时就轻松多了，清淡多了。如果有了思想上的根本分歧与精神上的互不相容，分开也不失为一种解决的方法、一种解脱的出路。婚姻就像鞋子，合不合适只有自己知道。穿着不合脚的鞋子前行，别别扭扭地生活下去对谁都是一种折磨、一种痛苦。毕竟，路还很长。不过，鞋子扔掉后没有多少遗憾、多少挂念，婚姻解散后却总有一份沉重、一份心痛。

如果一个人在他的婚姻中长期得不到快乐，感到抑郁、失望和寂寞，没有幸福感，这个人也许就该考虑结束这段婚姻了。离婚的前提是爱情的枯萎，枯萎的爱情不仅使人心累，更使人心寒。没有十全十美的事物，当然也不会有完美的婚姻。人有疾病会想到医治，有疾病的婚姻只要不是无可救药，也需要医治，能“做手术”先“做手术”。对于有问题的婚姻可治标也可治本，只是看你对这桩婚姻还有没有信心。毕竟，走到一起不容易。曾经刻骨铭心的爱，怎能说散就散？感情未必可以一刀两断。离婚应该是婚姻之路上最后的选择，是万不得已时的下策。不要轻言离婚。想好了，再行动。

离婚不是简单的事。一对风雨同舟、山盟海誓、痴心相爱、同床共枕的人就那么分道扬镳、各不相干，的确是一件令人伤感的事，甚至撕心裂肺。摧毁一个还有着千丝万缕感情的家庭，不如努力让它变得接近完美，要像改造一个人一样去“医治”一个有问题的家庭。因为我们没见到几个离了婚的人“潇洒”得在心上不留一点伤痕；反倒是在那些努力维持自己婚姻的人中感受到了人性的复杂与美丽，感到了婚姻之维持，真的是一种人类相处的艺术。婚姻是两颗心结伴后的旅行。所以，不要轻言离婚，除非你在旅途中遇到了比这一颗心更适合你的那颗心。可人们往往错误地认为，离了后，一颗心很容易就会找到另一颗更适合自己的那颗心。但这只是臆想，不是事实。恋爱时激情浪漫，人在天上；结婚后回归现实，要脚踏实地。不少人在这由天上到地上的转变过程中，无法承受心灵的巨大落差，而导致婚姻破裂。

1933 年 6 月，艾麦特•克鲁西发表了一篇叫作“为什么婚姻会出现问题”的文章。下面是从这篇文章里摘录的一些问题，它们都很有回答的价值。在心里默默的回答一下吧，或许你能体会到婚姻的真谛。

针对丈夫的问题：1. 你还在“追求”你的妻子吗？比如送花，给她过生日，过结婚纪念日，或者给她意外的惊喜和殷勤等。2. 在别人面前，你会注意不批评她吗？3. 你会给她随意用的零用钱吗？4. 在她遇到女性特有的问题的时期时，你会拿出时间和精力帮她度过吗？5. 你的一半的娱乐时间，是和妻子一块儿过的吗？6. 在赞扬她的长处之外，你会聪明地避免把你妻子的做饭本领及管理家庭的能力和你母亲或别人的妻子相比较吗？7. 对你妻子的精神生活，如她参加的社团活动，她看的书，她对当地政府、政策的看法等等，你会有兴趣吗？8. 当她和其他男人跳舞，或接受他们的照顾时，你能保证不说吃醋吗？9. 你会经常在合适的时机，对她表示你的赞赏吗？10. 当她为你做一些缝缝补补、洗洗涮涮之类的琐碎的事情时，你会对她表示感谢吗？

针对太太的问题：1. 你会让丈夫在处理他自己的工作方面有完全的自由吗？比如尽量不去议论和他交往的人，他选的秘书，给他一定的自由时间等。2. 你是否使家庭更有情趣？3. 你是否在做饭时，经常注意调节搭配？4. 你是否对你丈夫的事业有一定的了解，能和他做良性的探讨？ 5. 你是否能勇敢地、愉快地面对家庭财政出现的危机，而且不会抓住他的错误不放，或用不满的态度把他和成功的人做比较？ 6. 你是否尽力地和他的母亲或其他亲戚很好地相处？ 7. 你在买衣服时，是否考虑他对颜色和样式喜不喜欢？ 8. 你是否会为了家庭和睦，而不那么固执己见？ 9. 你是否培养对丈夫的爱好的兴趣，能和他一起玩得很高兴？ 10. 你是否注意社会上新的信息，以便能和丈夫有趣地交流？

让爱成熟

爱是最让人捉摸不透的东西。

它是激发艺术的灵感，是婚姻和家庭的基础——失去了或者缺乏了爱，都会阻碍人格的正常发展。大多数的人对爱的理解具有狭窄、单向的概念，而且完全从家庭或性的角度来理解它，同时将它和占有、自负、姑息、依赖等混淆在一起。直到这几年，爱才被认为是一个严肃的科学课题。

许多心理学家和科学家给予爱更多的思考和研究，将它视为人类的基本需要，以及还未加以探索的人类事务中一大影响和力量的源泉。基于这些发现，我们可能对于爱的一些传统观念加以修正和扩充。

爱是一个难以描述的概念。我们都经过爱，觉得我们知道什么是爱，然而当被问到什么是爱时，人们给出的答案却不尽相同，比如一个九岁的男孩说："爱是雪崩，你必须快跑才能活命。"爱对我们来说意味着什么，这取决于我们所指的是家人之间、朋友之间还是恋人之间的爱。

几百年来爱都是灵感、俏皮的揶揄甚至是政治活动的来源。爱有很多的层面，它可能是浪漫的，令人激动的，让人着迷的，或者是非理性的。它也可能是柏拉图式的，令人平静的，无私的，或者理智的。许多研究者觉得爱没有一个唯一的定义，它有程度和强度之分。并且跨越了社会背景。

拥有恋爱关系至少需要具备三个元素：愿意取悦和迁就另一方，能接受另一方的缺点和错误，关心爱人的幸福像关心自己一样。而且，说自己“处于恋爱中”的人们重视相互之间的关心，亲密和忠诚。不管是哪一种类型的爱，关心另一方是非常必要的。虽然爱可能包含激情的渴望，然而相互尊重才是更重要的品质。相互尊重是所有爱的共性：“我想要我爱的人成长，用他自己的方式，而不是为了迎合我。”如果没有尊重和关怀，两个人的关系就不是建立在爱的基础上；反而成为一种不健康的或者是具有占有欲的依赖，而这会限制爱的双方在社会、情感和智力方面的发展。

爱，特别是长久的爱，和我们从电视，或者爱情小说中获得的对爱和痴狂的性爱的印象完全不同。由于这些印象的缘故，许多人对爱有各种各样的误解，这些误解常常会导致不现实的期望、固定模式或幻觉破灭。事实上，“真”爱更接近于一位作家所称的“搅燕麦粥之爱”。这种爱既不让人激动也不让人兴奋，但是它却是实实在在的，不浪漫的。它是付账单，倒垃圾，刷马桶，孩子生病时守夜，以及完成其他各种各样不那么性感的“搅燕麦粥”的任务。有些情侣们轮流来“搅燕麦粥”，其他人则寻求一种能带来浪漫的烛光美餐的恋爱关系。不管我们是否决定建立认真的恋爱关系，是什么样的爱让我们走到一起的呢？一开始又是什么让我们相互吸引的。许多人相信“世上有一个人是为你而生的”，而且命运会将你俩带到一起。这样的想法虽浪漫却不现实。

实证研究发现，是文化标准和价值观而非命运，将人们联系在了一起。我们错过了成千上万的可能的爱人，因为他们早就被正式的或非正式的挑选理想爱人的准则筛选出局，这些准则包括年龄、种族、地域、社会阶层、宗教、性倾向、健康状况和外表。那爱和成熟到底有什么关系呢？罗洛·梅伊博士回答了这个问题。在他最近出版的《人的自我追寻》一书中写道：“能够付出和接受成熟的爱，是一个符合我们为完全人格所定的标准的人。”

梅伊博士断定大多数人都不知道如何付出和接受爱，一般人对爱的观念不是很了解。例如，一个将一生完全奉献给自己的丈夫和子女，以致与外界完全隔绝的妈妈，她的占有欲就胜过于她的爱，她的心里就很少想到自己的需求，想到的都是丈夫和子女。但是，真正的爱不是局限，而是扩展。

许多父母用“爱”作为宠溺子女的借口。实际上，他们是在以溺爱来推卸自己的责任，并不是在帮助子女成长。我认识好多父母常常对女儿的婚姻愤愤不已，只因为女儿要嫁到某个遥远的地方，不想守在他们身边。记得有一个母亲哀叹说："为什么就不能找一个本地男孩结婚？我们也好经常见到她了。我们为她奋斗了一辈子，而她却这么报答我们，去嫁给一个把她带到千里之外的地方去的人。"如果你说她这样做并不是爱自己的女儿时，她一定会很吃惊。她是将占有和满足自我跟爱弄混淆了。这就是一种局限的爱。

爱的真谛不仅仅是要守住自己所爱的人，而是放手任他走。成熟的人不会占有任何人的感情，他让所爱的人自由，就如同让自己自由一样。这就像其他的创造性力量一样，爱存在于自由之中。

爱，就是给你爱的人他所需要的东西，为了他而不是为了你自己。想想别人把你所需要的东西送给你时的感受。没有什么比"爱是盲目的"这句老话更能误导一个人了。只有擦亮爱的眼睛，我们才能看清身边的人们。我们体内有一个随意或冷漠的自我，一个我们怕招致伤害或误解而宁愿隐藏起来的敏感、封闭的自我。我们采用各种姿态或伪装保护它——沉默、害羞、进取、坚强等等，内心却又一直希望有人会帮助我们发掘内在的真正自我。爱可以透视人心，具有特殊的洞察力，它能为"她爱他什么"这个永恒的问题提供答案。关怀我们所爱的人的成长和发展，肯定和鼓励他们个性化的存在，尊重他们的本来姿态，创造自由和温情的气氛，这些都是想要学会爱所应持的态度。

爱为他人提供了可以在爱中成长的土壤、环境和营养。嫉妒是一种经常与爱混为一谈的感情。事实上，它是我们对自己激发情爱的能力缺乏自信的结果，以及一种占有、俘虏他人的欲望。用付出来取代这种占有的欲望就可以克服嫉妒。当我们发现占有、嫉妒和支配这些情感进人我们心中时，对他人真实的爱便逐渐消失。如果让野草肆意蔓生而不加以清除的话，再美的花园都会荒芜。爱一个人就要给予他信任，只有信任他了，才不会让嫉妒的火重伤你们的婚姻。

如何取得爱人的信任呢，我觉得最重要的是要做最忠实的听众。以机智而闻名的杜狄•摩尼，把一个懂礼貌的男人描述成"当他自己最清楚了解的事情被一个完全不懂的门外汉说得天花乱坠时，他仍旧很有兴趣地听着"。大部分的女人也都适用于这个描述。怎样才能成为一个真正的"好听众"？至少要有下列三个条件——有三件事是好听众必须做到的。

1. 使用眼睛、脸孔、整个身体——而不是耳朵。专心的意思是每一种功能的集中。如果我们真正热心地听别人说话，我们就会在他说话时看着他，我们会稍微向前倾着身子，我们脸部的表情会有反应。玛乔丽•威尔森是魅力的权威，她说："如果听众没有什么反应，很少人能够把话讲得好。所以当一句话打动你的心，你就应该动一下身体。当一个故事适时地感动你的时候，就像你心里的一根弦被震动了，你就该稍微改变一下坐姿。"如果我们想要成为好听众，就必须做得好像我们很感兴趣——我们必须训练我们的身体机敏地表达。注意那只在老鼠洞外等待着老鼠的猫，如果你想要知道如何才能有表情地听讲的话。

2. 擅长诱导性问话。什么是诱导性的问题？诱导性问题是，在发问中灵巧地暗示着发问人内心已有的一个特殊答案。直截了当的问题有时候显得粗鲁无礼，但是诱导性的问题可以刺激谈话，并且继续推动话题。"你如何处理劳工和主管的问题？"是个直截了当的问法。"史密斯先生，你难道不觉得，让劳工和主管在某些范围里获得相互的妥协是很有可能的吗？"则是诱导性的问法。诱导性的问话，是任何一个想要成为好听众的人所必备的技巧。如果要聆听丈夫的谈话，而且不直接提出他不想要的劝告，则诱导性的问话就是一个不会失败的技巧。我们只要像这样发问："你认为，亲爱的，做更大的广告可能会增加你的销路，或者将是一种冒险吗？"提出问题并不是真的在给他劝告，但是这种问法常常会得到相同的结果。当我们碰到陌生人时，正确的发问方法是克服羞怯，或打破要命的沉闷的最妙工具。当人们开始谈到自己的想法，而不是谈天气、谈棒球和谈某某人的疾病时，人们就会说得忘我了。一个想法可以引导出另一个想法。

3. 永远，永远不可泄露秘密。有些男人从来不和他们的妻子讨论事业问题的一个原因是：这些男人无法相信他们的太太不会把这些事情泄露给她的朋友或美发师知道。他们讲给自己太太听的每一件事情，都从她们的耳朵进去而又从她们的嘴巴出来。"约翰希望在维吉先生退休以后，马上得到公司里的经理职位。"这是在桥牌桌上随便说出口的话，但是第二天就有人打电话给约翰对手的太太了。于是约翰就在完全不知道原因和真情之下，被暗中排掉了。像这样的场面发生几次，这位女士就不会再受到她先生的骚扰了。她先生将会发现一个事实，自己只不过是提供了一些打倒自己的话柄而已。成为一个好的听众的最佳条件是：妻子不必以为了解先生工作的细节，才能使他得到满足。如果她的先生是个绘图员，他就不会希望他太太了解如何画蓝图。当他工作的时候，她对于发生在他身上的事情要有同情心，有兴趣，而且提高注意力。真的，一对敏感而受过训练的耳朵，将会使女人更加可爱，使她有了一张比特洛伊城的海伦还要美丽的脸孔，而且也为她的丈夫带来更多好处。

再重申一下，以下就是可以帮助你成为好听众的三个条件：1. 用脸部表情和身体姿势来表达注意力。2. 学习问些智慧的问题。3. 永远不要泄露秘密。

拥有成熟的爱的观念对我们每一个人来说都是非常重要的事。在美国，每一年都有 40 万对夫妻离婚，而且还有成千上万的婚姻岌岌可危。就世界来讲，世上一直存在着国家分裂、种族对抗、国与国的对立和战争的现象。人类如果想继续存在下去，就必须学会和谐相处。

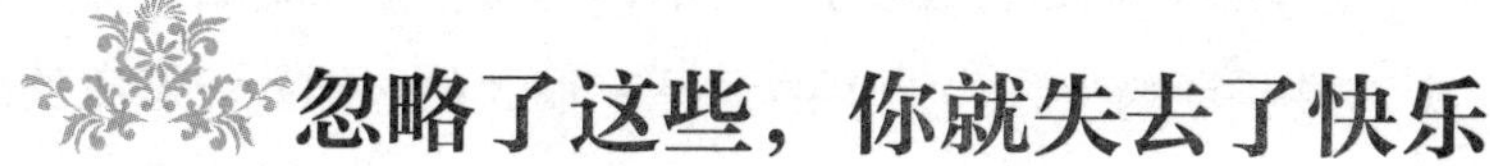

忽略了这些，你就失去了快乐

在婚姻中，有许多事情是需要注意的，如果忽略了这些，你就失去了快乐。首先，对你的爱人要有礼貌。拥有幸福婚姻的平凡人远比富有的人快乐得多。婚姻成功的机会，究竟多大？我们已经说过，狄克斯相信一半以上的婚姻是失败的，但鲍本诺博士想法不同。他说："大凡男人都知道，他可先让妻子快乐然后使她做任何事，并且不需任何报酬。他知道如果他给她几句简单的恭维，说她管家如何好，她如何帮他的忙，她就会要节省一分钱了。每个男人都知道，如果他告诉他的妻子，她穿着去年的衣服如何美丽、可爱，她就不会再买最时髦的巴黎进口货了。每个男人都知道，他可把妻子的眼睛吻得闭起来，直到她盲如蝙蝠；他只要在她唇上热烈的一吻，即可使她哑如牡蛎。"而且每个妻子都知道，她的丈夫知道自己对他需要些什么，因为她已经完全给他表白过，她又永远不知道是要对他发怒，还是讨厌他，因为他情愿与她争吵，情愿浪费他的钱为她买新衣、汽车、珠宝，而不愿为一点小事去谄媚，按她所迫切要求的来对待她。"所以，对你的妻子或丈夫要有礼貌。

其次，要懂得经营自己的“性”福人生。海密尔顿博士花费 4 年时间，研究 100 个男子和 100 个女子的婚姻。他分别询问这些男女近 400 个有关他们性生活的问题，并深入地探讨他们的问题，非常地详细，以至整个调查用了四年的时间。那么，婚姻失败的症结是什么呢？ 海密尔顿博士说：“只有很偏激、很不谨慎的精神病专家，才会说多数婚姻冲突，不是由于性的不和谐造成的。无论如何，由其他困难产生的冲突，许多时候可以化作无有，如果夫妻性关系本身是满意的话。”

婚姻的失败，常常由于四种原因。他按重要程度列举出来：1. 性生活的不和谐。 2. 关于休闲的意见不同。 3. 家庭经济困难。 4. 心理的、身体的或情绪的反常现象。 注意，性居于此表第一，而且很奇怪，经济困难只居此表第三。所有婚姻研究专家，都同意性的配合是绝对必需的。

所以，保持家庭生活更快乐的一个原则就是：了解一些必备的性知识。然而，我们不应就此得出性欲总是以身体的亲密接触告终，或性与浪漫爱情是同一回事的结论。结了婚的伴侣们可以深爱对方，即使很少或从来没有身体的亲密接触。此外，爱，尤其是长期的爱，和浪漫的爱是有很大的区别的。健康的恋爱关系，不管它们是有性的或者是无性的都反映了关怀，亲密和忠诚的平衡。

甜言蜜语永不嫌多

甜言蜜语永远也不嫌多，不管是刚刚陷入爱河的恋人们，或者是相守多年的老夫老妻，甜言蜜语都是必不可少的。

爱，对于人类的生存是不可或缺的，它既是一种情感，又是一种行为。家庭通常是我们最早和最重要的爱和情感支持的来源。艾莉结婚三年了，她和她的丈夫提出了分居。她对律师说：“他一定是有问题。每天回家很少和我说话，吃完饭就一下躺到沙发上看电视，再也不想起来，一直到深夜。看完最后一个电视节目，就爬上床，也不问我是否劳累，是否有兴趣，就要求做爱，一句多情的话也没有，仿佛情话都在结婚以前说完了，实在让人难以忍受。”艾莉需要的并非什么奢侈品，只是床头的蜜语和私语。亲密的私语是恋爱中的男女所不可缺少的，是情感中最有效的添加剂。美国加州医学院精神与心理临床研究专家巴巴克说：“对许多妇女来说，恋爱与感受到爱远比性交更重要。尤其对那些忙于家务、整天带孩子的妇女来说，更是如此。那种巧妙的、带刺激性的私语往往使她们获得真正的快慰。”

42 岁的卡克与达娜已结婚 8 年，他记得曾一度羞怯于向妻子倾吐自己满腔的爱。“有一天晚上，我深吸了一口气后，滔滔不绝地向她倾诉了对她的柔情，对她的爱恋。我告诉她：对我而言，你是世界上最不平常的女子。我这番热情洋溢的话使她万分激动，连我自己也感动不已。现在，我一有机会便向她表露衷肠，而我每次都觉得感情比以前更为炽烈。”

可是，应该说什么才不让人觉得做作，觉得太过于肉麻呢，我这里有一个建议：当你感到一股穿堂风吹过或觉得闷热时，你说些什么呢？你会脱口而出：“真凉快”或“真热”无须多想，也用不着长篇大论，爱的语言就是这样。如果你正和爱人待在一间屋里，你觉得能和她在一起真高兴，那你就对她说：“和你在一起我真高兴。”

大家所熟悉的大文豪马克·吐温常常把写有“我爱你”、“我非常喜欢你”的小纸条压在花瓶下，给妻子一份意外的惊喜。这种习惯伴随他们的一生。可见，甜言蜜语绝非多此一举，而是恋人及夫妻们增进感情的一个良好途径。如果你想让自己的感情长久保温，不要吝惜你的甜言蜜语。从古至今，鲜花是代表爱情的语言。甜言蜜语和鲜花是绝配，这样的搭配会让你有意想不到的收获。注意生活中的小细节吧，用心经营自己的婚姻。

如何快速自掘婚姻的坟墓

婚姻是两个人的事，如果你不想离婚，有些东西是得注意的。下面是一个小故事：法国拿破仑三世，拿破仑的侄子，娶了全世界最美丽的女人特巴女伯爵玛利亚·尤琴为妻。他身边的人都劝他说，那个女人不是很适合你，但他仍固执己见，非她不娶。他们夫妻二人拥有财富，健康，权力，名声，这一切都符合十全十美的浪漫史。但这部罗曼史很快就变得摇曳不定了，慢慢只剩下了余烬。拿破仑三世让尤琴成为一位皇后，然而他帝王的权力却无法阻止这位法西兰女人的唠叨。由于她的嫉妒让她变得疑心，甚至不给他一点私人的时间。当他处理国家大事的时候，她竟然冲入他的办公室里。当他讨论最重要的事务时，她却干扰不休。她不让他单独一个人坐在办公室里，总是担心他会跟其他的女人亲热。她常常跑到她姐姐那里，数落她丈夫的不好，又说又哭，又唠叨，又威胁。她会不顾一切地冲进他的书房，不停地大声辱骂他。拿破仑三世虽然身为法国皇帝，拥有十几处华丽的皇宫，却找不到一个安静的地方。那么，尤琴这么做，能够得到些什么？她的唠叨让她失去了自己的爱情。在地狱中，魔鬼为了破坏爱情而发明的一种东西就是唠叨。它永远不会失败，就像眼镜蛇咬人一样，总具有强大的毒害性，常常使甜蜜的爱情破裂，更有甚者致人于死命。

托尔斯泰伯爵的夫人也发现了这点，可是太晚了，在她逝世之前，她向几个女儿承认道：“是我害死了你们的父亲。”她的女儿们没有回答，但却抱头大哭。她们知道母亲的错误和过失。她们知道她是以不断的埋怨、永远没完没了的批评，和永远没完没了的唠叨，把他害死的。然而，托尔斯泰的一生又确确实实是一场悲剧，而之所以成为悲剧，原因在于他的婚姻。他的夫人喜爱华丽，但他却看不起。她热爱名声和社会的赞誉，但这虚浮的事情，他觉得没有分文价值。她渴望金钱财富，但他认为财富和私人财产是罪恶的事。多年以来，由于他坚持把著作的版权一毛钱也不要地送给别人，她就一直唠叨着，责骂着和哭闹着。她要那些书本所赚到的钱。当他不理会她的时候，她就歇斯底里地叫起来，在地上打滚，手上拿着一瓶鸦片，发誓要自杀，来威胁托尔斯泰。最后，当托尔斯泰 82 岁时，他再也不愿见到自己唠唠叨叨的太太。他因肺炎死在一处火车站里。他临死时的要求是，不让他的夫人到他的身边。这就是托尔斯泰伯爵夫人唠叨、抱怨和歇斯底里所得到的结果。或许你会觉得，她是有许多事情要唠叨的，而且是应该的。问题是她唠叨得到些什么好处呢？唠叨是否能把事情办好呢？我认为，林肯一生的大悲剧，也是他的婚姻，而不是他的被刺杀。随着一声枪响过后，林肯便失去了知觉，永远不知道他被杀了，但是几乎 23 年来的每一天，他所得到的是什么呢？林肯夫人唠叨着他，骚扰着他，使他心里不能有半点安静。

看看吧，唠叨到底带给了我们什么，所以，请停止唠叨吧，唠叨会加速你自掘婚姻坟墓的脚步。

携手应对生活的挑战

婚姻中不是只有甜蜜的，这其中也会出现很多的挫折和困难。同甘苦，共患难，是婚姻中夫妻必须遵守的原则。

约瑟夫·艾森保在一家洗衣店当了 25 年的送货员，他突然失业了。一个没有受过特殊训练的人，想要找个职位是很困难的，尤其对中年人来说更不容易。当艾森保夫妇正在为找不到工作发愁的时候，正好有一家面包店要出售。如果他们想要买这个面包店的话，必须投入他们全部的积蓄。而且在生意还没有稳以前，他们还没有能力雇人手帮忙的。所以，太太除了做家事以外，她还必须在面包店里长时间工作，以便招待客人。除了打扫、洗刷、做饭，她每天还要在面包店里站上 8–10 个小时。这么辛苦的工作换任何一个人都受不了，可是他仍然在坚持着。但她却说："我高高兴兴地做着这些事，因为我知道，这是我丈夫重新闯天下的一个机会，现在，面包店已经开业五年了，生意相当好。我们的经营很成功，而且一直扩展到足够应付一切需要。我们能够以自己的努力建立了这个事业，实在很值得骄傲。" 有许多家庭在碰到了像艾森堡先生失业的这种难题以后，由于妻子不愿意帮助丈夫挽救这个情况，整个家庭经济就会开始走下坡路。

许多女人都认为，丈夫应该肩负所有的责任，不管时机是好是坏。她们忘了，有时候为了拖出陷在泥塘里的车子，当妻子的也需要付出额外的帮助。我认识一位女士，她在这种情况下做得很好，甚至为整个家庭创造出新的生活意义。她就是强纳生 • 威特 • 史坦的太太。他们一家人住在新泽西州。史坦先生是个推销员。好几年前，一场重病使他无法全力工作。为了养活这个大家庭，妻子就碰上这个难题了。她做得最好和最喜爱做的事情，就是特制餐点：小孩子的生日点心、结婚蛋糕、宴会甜饼。从前她常常替朋友们做一些特别的餐点，但那只是因为她喜欢做而已。玛格丽特 • 史坦把她心里的想法告诉了一些人，于是她的朋友开宴会的时候，都特地请她去做。她做的精致而不寻常的餐点，都是那么可口，很快得到了赞赏。更多的订单便源源而来，使她必须训练助手来帮助她。由于所有的餐点都是在她自己的厨房做的，她的丈夫和孩子们就都来帮助她。后来，生意愈做愈大，玛格丽特就成为一个专办酒席餐点的人，并且做了宴席顾问。现在，她的生意越做越大，已经发展到必须雇请一位长期帮手的程度了。她把自己最著名的开胃菜包装后，送到冷冻食品市场去卖，并且为周围 50 英里内的宴会准备餐点。玛格丽特的紧急措施是如此的成功，史坦先生现在已经全天上班做个营业经理了，他和他的妻子有最完美的合作。"我讨厌价钱、成本和开账单，" 史坦太太说："我忙于创造新的方法，来准备供应我的特制餐点。让我的丈夫来照料所有生意上的细节可真是一项最伟大的事。"

而且，辅导孩子也是夫妻二人共同的责任。如果孩子发展得不好，和父母都脱不了关系。一个社区最近举办了教育委员会私下会议，教育委员们处理一个因旷课太多被高中开除的 16 岁男孩的问题。他每科成绩都非常差，还有两个科目不及格。男孩和他父母都进入房间，接受委员们的询问。男孩很漂亮，尽管脸上显露着年轻人弄出麻烦时的那种半屈服半怨恨的神情。妈妈说起话来显得紧张、尴尬，不停解释她已经尽了最大的努力。爸爸是一个59岁、穿着体面的生意人，一直保持着沉默直到一个委员问他和他的儿子关系怎么样。爸爸解释说他是个很忙的人，工作占去了他所有的时间。当这一家人离开时，校方决定再给那小孩一次机会。他们觉得，错在什么地方已是很明白的了，或许再给那小孩一次机会他会有好的表现、会有所改善。不幸的是，为时已晚。小孩已经养成了很多不良习惯。缺乏父母较多的指导是无法克服的，过了不久，他又被开除了。更糟的是，小孩的爸爸从没有真正了解到因他没做什么才使得他儿子被开除。这并不是个街头不良少年因为抢劫或杀人而被逮捕的案子，而是一个忙得没有时间去关心儿子是否按时上学的为人父者的故事。最悲哀的是这类故事经常发生。有很多的小孩正是在没有爸爸教导的情况下长大。他们是有爸爸，没错，但那只是个住在他们家的男人而已。他们不常见到他或和他没有多深的感情。爸爸每天一大早就出门，很晚才回家。有时候他加班，有时候他带着一手提箱的文件回家办理。当他不加班、不带公事回家时，也是忙了一整天太疲倦了，只能躺在椅子上埋头读晚报，一直到小孩们都上了床。他的休闲时间很少有小孩的份儿，而是在和公司同事打保龄球，周末打高尔夫球，以及和客户在鸡尾酒会上。女人因为工作和事业而丢下家和小孩一直受到猛烈的批评。大家理直气壮地指出，没有任何一份工作，不管多么荣耀、薪水多么多的工作，值得她们去付出使小孩失去关怀、被冷落的代价。但是很少有人批评不在家的爸爸。只要他继续维持和提高家庭的生活水平，他对子女在道德和感情上的责任便很少受到怀疑。除了经济上的责任之外把其他一切爸爸的职责都推卸掉的男人，在我们的社会中太普遍了，以至于大家都视为理所当然的了。

我认识一个大公司的高级主管。他说，他事业上的成功完全归功于他的太太。他的妻子为他提供了一个非常温馨的家，她能营造出一种祥和宁静的家庭气氛，以减轻他的工作压力。她能成功地款待他的朋友和同事。我问他，他那两个儿子之所以让他自豪，一定跟他在学校和军中服役时的优良表现有很大关系。“不，”他说，“养育孩子的事由我太太负责，我从不参与。我只需把养育他们和让他们受教育的钱交给她就行了。”这位成功的、受尊敬的男人不为他没有养育儿子们而感到尴尬，也不为没能亲自帮助儿子们获得优良的表现而觉得惭愧。这种冷漠的态度，如果是两个孩子的母亲表现出来的，一定会被视为不可思议。

如果孩子在成长的过程中，只需要在物质上使其得到满足，那么这个世界就可以不需要父亲们或母亲们。但是，人的成长还有感情上的需要，所以父亲是应该存在的，而且跟母亲一样不可缺少。

父亲的作用："一个孩子需要自己的父母亲，而且需要他们各自扮演好自己的角色。无论对于男孩，还是女孩，父亲代表的首先是一个男人的力量和智慧，他将影响子女对世事的认识，他将教给子女怎样基于外界的经验而做出判断。子女需要他能在家庭的重要决定中和母亲有共同的声音，也需要他一直都是母亲和他们的保护者和供养者。他们希望从父亲身上看到理想中的男人的典范，从他们身上学到男人应该怎样对待女人。如果所有这些男人的事情都是由母亲来完成的，而父亲只顾忙他们所谓的自己的事情，那么做子女的将可能困惑于自己的身份，这也必将对他们长大成人后的人际关系造成影响。"

在产业革命之前的社会，丈夫、妻子和子女一家人都在家里工作。无论在广场上，还是在田里工作，男人总不离开家人的视线范围。当时家庭成员之间存在一种现今这工业社会业已失去的身体上的亲近感。现在大多数男人跟妻子和子女待在一起的时间与同事相比都很少。他们无法增加在家的时间，却可以决定他在家的时间的质量。有时候本来已经很累的父亲试图带孩子去看一场周末球赛作为他经常不在家的一种补偿，但他可能从内心觉得这样很无聊，而这对家长和孩子双方来说都毫无乐趣可言。

引起过轰动的《养儿育女常识大全》一书的作者本杰明•史柏克博士说，如果每个父亲每天抽出 15 分钟把心思专注于孩子身上，比一整天没精打采地陪孩子逛动物园要有质量得多。因为父亲必定比母亲跟孩子在一起的时间少，这是事实，所以他跟孩子相处的每一分钟都变得更为重要。父亲不应该认为这是累人的义务，而应把它当作促进父子关系的机会。在某种程度上，妻子能帮助丈夫做一个称职的父亲。比如，她可以在白天处理发生在孩子身上的教导问题，而不用等晚上丈夫回家时留给他处理；她可以怀着爱和尊敬与丈夫谈论孩子问题，孩子会因母亲对待父亲的态度而受影响；她可以试着跟孩子交朋友，增加家庭成员之间的亲密感；她也可以安排野餐和组织家庭旅行，使丈夫和孩子对共同生活发生兴趣。我认识一家人，这家人的关系在一次露营之后完全变样。12 岁的儿子和 10 岁的女儿几个星期来一直缠着爸爸带他们去露营，而每天早九晚五上下班的爸爸总是太忙或太累了。但实际促成其事的是小孩的妈妈。她暗中安排租下营帐，备好地图以及露营的各种资料。在这种情况下，小孩的爸爸不得不同意带小孩们去露营，他惋惜地看了最后一眼他那个周末计划，启程前往露营地。小孩的妈妈留在家里,坐立不安地等待着。第二天傍晚他们回来了，三个人全身脏兮兮的，但却非常欢乐，不停地诉说一些有趣的事情，他们发现的那个湖、夜晚的蚊子、被风吹垮的帐篷以及那些“爸爸煎的蛋”。

事情就到此结束了吗？这只是开始而已。现在就连小孩的妈妈也加入了，每年夏天都到离露营地点不远的一间乡下小屋度假。他们有一条小船和滑水板，小孩的爸爸周末都从纽约赶去和家人同乐——不带公事包。原先忙得没有时间与小孩们共享天伦之乐的那个男人突然变得成熟了，了解了为人之父的意义。然而促成这种转变的却是精心设计的妈妈。该是“翻修”我们不成熟的为人父母的观念，将“你的事”和“我的事”改变成“我们的事”的时候了。爸爸和妈妈的作用确实有所不同，然而他们的最终目标和满足应该是一致的。他们在小孩的成长和教养中各有各的角色要扮演，但如果双方中的任何一方不能负起责任，那样整个家庭关系就会变得乱七八糟。好爸爸通常都是好丈夫。的确是这样。女人最感到舒心的是看到小孩跑到门口迎接爸爸下班时，脸上那种欢乐幸福的表情。爸爸对小孩的成长所能做出的特殊贡献是什么呢？

儿童研究协会理事甘纳•狄波瓦博士相信，爸爸在家庭中的地位，不仅对妻子、子女和他自己具有很重要的意义，而且对整个社会来说也是如此。以下是他的一些看法：“对小孩来说，上教堂的意义可能只是和爸爸一起做一件事。但是基于这种共同参与感，小孩以后可能发现他自己的宗教兴趣。同理，小孩也可能从双亲那里学会如何欣赏文学、艺术和音乐。通常只是妈妈与小孩们共同参与这一切。爸爸的加入赋予他们更丰富的内涵和深远的意义。”根据狄波瓦博士所说的，爸爸同样有责任向小孩解说他本身是团体其中的一分子：“他要借着带他去办公室、星期六去工厂参观、一起坐在送牛奶的卡车上等，让孩子对经常剥夺爸爸陪他的时间的工作有一种正面的感受，小孩可能无法了解爸爸为什么要做那些事，但是他会觉得爸爸是在做一些不仅帮助他，同时也帮助别人的事。”

如果一个男人想要做一个真正意义上的父亲，就应该付出时间给孩子，必要时还要付出自己。是的，他有工作要做，但是工作不是他用来逃避他履行人类一分子的责任的借口。那些老是忙得顾不过来陪伴孩子的父亲，就像 H.L. 孟肯活着时所说的：“工作只是为了逃避思索人性时所感到的痛苦的人们……他们的工作，跟他们的游乐有着同样的作用，不过是他们逃避现实的可笑符咒罢了。”

戈登 •H. 史克罗德在《基督教先驱论坛报》上的一次调查中说，他连续两个星期让 300 个初一、初二的男生为他们跟父亲相处的时间做记录。得到平均每个星期父子单独相处的时间是 7 分半钟这个可怕的统计数字。这似乎可以为严厉批评社会现象的评论家菲利浦 • 威利的话提供佐证。他说："绝大多数的美国男人都是不合格的父亲。"威利先生做过估计，即使最忙的人，大约每个星期也不得不花 57 个小时去吃饭、休息或做自己喜欢的事情。在这 57 个小时里面，他肯定能抽出 7 分半钟陪伴他的孩子。"但是爸爸不在家，"威利先生语气悲哀，"他不会回家，直到他明白一个男人一生最大的满足首先应该是做一个好父亲，然后才是成为最好的高尔夫球手或事业有成的风云人物。"

父亲的身份里面隐含着一个成人的身份，它是男人在身体上达到成熟的外在表现。不幸的是，从对待孩子角度来说，它并不意味着这个父亲的心灵和精神会像他的身体一样成熟。这需要这个男人靠他自己的努力获得。是的，爸爸们，该回家了！就像生孩子是两个人的事一样，要培养出一个快乐、有用的人，也需要两个人——母亲和父亲——对他在精神上施加影响。

我们大家都无法预料将来会发生什么意料之外的困难，使得我们的经济来源突然中断，迫使我们必须亲自去赚取部分或全部的家庭开支。为什么你现在不马上寻找出可以应用的才能，来看看如果发生意外的时候，你是否有足够的准备面对紧急变化，要携手共同应对人生中的挑战。

人性的弱点 第十篇

经营自己的成功人生

人生就是这样，理想是理想，计划是计划，事情的发展总不能按照你所预料的那样发展；生活中事情的结果，也不是“一分耕耘、一分收获”就会得到应有的回报。经营自己的人生并非是指只顾自己的幸福，对他人自私自利。相反的是要善待他人，活在当下，做好与自己有关的事情。只可惜很多人在忙忙碌碌的一生中却恰恰忽视了这一点。美好的人生要靠自己精心经营。这虽然说起来很简单，做起来却不容易。但如果你不试一试的话，你可能会悔恨终生。涉世未深的你或许曾经答应过自己，永远不会降低我们的理想，要永远追求进步，追求先进的思想潮流。但说起来容易做起来难，有很多人没有告诫自己要始终保持自己的理想，这样的人很快就沦陷了，他会变得迷惘，怀疑自己当初的理想是否正确。对这些存在迷惘的人们，我觉得他们最需要的莫过于保持一颗淡定的心，一颗快乐的心。淡定才是王道，只有淡定了，快乐了，他们或许才能重拾理想。

保持快乐的方法就是抓住生活中的每一次机会，享受生活。并不是只有等到你有了金钱和地位时才可以享受生活，享受生活才没有那么难。给自己一次轻松的旅行，购买一件艺术品，品尝期待已久的美食等等。知足常乐。如果你一天天地推迟自己的梦想，不仅使自己失去了现在的快乐，还阻碍了我们追求未来幸福的脚步。你要知道，快乐是有传染性的，再平凡的人每天也都会碰到一些人，他们每个人都有自己的烦恼和梦想，和他们一起分享你的快乐吧，这会带给你更大的快乐、更多的满足。一些鸡毛蒜皮的小事能使一个原本就爱怨天尤人的人烦恼不已，但根本无法影响一个心态好的人。即使是出了大事，包括各种各样的灾难，这些都不可能使他丧失快乐，丧失自己的理想。人生的挫折，大多都是来无影去无踪的，且来得毫无缘由，世事的无常、人情的冷暖，与其愤世嫉俗地自怨自艾，何不谈笑风生地自我解嘲，坚强地迎向挑战、面对挑战，让我们一起成为自己人生的强者，牢记厄运也是一种芳香。

人的一生需要用心去经营，好的心态比任何事都重要，要学会调试自己。但是最重要的仍然是你自己，因为你就是自己的宝藏。

最高形式的美

莎士比亚说过："上帝给了你一张面孔，而你自己却另造了一张。"

我们的心灵可以随意地制造美丽或丑陋。对最高形式的美来说，温柔的、高贵的性情无疑是最不可缺的，它可以令最平凡的面孔焕发光彩。相反，如果你有恶劣的脾气和嫉妒的心理，即使你拥有着世界上最美丽的容颜，你的内在也会让你丑陋无比。毕竟，没有什么东西能够与优雅可爱的内在相媲美。无论是化妆、还是药品，都无法改变由错误的思维习惯所导致的偏见、自私、嫉妒以及精神上的摇摆不定反映在脸上的痕迹。如果我们希望自己的外表更美的话，我们必须首先美化自己的心灵。内心的不和谐将歪曲世上最美的容颜，使其黯然失色。

我看过一篇文章，那篇文章的主人公是一个叫东施的人，她虽然长得很丑，但她被知县称为赛西施，这是为什么呢？正是因为她的心灵十分美，在一次一个小孩掉到大便池里去，别人都在旁边说着要去救，可就是没有一个人愿意下去救那个小孩。也就在这时，这个叫东施的人正好走过看到了，她就不管三七二十一，马上下去救人。把那个小孩救起来后，她自己已经浑身都是大便。她为什么会去救那个小孩呢？是因为她具有一颗美丽的心灵，知县就是因为看到了这一点，才会称她为赛西施，而且世人都在赞美她。其实，这种事迹在我们现实生活中也是很常见的。就像有一回，我和妈妈一起乘公交车去乡下玩。坐在我前面的是两个大姐姐。坐在里面的一位穿得很时髦，留着长长的波浪鬈发。而另一位却截然相反，穿着朴素的外衣，只留着长长的平发。车子开过了几个站后，上来了一位满头白发的老人，可全部的座位都已满了。就在这时，那位身着朴素的大姐姐马上起身，笑着把坐位让给了那位老人。而另一位穿得很时髦的大姐姐却不屑一顾。这时我觉得这位大姐姐在朴素的衣服与普通的平发，以及那颗善良的心的完美组合下，就像一位善良的天使。

在历史上，那些长的漂亮的人又有几个被载入史册呢？无非就是四大美女和一些贵妃，可这些屈指可数，而且其中也有许多是因为心灵美的关系被载入史册。还有单单是因为心灵美的人被载入史册的人呢？却数也数不清！像这样的事例举不胜举，人的一生是很漫长的，在这人生的漫长路途上，朋友请保有一颗美丽、善良的心灵吧，让它帮助你为世界做些好事！

人的外表美不一定是最美的，人的心灵美才是真正的美！人外表的美，不一定代表一切。而相反的，人内心的美却可以代表一切。美产生于内在的心灵。如果所有的人都能够培养一种优雅宽宏的精神状态，那么不仅他所表达的思想观点具备一种艺术美，他的体魄同样是健美的。因为内在的美会使外在的美愈加耀眼生辉，光彩逼人。在他身上，的确会焕发出迷人的优雅和魅力，这种精神上的美甚至要胜过单纯的形体美。我们都曾经看到，即便是容貌极其平平的女士，由于其迷人的个性魅力，照样给我们留下了非同凡响的美丽印象。通过外表展示的美好心灵反过来又影响着我们对形体的看法，在我们的眼里，它仿佛也变得婀娜多姿了。

安托尼•贝利尔说得非常对："在这世界上没有丑陋的女人，只有不知道怎样使自己显得美丽的女人。"正是那种热诚慷慨的随时准备帮助他人的心态，以及在任何地方撒播阳光和欢乐的美好心愿，构成了所有真正的个性美的基础，并使得我们永远神采焕发、美丽动人。渴望使自己变得更加美丽并付出相应的努力，生活就会变得多姿多彩。而且，既然外表只是内在的一种反映，是思维的习惯和通常的心态在身体上的展现，那么我们的面孔、我们待人接物的态度、我们的一举一动就必须和我们的精神世界相吻合，并变得更加温柔和富于魅力。如果你的脑海中时时拥有美好的思想和善良的愿望，那么无论你到任何一个角落，你都会给人留下优美和谐的印象，没有人会注意到你的长相是多么的普通或是你的身体有什么缺陷。我们都仰慕绝代风华的面庞和绰约丰盈的身姿，但是，我们更热爱在崇高的心灵映衬之下的面容。我们之所爱它，是因为它预示着我们有可能成为完美的人，它代表着造物主所追求的最高理想。激起我们的爱和仰慕的并不是最亲密的朋友的外表，而是他在我们的心灵深处唤起的对友情的追忆和向往。

最崇高的美并不是一种实际的存在，它是一种理想，一种隐约可见的追求，一种体现在某个具体人物或具体事物上的美好品性，它给我们带来了欢乐和喜悦。每个人都应该尽可能地使自己变得更加美丽，更加动人，更加成为完整意义上的人。这种对最高层次的美的追求绝非没有意义。

学会调适自己

人生在世，不如意十之八九，如果想过得快乐一些，就要凡事往好的一面去想，学会调适自己。我们每天生活在美丽的童话王国里，但是，我们却看不见，也感觉不到它。忧郁是健康的大敌，如果我们不摆脱忧郁的话，会对我们的健康造成很大的影响。

你爱生命吗？你想健康、长寿吗？下面就是你能做到的方法。我再引用一次亚历西斯•戈锐尔博士的话："在纷繁复杂的现代城市中，只有能保持内心平静的人，才不会变成神经病。"为了我们的健康考虑，一定要摆脱忧郁，学会调适自己的情绪。哈罗•艾伯特是我以前的教务主任，我们已经相识多年。有一天，他和我在堪萨斯城碰头，开车送我到密苏里州贝尔城。

路上，我问他怎么才能让自己快乐。他告诉我一个让我终身难忘的故事。"在1934年春天的某一天，我正走在韦伯镇西道提街，有一幕景象使我以后永远不再感到忧愁。事情发生的前后只有10秒钟，可是在那10秒钟里，我学到的关于如何生活的事情，比我过去10年里所学到的还要多。我在韦伯镇开过两年的杂货店，"哈罗•艾伯特在告诉我这个故事的时候说，"我不单是赔光了所有的积蓄，而且还借了债，花了7年的时间才还清。我的杂货店刚在前一个星期关门，当时我正准备到工矿银行去借点钱，以便到堪萨斯城去找一份差事。我像一个一败涂地的人那样在路上走着，完全丧失了斗志和信心。突然之间，我看见迎面来了一个没有腿的人，他坐在一个小小的木头平台上，下面装着从溜冰鞋上拆下来的轮子，他两手各抓着一片木头，撑着地让自己滑过街来。我看到他的时候，他刚好已经过了街，正准备把自己抬高几英寸上到人行道来，就在他把那小小的木头车子翘起来的时候，我们两人的眼光遇个正着，他对我咧嘴笑了一笑：'你早啊先生，早上天气真好，是不是？'他很开心地说。当我站在那里看着他的时候，我才发现自己是那么富有。我有两条腿，我能走路。我对我的自怜感到羞耻。我对自己说，如果他缺了两腿的人能做到的事，当然我也能做到。我觉得自己的胸膛已经挺了起来。本来我只是想去向工矿银行借 100 美金的，可是现在我有勇气去向他们借 200。我本来想说我打算到堪萨斯城去试试看能否找份差事的，可是现在我能够自信地告诉他们说，我要到堪萨斯城去找一份差事。我借到了那笔钱，也找到了一份工作。”目前，我在浴室的镜子上贴着下面这几句话，好让我每天早上刮胡子的时候能够读到：人家骑马我骑驴，回头看看推车汉，比上不足，比下有余。

有一次我问艾迪•霍根伯克，当他毫无希望地迷失在太平洋里，和他的同伴在救生筏上漂流了 21 天之久时，他学到的最重要的一课是什么。“我从那次经历所学到的最重要的一课是，”他说，“如果你有足够的新鲜水可以喝，有足够的食物可以吃，就绝不要再抱怨任何事情。”英国有很多新教堂里都刻着“多想、多感激”，这两句话也应该铭刻在我们的心上。“多想、多感激”，当然，它这里指要感激“上帝”。

《时代周刊》上登过一篇文章，谈到第二次世界大战时，有个士官在瓜答卡纳岛战役中被炮弹碎片刮伤喉咙，输了 7 筒血。他写了张纸条问医师：“我会活下去吗？”医师回答说：“会的。”他又问：“我仍可以讲话吗？”他又得到了肯定的答复。于是这个士官在纸上写道：“那我还有什么好担心的？”也许你就会发现，事情其实微不足道，不值得操心。

《格列佛游记》一书的作者约拿丹•史威佛特是英国文学史上最颓废的厌世主义者。他每次生日都黑衣素食，以示对自己的出世感到遗憾。虽然如此，他仍然赞美幸福快乐是促进健康的最大力量。他宣称：“世上最好的医师是节制医师、安静医师和快乐医师。”我们也许都能受到这位“快乐医师”的免费服务，只要我们注意自己拥有的可贵财富比故事中阿里巴巴的财富还多。你会为亿万富翁出卖自己的眼睛、手足、听觉、孩子或家人吗？把拥有的资产加起来，你就会发现，纵使洛克菲勒、福特和摩根等人把所有的金银积聚起来，也买不到你拥有的一切。罗根•皮尔萨尔•史密斯用很简单的几句话，说了一番大道理。他说："生活中应该有两个目标：第一，要得到你所想要得到的；然后，在得到之后要能够享受它。只有最聪明的人才能达到第二个目标。"我的朋友露西尔•布莱克在还没有懂得"为所有而喜，不为所无而忧"的道理前，正面临一场不幸。她那时住在亚利桑那州的塔森，下面是她讲述的遭遇："我的生活一向忙乱——在亚利桑那大学学风琴，在镇上主持一家语言障碍诊所，还在绿柳农场指导一个音乐欣赏班。我就住在绿柳农场里，我们在那里可以聚会、跳舞，在星光下骑马。可是，有天早上我因心脏病而倒下来了。'你得躺在床上一年，要绝对地静养。'医师并没有保证说我还会不会像以前一样健壮。

"在床上躺一年，意味着我将要成为一个无用的人。我感到毛骨悚然，为什么这种事会发生在我身上，我做了什么竟会遭到这种惩罚，我又悲痛又感到愤恨不平，却还是照着医师的嘱咐躺在床上。邻居鲁道夫先生是个艺术家，他告诉我在床上躺一年并不算是不幸，现在才有了时间去思考，去认识自己，心灵上的增长将大大多于以往。'我平静下来，读些励志书籍，试着找出新的价值观。一天，收音机传来评论员的声音：'唯有心中想什么，才能做什么。'这种论调我以前不知听过多少，这次却是第一次深深打进心坎里，我改变了主意，开始只想些自己需要的东西：欢乐、幸福、健康。我强迫自己每天一起床就为拥有的一切赞美感谢：没有痛苦，有可爱的女儿、健康的视力听力、收音机里优美的音乐、有阅读的时间、丰富的食物、好朋友等。当医师准许我在特定时间内可以让亲友来访时，我是多么高兴啊！

"好几年过去了，现在，我的日子过得充实而有活力，这实在应该感谢躺在床上的一年。那是我在亚利桑那最有价值、最快乐的一年，因为我养成了每天清晨感谢赞美的习惯。惭愧的是，由于害怕即将面临死亡，才使我真正学习到如何过真正的生活。"

亲爱的露西尔，也许你还不知道，你所学到的功课正是200年前萨缪尔•约翰逊所讲的："凡事往好的一面去想，这种习惯比收入千镑还好。"

请注意，这些话并非出自于乐观主义者的口中，而是出自对焦虑、贫贱、饥饿有着深切了解的一个人——后来成了当代杰出的演讲家，并且是历史上有名的最富口才的人。看吧，学会调适自己是多么重要，要做一个乐观积极的人。

厄运的芳香

世间事，如果一切顺顺利利、都随自己意愿，按照我们当初的预期那样发展的话，人生该有多么幸福。世间事，如果一切平平稳稳，能付出就有回报的话，人生该有多么惬意。然而，偏偏事与愿违，世间事就是多了这么一分冥冥中无可抗拒的神奇力量，使我们永远无法预知未来，世间事就是多了这么一分冥冥中无可避免的外界主导力量，使我们永远无法全然地掌握，而必须面对千变万化的“不可预知”。这股冥冥的力量，有人叫它“天意”，有人叫它“命运”，无论怎么称呼，它就是无所不在、如影随形地随时随地出现在我们的左右。

如果，它幸运地引领我们进入了成功、快乐，我们却总是一厢情愿地认定成功、快乐都是因为“自我”的卓越与努力，而全然忽视了“它”的存在；然而，如果一旦它不幸地将我们带入了悲伤、失意，我们却总是一意孤行地认定失意、悲伤都是因为“它”的作祟,而完全忽视了“自我”的虚心检讨与坦然面对。“天意”与“命运”也许经常不是称心如意地完全符合我们的希望，但是，它背后所代表的真意与仁慈，只有我们在虔敬恭谨的谦卑下才能真正品味出它的芳香。

达伦从小就没有了父亲，她在母亲含辛茹苦、百般呵护之下，总算不愧目前的慈祥恩惠，她在工作事业上崭露头角而成为人人夸赞的人。她对待母亲也很孝顺。这些年来，她一切顺遂如意，唯一美中不足地竟是至爱的母亲因为年老力衰而得了“帕金森病”。她无法照顾自己的生活起居了，一向温驯善良的母亲也开始变得焦躁不安、念念有词，惶然不知地做出许多令人惊吓的举动。有一回，居然还因为达伦公事忙碌才两天没来探望她，就歇斯底里地呼天抢地、寻死觅活，一个劲儿地将头撞向墙壁以致浑身鲜血淋漓。达伦从不抱怨，她以最大的关怀和无限的爱心安慰她、照料她，不曾片刻丧失对她的耐心和关心。她知道，如果这是“天意”，不过是让她约略以现在些许的折磨稍事感受母亲多年不为外人所知的辛劳，如果这是“命运”，不过是她为人子者当尽的唯一可行之道。达伦一心虔诚地祈祷，只要母亲能够恢复当年的健康，再大的代价也愿付出。最后，母亲还是痛苦地结束了她坎坷的生命。达伦痛不欲生，在一场和神父的谈话中，她毫不保留地大声宣泄了她最为愤慨的抱怨：“她是那么的仁慈，她是那么的善良，如果这是‘天意’，那么‘天意’根本就是不公。”神父却以极其平淡沉稳的口吻对她说：“孩子，‘天意’不是能从外表了解它内所蕴含的真正真意。若不是亲眼看到母亲经历过这么多的病痛折磨，我们又怎么能再度感受永远需要母爱常相照拂的心底真情……”“我是多么虔诚地祈求天主的眷怜，忠心地信守仁慈、孝敬和它所有的诫命，但求我的母亲能再享受些快乐的生活，但是偏偏它却狠心地连这么一点卑微的心愿都不能满足我们。如果这是‘命运’，那么‘命运’根本就是不义。”神父却以极其平淡沉稳的口吻对她说：“孩子，‘命运’绝不能从外表了解它所要传达的信息。它完全看到了你的义行，不过只是仁慈地完全结束了母亲病痛的折磨，欢欣地希望给你一个崭新快乐的新生活……”

当你陷入不幸时，不要一意孤行地失意、悲伤，应品味它背后的芳香。

约翰在威斯康星州经营一座农场，当他因为中风而瘫痪时，就是靠着这座农场维持生活的。由于他的亲戚们都确信他已经没有恢复的希望了，所以他们就把他搬到床上修养。虽然约翰的身体不能动，但是他还是不时地动脑筋。忽然间，有一个念头闪过他的脑海，他就把他的亲戚全都召集过来，并要他们在他的农场里种植谷物。这些谷物将用作一群猪的饲料，而这群猪将会被屠宰，并且用来制作香肠。数年间，约翰的香肠就被陈列在全国各商店出售，结果约翰和他的亲戚们都成了拥有巨额财富的富翁。出现这样美好结果的原因，就在于约翰的不幸迫使他运用从来没有真正运用过的一项资源：思想。他定下了一个明确目标，并且制订了达到此一目标的计划，他和他的亲戚们组成智囊团，并且以应有的信心，共同实现了这个计划。别忘了，这个计划是因为约翰中风之后才出现的。所以，当你遇到挫折时，切勿浪费时间去算你遭受了多少损失；相反，你应该算算看你从挫折当中，可以得到多少，收获多少。你将会发现你所得到的，会比你所失去的要多得多。你也许认为约翰在发现思想力量之前，就必然会被病魔打倒，有些人更会说他所得到的补偿只是财富，而这和他所失去的行动能力并不等值。但约翰从他的思想力量和他亲戚的支持力量中，也得到了精神层面的补偿。虽然他的成功并不能使他恢复对身体的控制能力，但使他得以掌控自己的命运，而这就是个人成就的最高象征。长期的疾病通常会使我们不再看，也不再听。我们应该学习去了解发自内心深处的轻声细语，并分析出导致我们遭到挫折甚至失败的原因。爱默生对此事的看法是："发烧、肢体残障、冷酷无情的失望、失去财富、失去朋友都像是一种无法弥补的损失。但是平静的岁月，却展现出潜藏在所有事实之下的治疗力量。朋友、配偶、兄弟、爱人的死亡，所带来的似乎是痛苦，但这些痛苦将扮演着导引者的角色，因为它会操纵着你生活方式的重大改变，终结幼稚和不成熟，打破一成不变的工作、家族或生活形态，并允许建立对人格成长有所助益的新事物。它允许或强迫形成新的认识，并接受对未来几年非常重要的新影响因素；在墙崩塌之前，原本应该在阳光下种种花朵——种植那些缺乏伸展空间而头上又有太多阳光的花朵——的男男女女，却种植了一片孟加拉椿树林，它的树荫和果实，使四周的邻人们因而受惠。"

时间对于保存这颗隐藏在挫折当中的等值利益种子，是非常冷酷无情的，找寻隐藏在新挫折中的那颗种子的最佳时机，就是现在。你也可以再检查一下过去的挫折，并找寻其中的种子。有的时候，我们会因为挫折感太过强烈，而无法马上着手去找这颗种子。但是，现在你已有了更高的智慧和更多的经验，足以使你轻易地从任何挫折中，学习它能教给你的东西。厄运也有它的芳香。

切记前车之鉴

要切记前车之鉴，不要重复老路。在人类历史的早期，岛上的路不但很少，而且道路状况很差。在那些布满沙子的平原上，到处贴着告示，警示过客们"不要重复老路"。最近，一个作家解释说："这句话的意思很明显，就是奉劝过路人不要每一次都去重复地走前人的老路。最好自己开辟一条新路。这样，自己会有一些收获，也为大家做了好事。”我们都知道思想僵化的害处。

有一句成语叫“熟视无睹”，一个意思就是说，如果一个人总是处在同样的环境中，对环境的熟悉就会使我们对于它的缺点视而不见。如果思想缺乏交流，那么思想就失去了灵活性和对新事物的敏感性。如昊我们不是常常追求进步，保持如年轻人般敏锐的头脑，那么不仅我们自己的工作会受到阻碍，我们整个人都会变得平庸。大脑像肌肉一样，只有在使用中才能得到磨炼。如果一个人在工作中停止了思考，那么日渐一日，他的大脑变得迟钝，他工作毫无进步，直到最后他失去了进取心，不能公正地评价自己的工作。这个时候，他就不再进步了，而开始大步地倒退了。不断地超越自我，没有什么比这更能够催人进步。不管一个人的职业是什么，如果他每年都能够彻底地反省一次，找出自己的缺点和阻碍自己进步的地方，那么他将会取得十倍于现在的成就。涉世之初，我们或许会许诺，永远不会降低我们的理想，我们会永远追求进步．与时代最先进的思想潮流相同步。但说起来容易，做起来难。很多人没有告诫自己，要始终保持自己的理想，这样的人很快就没有希望了。一天天地，一年年地推迟自己的梦想，不仅使自己失去了现在的乐趣，还阻碍了我们追求未来幸福的脚步。总是把快乐寄托在明天本身就是一个巨大的错误。现在许多年轻的夫妇，整年像奴隶般的工作，放弃了每一个放松和追求快乐的机会。他们不让自己有任何的奢侈行为，不会去看一场戏剧或听一场音乐会，也不会去做一次郊游，不会去买一本自己渴望已久的书，没有阅读兴趣和文化生活。他们想，等自己有了足够的金钱时，就会有更多的享受了。每一年他们都渴望着来年自己会过上幸福的生活，或许可以做一次奢侈的旅行。但是当第二年到来的时候，他们会发现自己必须再忍耐一些，节约一些。于是，一年年地这样推迟，直到自己变得麻木。最终，当他们觉得他们可以去追求一点快乐的时候，可以去国外旅行，可以去听音乐会，可以去购买一件艺术品，可以通过阅读开阔自己的眼界时，已经太晚了。他们习惯了单调的生活。生活失去了色彩，热情消逝了，雄心磨灭了。长年的压抑破坏了自己享受生活的能力，他们牺牲了自己的健康和快乐得来的东西却变得一钱不值了。如果人只像野兽那样过得毫无生活乐趣，人就不成其为人了。

还要善于比较。我们总是觉得，别人比我们快活．这其实是一种错觉。即使那些处于权力巅峰者，也都有各自的苦恼。在一般人看来，国王、总统、首相似乎是权力和财富的化身，他们可以尽情享乐，为所欲为。像阿拔斯国王哈伦•拉希德那样，高兴时可用黄金制造碟子，用宝石饰缀帷帐。事实上，炫目的权力、豪华与奢侈，不过是生活的表面。当人们谈到这些登峰造极的人物时，大概不会想到，恩克鲁玛担任加纳元首前曾经在一家公司轮船上洗瓶罐的情形；不会想到希特勒25岁时“忧愁和贫困是我的女友，无尽的饥馑是我的同伴”的哀怨。位高者有位高者的苦恼。悠悠万事，多是苦乐相济、幸福与烦恼并存的，站在权力的金字塔上也并非处处如意。英国女王伊丽莎白一世受制于宫廷礼仪，连恋爱自由都没有，落得终身未嫁，哑巴吃黄连。美国总统杜鲁门上任短短几个月光景，便发现：“一个人当了总统就好像骑上了老虎背，他必须一直骑下去，不然就会被老虎吃掉。”

阿登纳70岁坐上联邦德国总理这把交椅时，深感局促不安，他在第一次公开发表讲话时，心情紧张得像揣着活兔。印度尼西亚总统苏加诺的传记作者莱格道出了苏加诺的苦衷。他说：苏加诺所真正希望得到的、倘若他能如愿以偿的话，就是这样一个职位，既可发挥领导作用而又不陷于日常政府事务。可苏加诺始终未能如愿。英迪拉•甘地在寓所里尽管每天可以接见官员和其他求见者，但她时常怅叹：“搞政治这一行寂寞孤独。”在君主制国家里，巴列维国王难得有点“平易近人”，他抱怨：“伊朗古老悠久的帝制传统易使国王产生孤独感。虽然人们可以较多地与我接近，我也不像父王那样严厉，可是王位本身自然而然使我与人们间隔着一条鸿沟……我喜欢像别的元首那样独自做出决定，这样孤寂感就会更加强烈。”美国总统林登•约翰逊政绩不算太差，但可恶的新闻界老跟他过不去，故意把他描绘成“一个乡巴佬”。这使他备感羞辱和委屈，对新闻界他又怕又恨，以至澳大利亚总理罗伯特•孟席斯不得不哄小孩似的安慰他：“不必对新闻界耿耿于怀，人民没选他们干事，人民选的是你，他们说话代表他们自己，而你说话代表人民。”俄皇伊丽莎白就位后一直担惊受怕，恐遭人暗算。她每天都要更换房间睡觉，最后干脆找来一个能彻夜不眠的人坐在自己身边，才能安心入睡。列举了这么多例子，无非是想说明：每个人都有每个人的苦恼，平凡人拥有的那份宁静也许恰恰是帝王将相所求之不得的。所以只要你真心觉得自己比国王还快活，那么你就的确会如此。生活中的许多烦恼都源于我们盲目和别人攀比，而忘了享受自己的生活。

我们是否也能从中得到这样的启示：全才是没有的，人各有所长，各有所短。我们既不能专门以己之长，比人之短；也不应以己之短，比人之长。所谓“境由心造”。如果你善于发掘自己的长处，善于比较，你就会常常生活在一种愉快惬意之中。善于发掘自己的长处，善于比较，才能生活在愉快惬意之中。善于比较的同时，也要牢记前车之鉴。